公共管理

人才培养体系创新的理论与实践

主　编◎戴胜利　廖　勇

副主编◎胡涤非　侯　蕾　唐　攀

暨南大学出版社
JINAN UNIVERSITY PRESS

中国·广州

图书在版编目（CIP）数据

公共管理人才培养体系创新的理论与实践 / 戴胜利，廖勇主编；胡涤非，侯蕾，唐攀副主编. -- 广州：暨南大学出版社，2025. 6. -- ISBN 978-7-5668-3289-4

Ⅰ. D035-4

中国国家版本馆 CIP 数据核字第 20254CL314 号

公共管理人才培养体系创新的理论与实践
GONGGONG GUANLI RENCAI PEIYANG TIXI CHUANGXIN DE LILUN YU SHIJIAN

主　编：戴胜利　廖　勇
副主编：胡涤非　侯　蕾　唐　攀

出 版 人：阳　翼
责任编辑：曾鑫华　高　婷
责任校对：刘舜怡　何江琳　黄子聪
责任印制：周一丹　郑玉婷

出版发行：暨南大学出版社（511434）
电　　话：总编室（8620）31105261
　　　　　营销部（8620）37331682　37331689
传　　真：（8620）31105289（办公室）　37331684（营销部）
网　　址：http://www.jnupress.com
排　　版：广州市新晨文化发展有限公司
印　　刷：广州市金骏彩色印务有限公司
开　　本：787mm×960mm　1/16
印　　张：16.75
字　　数：300 千
版　　次：2025 年 6 月第 1 版
印　　次：2025 年 6 月第 1 次
定　　价：69.80 元

前　言

　　教育是国之大计、党之大计。在新时代背景下，高等教育肩负着培养德智体美劳全面发展的社会主义建设者和接班人的重要使命。暨南大学公共管理学院/应急管理学院始终秉承"忠信笃敬"的校训，以立德树人为根本，以服务国家战略需求为导向，以培养高素质公共管理人才为目标，不断探索教育教学改革的新路径、新方法。本书凝聚了学院教师在教书育人、教学改革和育人成效等方面的深刻思考与实践成果，展现了学院在新时代教育征程中的探索与创新。

　　教书育人是教师的天职。学院教师始终坚守教育初心，以"四有好老师"为标准，将理想信念、道德情操、扎实学识和仁爱之心融入教育教学全过程。他们潜心钻研教学方法，注重培养学生的家国情怀和社会责任感，通过言传身教引导学生树立正确的世界观、人生观和价值观。

　　教学改革是提升教育质量的关键。学院积极响应新文科建设的号召，推动课程思政与专业教育的深度融合，构建以学生为中心的教学模式。教师勇于创新，将现代信息技术与传统课堂相结合，探索案例教学、翻转课堂、实践教学等多元化的教学方法，激发学生的学习兴趣和主动性。

　　育人成效是检验教育成果的重要标准。学院坚持以人才培养为核心，通过学科竞赛、社会实践、科研训练等途径，全面提升学生的综合素质。学生在各类学术竞赛中屡获佳绩，在服务社会中展现担当，在职业发展中表现突出，充分体现了学院育人工作的显著成效。

　　本书是学院教师教育教学实践的结晶，既有对教育理念的深刻思考，也有对教学方法的创新探索，更有对育人经验的系统总结。希望这些成果能够为公共管理领域的教育工作者提供借鉴与启发，共同推动高等教育的高质量发展。展望未来，我热切期待，暨南大学公共管理学院/应急管理学院继续深化教育教学改革，创新人才培养模式，为培养更多堪当民族复兴大任的时代新人而不懈努力！

丁煌

（国务院学位委员会公共管理学科评议组联合召集人）

2025 年 5 月

目　录
Contents

159　下篇／育人成效

上篇 / 教书育人

潜心教书育人，坚守为师初心①

白　锐

回望二十余年的执教生涯，我深切地感受到教师是世界上最光辉的职业之一。教育乃国之大计，一手承载着文明的延续与智慧的传承，一手牵动着每一个国民的成长与成才。古往今来，世人毫不吝啬对教师的赞美，从"春蚕到死丝方尽，蜡炬成灰泪始干"的无私奉献，到"随风潜入夜，润物细无声"的潜移默化，这些赞美背后，实则是沉甸甸的责任托付，是万千家庭、整个社会对未来的殷殷期许。教师的个人发展不仅与学生紧密相连，更与社会的进步、时代的发展息息相关。在新时代教师队伍建设改革的要求下，"有理想信念、有道德情操、有扎实学识、有仁爱之心"的"四有好老师"不仅是学生的期盼，更是时代的呼唤与社会的需求。四个标准组成一个有机整体，相互关联、相辅相成，共同构建起新时代教师的卓越品质和崇高使命。随着社会的快速发展和科技的日新月异，处于象牙塔内的高校学生面临着前所未有的机遇和挑战。他们需要有理想信念的教师为他们指引人生的方向，帮助他们树立正确的世界观、人生观和价值观；需要有道德情操的教师以身作则，引导他们形成良好的道德品质和行为习惯；需要有扎实学识的教师传授专业知识和技能，培养他们的创新精神和实践能力；需要有仁爱之心的教师关心他们的身心健康，给予他们温暖和支持，帮助他们克服困难和挫折。二十余年的从教经验让我对"四有好老师"有所体悟，我将从师道、师德、师能、师爱四个方面展开，把多年的工作经验总结成文，将这份宝贵的财富转化为文字，为新时代教师队伍的建设贡献自己的一份绵薄之力。

---

① 感谢林禹津同学对本文的贡献。

一、明师道

师道的核心是坚定的理想信念，师道既尊，学风自善。习近平总书记指出，我国的知识分子历来有浓厚的家国情怀，有强烈的社会责任感。步入新时代，党和人民更加迫切地需要广大知识分子弘扬这份担当精神，以更加饱满的热情和更加坚定的信念，投身于伟大的教育事业之中。作为一名教师，既需涵养心忧天下的情怀，也需树立经时济世的志向，以家国情怀关注社会现实，以爱国精神教育青年学生。在培养公共管理专业学生的过程中，我长期要求我的学生必须树立起坚定的家国情怀，鼓励他们密切关注身边的公共事务和现实问题，让他们明白自己肩负的历史使命，进而激发他们为实现中华民族伟大复兴而努力学习的热情。而政治学课程就是培养青年学生公民意识和家国情怀的重要阵地，在本科生和学术型研究生的政治学课堂上，我会教授给学生事实性知识，引导他们关注现实世界中的政治现象，鼓励他们担负起作为公民的社会责任。而在专业型研究生的政治学课堂上，我更倾向于和他们探讨政府管理中的经典案例与棘手难题，通过案例分析、角色扮演等多样化的教学手段，帮助他们更好地理解政府运作机制，提升解决实际问题的能力，从而更好地为人民服务，建设服务型政府。一名优秀的教师，应该是"经师"和"人师"的统一，既要精于"授业""解惑"，更要以"传道"为己任，明确意识到肩负的国家使命和社会责任，严肃认真对待自己的职责。因此，在日常的教学工作和生活中，我格外注重自身的思想修养和政治学习，时刻关注国家的教育政策和教育动态，不断更新教育理念，确保自己的教育教学工作始终与时代发展的脉搏相契合。我深知，只有不断学习、不断进步、不断精湛，才能为学生提供最前沿、最优质的教育服务，以实际行动践行师道尊严，引领良好学风的形成。坚定的理想信念作为师道核心是尤为可贵的，因为它不止存在于教师一人的心间，而是可以通过年复一年的课堂互动传递给成百上千的学生。当这些怀揣着家国情怀与坚定信念的学生走出校园，将成为推动社会进步的重要力量。无论是在政府部门、社会组织工作还是在企业工作，他们都会以家国情怀为引领，关注社会现实，积极面对和处理社会问题，实实在在为人民谋福利，身体力行传承与发扬"厚德惟新，善治天下"的公管精神，为实现中华民族伟大复兴的中国梦贡献自己的智慧与力量。

二、讲师德

师德的本质是高尚的道德情操，学为人师，行为世范。习近平总书记多次强调要把加强师德师风建设作为培养高素质教师队伍的内在要求和重要保证。师者为师亦为范，学高为师、德高为范，教师的职业特性决定了其必须是道德高尚的人，教师不仅要在学术上有所建树，更要在道德上成为学生的楷模与典范。教师的道德情操最终要体现到对所从事职业的忠诚和热爱上来。在我攻读硕士和博士学位期间，我有幸在数位德高望重的恩师指导下成长，他们的言传身教不仅让我在专业领域取得了长足的进步，更在道德品质与人生修养上给予了我深远的影响。在他们的熏陶下，阅读书籍成为我一生的坚持，书法、篆刻、摄影和诗歌则成为我的兴趣爱好，对这些艺术形式的探索与实践，不仅丰富了我的精神世界，也为我提供了独特的理解人生与世界的视角。就阅读而言，我并不局限于我的专业——政治学，社会学、经济学、管理学、历史学等也是我时常涉猎的领域。这种跨学科的阅读习惯，不仅使我在学术研究上能够融会贯通，更在无形中提升了我的文化素养与道德情操。教师是学生道德修养的镜子和榜样，师德是深厚的知识修养和文化品位的体现，师德需要教育培养，更需要教师自我修养。一方面，在培养研究生的过程中，我要求他们一定要坚持读书和写读书笔记，把读书作为人生的必修课，以此培养他们的批判性思维与独立研究能力。另一方面，我的兴趣也逐渐成为学生的爱好。有的学生热爱摄影，用镜头记录生活之美；有的学生学习书法，体会笔墨间的韵味与哲理；还有的学生会和我一起研究篆刻，感受传统文化的魅力。这些共同的兴趣爱好，不仅拉近了我与学生之间的距离，更在无形中传递了师德的力量，让学生在轻松愉快的氛围中感受到道德情操的熏陶与感染。"师也者，教之以事而喻诸德者也"，作为教师，不仅要传授知识，更要以身作则，用模范的言行举止为学生树立榜样。教师要取法乎上、见贤思齐，不断提高道德修养，不断提升人格品质，用模范的言行举止为学生树立榜样，用高尚的人格魅力引领学生的心灵，努力成为塑造学生品格、品行、品位的良师益友。

三、强师能

师能的基础是扎实的专业学识，经师易遇，人师难求。习近平总书记指出，扎实的知识功底、过硬的教学能力、勤勉的教学态度、科学的教学方法是教师的基本素质。只有具备深厚的学术功底，才能在课堂上深入浅出地讲解知识，解答学生的疑惑，引导学生深入探索学科领域的奥秘。首先，知识是根本基础，给学生一杯水的前提是教师要有一桶水。想要在分秒间便更新迭代的信息时代做好教师，自己的知识储备必须大大超过要教给学生的范围，不仅要有胜任教学的专业知识，还要有广博的通用知识和宽阔的胸怀视野；不仅要不断提升自己的教学能力，掌握多样化的教学方法和手段，还要根据学生的特点和需求，因材施教，激发学生的学习兴趣和创新思维。在二十余年的教学生涯中，我深刻认识到个人的精力是有限的，而知识却是无穷无尽的。作为教授和导师，给予学生的学术指导不仅仅是解答问题，更重要的是为学生指出解答问题的方向和可行的路径。要做智慧型的教师，具备学习、处世、生活、育人的智慧，既授人以鱼，又授人以渔，能够在各个方面给学生以帮助和指导。这充分彰显了学识学养在教师素质结构中的重要位置。其次，教师从事的是传播知识、传播思想、传播真理的工作，要深刻认识到"水之积也无厚，则其负大舟也无力"，牢固树立终身学习理念，刻苦钻研，严谨笃学，不断充实、拓展、提高自己，努力成为业务精湛、学生喜爱的高素质教师。在二十余年的研究生涯中，我在《中国行政管理》《武汉大学学报》等刊物发表论文40余篇，出版专著两部，译著有《揭开行政之恶》（中央编译出版社，2010）等多部，在《南方都市报》上发表多篇书评，至今仍不断寻求新的学术突破，积极参与科研项目和学术交流活动，关注学科前沿动态，将最新的研究成果融入教学中，使教学内容更加丰富、生动、具有前瞻性，激发学生的学习兴趣，拓宽他们的学术视野。最后，教师还应具备较强的教育教学研究能力，能够反思教学实践中的问题，探索教育教学规律，不断改进教学方法和策略，提高教学质量。教师要有改革创新的自主性，敢于开风气之先，追求"苟日新，日日新，又日新"的发展境界，持续提高教育教学质量；要有改革创新的首创性，积极学习科学的教育理念和前沿的科研成果，更新教育教学内容和资源；要有改革创新的先进性，采用科学高效的教学方法，引导学生在现实世界中提升批判探究能力，鼓励他们勇于质疑、敢于创新，使其成长为知识丰富、视野宽广、德才兼备的国家栋梁之材。

四、怀师爱

师爱的源泉是宽厚的仁爱之心，黑发积霜织日月，丹心满怀沃桃李。在教育这片广袤无垠的田野上，教师不仅是知识的播种者，更是爱的传递者。习近平总书记反复强调，教育是一门"仁而爱人"的事业，爱是教育的灵魂，没有爱就没有教育；广大教师要用爱培育爱、激发爱、传播爱，通过真情、真心、真诚拉近与学生的距离，滋润学生的心田。教师应胸怀教育强国的大爱情怀，拥有坚定的教育信仰和崇高的教育理想，热爱教育事业，笃信教育的力量，将教育与国家、民族的发展紧密相连，为学生的成长和社会的进步奉献自己的爱心。一方面，无论是作为班主任还是普通的任课老师，我都非常乐于和学生沟通交流。我认为年龄差距并不是产生代沟的充要条件，高高在上的姿态才是产生代沟的症结所在。随着年龄的增长，我和新生的年龄差距越来越大，但我依然非常欢迎学生来和我聊天交流，我始终保持着开放的心态，欢迎他们走进我的世界，学生也时常找我讨论学习上遇到的问题，分享生活中的趣事。除了对学业上的问题做出解答，针对不同学生提供个性化的支持和帮助外，我对学生在生活中遇到的问题和困难也比较关心，作为一名长者，我可以利用多年来积攒的人生经验给他们提出有益的建议。并且，我认为与学生交流是一个双向学习的过程，教师可以通过新一代青年学生的视角认识到不同的新鲜事物，与时代潮流并行，保持青春与热情，不断充实自我。另一方面，有爱才有责任，选择当教师就选择了责任，就要尽到教书育人、立德树人的责任，并把这种责任融入平凡、普通、细微的教学管理之中。这些重要论述深刻阐明了教师职业的厚重底色。对于我指导的研究生，定期的组会和学术指导是必不可少的，也是我基本的责任。我也会积极为我的学生争取更多的资源和更好的发展平台，令他们在学术道路上行稳致远，协助他们取得更大的人生成就。我与学生建立了稳定且积极的师生关系，共同营造互信尊重、互促进步的学术氛围，让学生在充满爱意与自由的环境中成长，培养他们的自主性、创新性和责任感，助力他们找准奋斗目标，把握人生方向。总而言之，教师要把爱作为永恒的主题融入教育工作中，秉持"有教无类""因材施教"传统，尊重学生在性格爱好、脾气秉性、兴趣特长等方面的个体差异，精心引导和培育；要平等对待每一个学生，坚信所有学生都能成长为有用之才，在严爱相济中晓之以理、动之以情，让学生"亲其师""信其道"，始终充满自信、昂首挺胸地追逐人生梦想。

回顾二十余年的教学生涯，在践行"四有好老师"标准的道路上，我收获了无数的感动与成长。学生的进步与成就，是我前行的最大动力；同事的支持与鼓励，是我坚持的坚强后盾；领导的信任与指导，是我奋进的有力保障；自身的成绩与感悟，是我驻守的充分理由。教育是民族振兴、社会进步的重要基石，是功在当代、利在千秋的德政工程，对提高人民综合素质、促进人的全面发展、增强中华民族创新创造活力、实现中华民族伟大复兴具有决定性意义。作为新时代教师队伍的一员，我非常荣幸能参与到这一伟大事业中。学贵得师，亦贵得友，在日后的工作中，我将继续怀揣对教育事业的无限热爱和对学生的深厚情感，从师道、师德、师能、师爱四个方面持续发力，深化自我修养，不断提高自己的执教水平，追求卓越，努力成为"有理想信念、有道德情操、有扎实学识、有仁爱之心"的"四有好老师"，为教育事业的蓬勃发展注入源源不断的动力，为实现中华民族伟大复兴的中国梦奠定坚实的人才基础。

爱在左，责任在右 ——新时代教育家精神之诠释①

林慕华

　　2023 年 9 月 9 日，习近平总书记向全国优秀教师代表致信，希望广大教师"大力弘扬教育家精神"。2024 年召开的全国教育大会明确提出要实施教育家精神铸魂强师行动，加强师德师风建设，培养造就新时代高水平教师队伍。作为一名拥有近二十年教龄的高校教师，我深刻领悟并践行新时代教育家的精神，将其融入我的每一次教学与互动之中。如同许多人一样，我也曾在作文中描绘过"我的理想"。那时的我，渴望成为一名教师，因为在我看来，教师是知识的海洋，总能为学生指点迷津，从而在我心中种下了"长大后我就成了你"的梦想。2005 年，当我作为助教首次站在讲台上时，我便对自己许下承诺：要成为一名深受学生喜爱的优秀教师，将这份对学生的爱与教育传承下去。正如涓涓细流汇成江海，我决心从细微之处着手，用实际行动坚守并实现我的理想。岁月流转，我在大学校园里迎接了一届又一届新生的到来，也目送了无数毕业生踏上新的征程。在这个过程中，我对教师这一职业以及"老师"这一称谓的理解愈发深刻且多元。

一、爱在左，呵护学生成长

　　在教育的广阔天地里，爱如同阳光般温暖着每一颗年轻的心灵。正如我国教育界的泰斗、新中国比较教育学科的先驱顾明远先生所强调的那样，"没有爱就没有教育"。这句话深刻地揭示了情感在教育过程中的重要性。如果将教育比作一片生机勃勃的森林，那么爱就是滋润这片森林的甘霖；缺少了爱，再肥沃的土地也会变得干涸无生气。爱是搭建师生之间沟通桥梁的关键所在。通

---

　　① 本文为 2023 年度暨南大学教学调研项目"教师教学改革政策及改革取向的'敏捷性'调研"成果之一。

过这座桥梁，教师不仅能够传授知识，更能触及学生内心深处最柔软的部分，激发他们对于学习的热情与好奇心。因此，作为教师，我们应当思考：如何才能让自己对学生的爱更加真挚而有效？怎样才能让这份关爱成为促进每一位学子健康成长不可或缺的力量？

首先，教师的爱应该是真诚的，用心了解并尊重每个学生的独特性至关重要。这种爱不是表面的关心，而是发自内心的关怀和理解。每个学生都是一个独立的个体，他们有自己的思想、情感和需求。这意味着我们要用心去倾听他们的声音，理解他们的需求和梦想，并在此基础上给予个性化的支持与鼓励。作为教师，我们应该尊重学生的个性，倾听他们的心声，给予他们足够的信任和支持。只有我们真正关心学生的成长和发展时，他们才会感受到我们的爱，从而更加积极地投入学习中。

其次，教师的爱应该是包容的，要在日常教学活动中融入更多正面积极的情感交流。在教育过程中，难免会遇到各种各样的问题和挑战。有时候，学生可能会犯错误或者表现得不尽如人意。这时候，我们需要用一颗宽容的心去对待他们，帮助他们认识到自己的不足，并鼓励他们勇敢地面对自己的缺点。同时，我们也要相信每个学生都有无限的潜力，只要给予他们足够的时间和机会，他们一定能够取得进步。我们应当在学生遇到困难时及时伸出援手；在他们取得进步时毫不吝啬地表达赞赏之情。当我们以更加开放包容的心态对待每一个学生时，就会发现原来教育之美就在于此——它能够让世界因你我的存在而变得更加美好。

再次，教师的爱应该是智慧的，创造一个充满安全感的学习环境同样不可或缺。在这样的环境中，学生可以自由地探索未知领域，勇敢地面对挑战，即使失败也能从中汲取宝贵的经验教训。教育不仅仅是传授知识，更是培养学生的思维能力和创新能力。因此，我们需要运用智慧去引导学生思考问题、解决问题。在这个过程中，我们可以适时地提出一些启发性的问题，激发学生的兴趣和好奇心。同时，我们也要关注学生的心理健康，及时发现并解决他们在成长过程中遇到的困惑和烦恼。

最后，教师的爱应该是无私的，真正的教育不仅仅关乎知识的传递，更在于如何用爱心去滋养每一个生命，使之茁壮成长。教育事业是一项崇高的事业，需要我们付出大量的时间和精力。投身教育事业，便是踏上了一条既荣耀又艰辛的道路，它要求我们倾注无尽的热情与不懈的努力。在这段旅途中，保持对教育那份纯粹而炽热的爱，以及对学生成长的深切关怀，是我们不变的使命。唯有如此，我们方能真正站在学生的角度，为他们铺设一条通往光明未来的坚实道路，成为他们人生旅程中最坚实的后盾。

因此，作为教师，我们应该用心去关爱每一个学生，用真诚、包容、智慧和无私的爱去引导他们成长。只有这样，我们才能真正实现教育的价值，培养出更多优秀的人才。而这样的爱，我真切地从身边同事的日常点滴中感受到了。当我看到白锐老师谈到学生时那神采飞扬的脸庞、由心而发的喜悦，我深深地感受到一名教师对学生真诚的爱；当我看到周云帆老师细致地指导每一个学生，给予他们肯定与鼓励时，我由衷地敬佩她的耐心与包容；当我看到周坚老师带着学生深入调研，启发学生专业实践融合，为老年"助浴"破题贡献青年智慧时，我看到了专业与知识的力量；当我看到侯蕾老师因学生家境贫寒而忧心，体贴地为学生准备合适的御寒衣物时，我知道那是一种无私奉献的师者之爱！

二、责任在右，帮助学生成才

师者，所以传道授业解惑者也。作为教育者，我们的职责远不止于传授书本上的知识，更在于教授学生如何面对问题，如何在挑战中坚持不懈；我们的角色不仅是陪伴学生走过成长的道路，更重要的是指引他们以正确的姿态迎接生活中的风风雨雨。因此，作为一名高校教师，肩负的责任尤为重大，我们的影响力和作用不容小觑。

首先，我们必须拥有深厚的专业知识和持续学习的热情。在这个快速变化的时代，科技不断进步，新理论和技术层出不穷。我们需要不断更新自己的知识库，保持对前沿学术的敏锐洞察力，以便为学生提供最新的学术指导和研究视角。在教育的舞台上，我们的角色远不只是知识的传递者，更是智慧的启迪者。作为教师，我们应该积极投身于科研工作，与同行进行深入的学术交流，紧跟最新的研究前沿和发展趋势。通过这种方式，我们可以将新获得的知识融入教学中，不断丰富和更新我们的教学内容，确保学生能够接触到最前沿的学术成果。

其次，我们应该注重培养学生的批判性思维和创新能力。在教学过程中，我们不仅要传授书本上的知识，更要引导学生如何独立思考、解决问题。例如，在讲解复杂的公共管理理论时，我们可以将这些理论与中国当前公共管理的实际案例相结合，通过小组讨论、情景模拟和角色扮演等互动方式，让学生深刻理解这些理论的现实意义。这样不仅能够激发学生的好奇心和探索欲，帮助他们养成独立思考的习惯，还能培养他们的团队合作能力和创新思维。

再次，我们肩负着塑造学生人格的重要使命。我们所培养的是未来社会的建设者，因此，在专业课程的教学之外，我们更应关注学生的全面发展，包括道德教育、心理健康教育等多个方面。通过言传身教，我们可以传递积极向上的力量，引导学生树立正确的世界观、人生观和价值观。为了实现这一目标，我们不仅要上好课，还要将思政教育融入每一堂课中，坚信在培养人才的每个环节，课堂无处不在。我们通过深入挖掘课程的思政元素，构建思政体系，精选思政案例，以使学生在学习专业知识的同时，也能够接受正确的价值观引导和道德教育。此外，我们还可以通过开展主题班会、讲座等形式，邀请各行各业的专家来校分享他们的经验和见解，拓宽学生的视野，激发他们对未来的憧憬和追求。

最后，我们肩负着更加崇高的使命——成为学生职业生涯规划和人生成长道路上的引路人。面对日益激烈的就业竞争环境，我们不能仅仅满足于教授书本上的知识，而应该深入挖掘每个学生的独特之处，了解他们的兴趣所在，并据此提供个性化的职业发展建议与指导。更重要的是，在追求实现中华民族伟大复兴中国梦的伟大征程中，作为教师，我们更应该以身作则，通过自身的言行举止来影响每个学生。比如，在日常教学中融入爱国主义情怀教育；组织学生参观红色基地、观看爱国影片等，让学生深刻感受到国家发展的不易以及个人责任之重大；鼓励学生积极参与志愿服务等社会实践项目，在锻炼能力的同时也能增强社会责任感……总之，通过全方位、多层次的引导和支持，相信能够有效促进青年学生的健康成长，培养出更多具备良好品德修养、扎实专业技能及强烈社会责任感的新时代青年才俊，共同为实现中国梦添砖加瓦。

因此，作为高校教师，我们肩负的责任是多方面的，涉及教育、科研、社会服务等多个领域。在教育的广阔天地中，我们不仅是知识的传递者，更是价值观的塑造者、思想的引领者和未来的筑梦人。每一次站在讲台上，我们都深知自己肩上的重任，那不仅仅是教材和教案，还是无数学子的梦想与未来。在课堂上，我们努力将枯燥的知识转化为生动的故事，用深入浅出的方式引导学生探索未知的世界。我们鼓励他们提问，激发他们的好奇心，培养他们的批判性思维能力。我们知道，每一个问题的背后都可能隐藏着一个伟大的发现或创新的想法。因此，我们耐心解答每一个疑惑，即使有时候需要花费大量的时间和精力去解释复杂的概念。除了传授知识外，我们还注重培养学生的品德和社会责任感。我们通过组织各种课外活动和社会实践活动，让学生走出校园，接触社会，了解国情民情。我们希望他们能够成为有爱心、有担当的人，在未来的人生道路上不仅追求个人的成功，更能为社会的进步贡献自己的力量。同时，作为科研工作者，我们也深知自己在推动知识进步和科学技术发展方面所承担的重要使命。无论是基础研究还是应用开发，我们都致力于解决实际问题，服务于国家和社会的需求。总之，作为一名高校教师，我们深知这份职业所带来的荣耀与挑战并存。只有不断提升自我，不断学习新知，才能更好地履行这份光荣而艰巨的责任。

三、用爱与责任诠释"教育家精神"

习近平总书记从六个方面精辟概括了中国特有的教育家精神："心有大我、至诚报国的理想信念，言为士则、行为世范的道德情操，启智润心、因材施教的育人智慧，勤学笃行、求是创新的躬耕态度，乐教爱生、甘于奉献的仁爱之心，胸怀天下、以文化人的弘道追求。"这一精神，饱含着作为一名人民教师最真挚的爱与最深沉的责任。爱与责任，是教师生涯中的一点一滴，折射出每名教师人性的光辉。爱与责任，是我们给予学生一生受益的礼物。爱心是根，深深地扎进教育的土壤中，只有根深才能叶茂；责任是帆，扬帆启航，才能推动教育之舟破浪前行。

在教育的广袤领域中，每位教师都扮演着知识播种者、灵魂工程师的角色，而爱与责任是助力前行的基石。爱，如同春日的细雨，无声地滋养着每一颗幼小的心灵；责任，则如那坚实的磐石，为学生的成长提供稳固的支撑。正是这种以学生为本、饱含深情、勇担责任和对教育事业的不懈追求，共同铸就了新时代的教育家精神。

爱，是教育的灵魂。它不仅仅是对学生学业成绩的关注，更是对他们身心健康、情感世界的悉心呵护。一名充满爱心的教师，能够敏锐地察觉到每个学生的独特之处，无论是学习上的困难还是生活中的烦恼，都能给予及时的帮助和引导。

责任，则是爱的延伸，是对教育事业的忠诚与担当。一名有责任感的教师，会不断提升自己的专业素养，以严谨的教学态度和丰富的知识储备，为学生搭建起通往知识殿堂的桥梁。同时，我们还会关注学生的全面发展，努力营造一个积极向上的学习氛围，让学生在快乐中成长，在挑战中进步。

兼顾爱与责任，意味着教师需要在严格要求与温柔关怀之间找到平衡点。这需要教师具备高度的教育智慧和人文情怀，既要有"严师出高徒"的决心，也要有"润物细无声"的耐心。

冰心曾说过："爱在左，情在右，走在生命的两旁，随时撒种，随时开花……"借用冰心的诗句，我想说：爱在左，责任在右，让我们用爱与责任陪伴在学生人生道路的两旁，助力每一个学生勇敢面对挑战，迈向成功。让我们用爱与责任诠释"教育家精神"，心怀大爱，肩扛重任，以高尚的职业道德和深厚的学识魅力，引领学生走向更加辉煌的未来。让我们以满怀激情和无私奉献的精神，为培育更多杰出人才而不懈努力！

港澳台侨外招生视角下应急管理专业培养改革优化研究
——基于扎根理论的质性分析①

卢文刚　　邓光庭

一、引言

暨南大学素有"华侨最高学府"之称，在培养港澳台侨学生方面做出了重要贡献，让学生习得扎实的专业知识和掌握专业能力助力家乡发展的同时，更增强了他们对中华优秀传统文化的认同感，从而使他们能够将中华优秀传统文化传播到五洲四海，不断提升中华文化软实力，扩大中国的国际影响力，为实现中华民族伟大复兴的中国梦奠定坚实的文化基础，为构建人类命运共同体的世界梦夯实共同的文化根基。因此，暨南大学作为教书育人的高等院校，更好地满足港澳台侨学生的专业学习需求则成为人才培养的一项重要工作，因为这将关系学校高素质人才的培养质量，涉及人才未来的职业发展高度，影响国家提升国际影响力的战略方针。

2003 年"非典"的发生，促进了《中华人民共和国突发事件应对法》的颁布。此后，2008 年南方冰雪灾害、"5·12"汶川大地震、2020 年新冠疫情等一系列重大突发公共事件的发生，都让我们体会到做好新时期公共安全与应急管理工作的至关重要性，其也必然成为推动国家治理体系和治理能力现代化的重要工作。2018 年，应急管理部的成立，更是让民众感受到国家对于应急管理工作的重视程度。在这样的现实背景下，培养高素质的应急管理人才成为高校回应国家战略需求的必然要求。早在 2008 年，暨南大学就已经创办了全

① 本文系 2024 年度广东省普通高校重点科研平台广东省普通高校特色新型智库项目（2024TSZK007）、广东省教育科学规划课题（高等教育专项）（2022GXJK137、2024GXJK103）、2024—2025 年度暨南大学教学质量与教学改革工程项目（教学改革研究项目）"暨南大学应急管理专业港澳台侨外招生培养改革优化研究与实践"（JG2025024）研究成果。

国第一个应急管理本科专业，2009年成立了全国第一所应急管理学院，在应急管理专业的建设方面做出率先探索，承担起培养应急管理高素质人才的重要使命，并取得了许多实实在在的显著成绩。[①]

然而，应急管理专业作为一门新兴的专业，在学生培养模式、培养方向等方面尚未成熟，仍然处于持续探索的阶段，并且需要根据国家公共安全与应急管理事业的现实需要以及发展变化做出动态调整。另外，港澳台侨学生的学习特点、学习需求、发展规划等方面与内招生存在着或多或少的差异，学校在制订应急管理专业培养方案时必须考虑这些重要因素，做到因材施教，为港澳台侨学生的培养制订针对性、科学性的方案，以期他们能够真正学有所成、学有所用。因此，本文通过基于扎根理论的质性研究方法，探究暨南大学应急管理专业港澳台侨学生的求学特征与培养方案之间的冲突，为暨南大学以及其他学校完善应急管理专业培养提供启示与借鉴。

二、文献综述

在目前涉及暨南大学应急管理专业建设方面的研究主要为笔者的几篇相关研究[②]，在涉及外招生教学方面的研究当中，研究主体大多数为暨南大学教职工，研究对象主要是暨南大学的港澳台侨外招生，研究主题呈现出多样化特点，主要分为，微观层面：对具体专业课程教学模式的改进完善；宏观层面：对外招生教学或培养模式的探索、外招生学习动机的分析。

具体而言，在微观层面：基于经管类外招生数学基础薄弱、抽象思维能力偏弱的现实问题，廖子菊（2023）指出要通过多种方式来改进线性代数课程方法；肖子辉（2021）通过分析面对外招生的暨南大学汉语课程教学在合班上课、教材选取、教学难度等方面存在的问题，给出针对性的对策建议；李毅群等（2021）指出外招生生源质量参差不齐，与内招生相比基础薄弱，在应用化学专业的培养上需要采取分流教学的模式；周继鹏等（2018）发现计算机系外招生毕业率较低，认为面向外招生的课程体系已经落后于社会发展；张文娟等（2017）认为需要根据外招生的学习风格，在卫生学教学中创新教学

---

① 卢文刚.中国应急管理专业人才培养的实践与探索［J］.中国公共安全（学术版），2014（2）：125－129.

② 卢文刚.暨南大学应急管理专业人才培养的挑战与改革探讨［C］.第三届教学管理与课程建设学术会议论文集，2012，湖南.

方式和考核方式，提升港澳台侨医学生的培养质量；周泳宏（2017）认为由于教育背景和文化的差异，在面对港澳籍外招生的案例讲授中需要结合他们的特殊需求；此外，还有学者指出面向外招生《药学》的实践教学①②、《中国建筑史》的讲授③、体育课程的开展④、《高等数学》的教学⑤等方面需要根据外招生的个性特点、发展需求来做出相适应的调整和改革。

在宏观层面：文李點（2014）指出暨南大学外招生教学模式进行了大胆探索，根据外招生特点建设了以"通识教育"为核心的新课程教育模式、"项目教学"模式、国际化多元互动交流学习模式等；邵桂珍等（1999）提出要从加强基础课教学、实行分流教学、更新授课方法等方面提升外招生的培养质量；赵剑豪等（2012）在研究理工科外招生培养模式时指出，外招生存在理论基础知识薄弱，但社会知识丰富、独立能力和自主性强、动手能力强、学习目的性强等特点；⑥ 杨苑平（2018）指出随着暨南大学外招生规模的扩大，外招生的生源质量与学校教学管理政策之间存在不适应性，导致外招生存在比较严重的学业问题。在对于学习动机的研究层面，苏婵娟（2017）指出内外招生在兴趣、情景、出国、社会责任等方面的学习动机存在显著差异；刘燕玲（2018）对一个教学班级采取了学习情景层面的学习动机激发教学实验，即从教学内容、教师和学习集体三个方面激发外招生的英语学习动机，经过一年的教学实验，验证了教学实验能提高外招生的课堂表现和期末成绩。⑦

综上，通过对关于外招生教学模式的文献进行梳理，笔者发现大多数学者认为需要结合外招生的学习动机、知识基础、个性特点、学习风格、教育文化背景等特点，从实施分流教学、创新教学方式和考核方式、改变授课教材等途径去调整外招生的培养方案，提升外招生的培养质量。然而，笔者尚未发现有学者从应急管理专业外招生的培养现状评价及优化方面进行研究，因此本研究

① 郭嘉亮，郭重仪，赵文，等. 面向外招生的药学专业实验教学模式的改革与探索 [J]. 中国药房，2016，27（36）：5176 - 5178.

② 郭重仪，杨凌，郭嘉亮. 从外招生源的培养需求谈药理实验教学改革 [J]. 中国药事，2015，29（2）：164 - 166.

③ 李洁. 侨校中国建筑史教学模式改革探讨 [J]. 高等建筑教育，2011，20（6）：6 - 9.

④ 钮力书. 暨南大学外招生体育课程"一体化"模式的构建与实施 [J]. 体育学刊，2009，16（11）：49 - 52.

⑤ 高凌云. 关于外招生高等数学教学的思考 [J]. 大学数学，2012，28（3）：12 - 14.

⑥ 赵剑豪，容建华，罗丙红. 关于理工科外招生培养的思考 [J]. 广东化工，2012，39（16）：158，163.

⑦ 刘燕玲. 外招生大学英语学习动机激发策略初探 [J]. 外语论丛，2018，3（1）：101 - 112，171 - 172.

具有一定的探索性和创新性，进而为不断完善外招生培养相关研究与实践做出积极努力。

三、研究对象和方法

（一）研究对象范围

本文的研究主题是基于外招生学习的特点来探究如何评价现状与调整优化暨南大学应急管理专业学生的培养。在学校中，本科生人数占大多数，而且会接受各种各样的课堂教学，而研究生更多的是利用已学知识去进行学术研究，故培养方案对本科生的影响更具全面性、系统性、深刻性。本文所选取的研究对象是暨南大学公共管理学院/应急管理学院的应急管理专业本科外招生。在确定研究对象后，只有对他们的学习动机、个性特点、知识与能力基础等特征进行充分调查了解，才能够发现各项特征与培养方案之间的不适应性乃至矛盾，从而采取各种方法优化培养方案来适应外招生的需求，进而有效提升应急管理专业外招生的人才培养质量。

（二）研究方法

目前，国内外在这一方面还没有较为成熟的理论假设和相关研究。因此，笔者选择通过质性研究中的扎根理论分析，希望在对应急管理专业外招生的学习特征尽可能进行全面调研把握的前提下，构建出外招生的何种特征促使培养方案作出调整的理论框架，从而能够更好地指导培养实践。其中，扎根理论分析一般分为三个主要阶段，包括开放式编码、关联式编码以及选择式编码。在收集完访谈资料之后就要尽快进行开放式编码，识别出正式概念和范畴，关联式编码阶段则需要识别出主副范畴，最后的选择式编码则是通过确立核心范畴，利用核心范畴来梳理出"故事线"，从而建立起扎根理论，具体分析过程如图1所示。

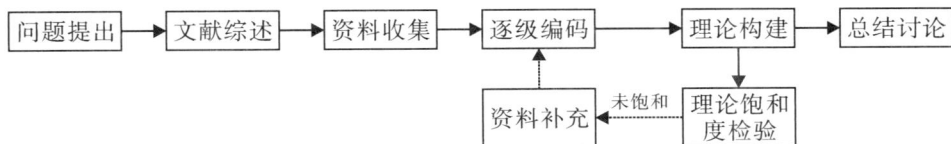

图1　扎根理论分析

（三）资料收集方式

为了能够准确获悉应急管理专业外招生的各项特征，本文除了基于笔者近 30 年对外招生的观察，尤其是 2008 年暨南大学开办应急管理专业以来对外招生培养的深度参与式观察外，笔者还专门采用半结构化的深度访谈法来收集相关资料。而且，为了提升所选择研究对象的代表性，需要在本科四个年级中选择至少一位应急管理专业外招生进行访谈。在联系访谈对象方面，主要是让本科生辅导员以及资深专业教师作为引荐人，去获悉外招生接受访谈的意愿及其联系方式。然而，由于大三的学生基于各种原因还没有接受访谈，本文所选择的访谈对象是大一、大二以及大四的应急管理专业外招生。笔者在微信上与访谈对象确定好访谈时间后，通过腾讯会议进行访谈，目的是让他们不会过于拘束而能够收集到更加优质的材料。

访谈对象之所以这么少，是因为目前暨南大学的应急管理专业大一年级只有一名外招生，而由于各种因素影响，大二和大四年级也只有一位学生愿意接受正式访谈。本研究的初始计划是不对理论饱和度进行完全检验，只采取初步的探索性研究。因此，为了能够弥补理论饱和度无法检验的缺陷，笔者采取延长访谈时间的方式来尽可能地进行深度访谈，通过不断追问与互动的方式来深入挖掘潜在的信息，从而获取尽可能丰富的一手资料，为扎根理论的构建提供必要的支撑。但是，由于某些因素发生了变化，时隔 3 个月后，大二的另外两位外招生也同意接受访谈，这为本文的完整性与科学性提供了良好的帮助，使得笔者能够利用这两位访谈对象对理论饱和度进行一定程度的检验。由于没有大三的外招生接受访谈，导致理论饱和度的检验存在一定的瑕疵。

（四）访谈提纲设计

由于本研究是探索性研究，选择半结构化的深度访谈法来收集研究资料。在半结构访谈提纲的设计中，由于访谈对象所处的年级不同，所拥有的受教育经历存在显著差异，需要针对不同的访谈对象对访谈问题进行相应的调整。另外，在每一次访谈结束后，笔者会及时分析、归纳访谈资料，发现尚未考虑周全或没有理论价值的问题，并对访谈提纲进行相应增加或删减。因此，对于不同访谈对象所设置的访谈提纲会存在一定的差别。

四、数据处理与分析

（一）开放式编码

在开放式编码阶段，主要任务就是对收集回来的资料进行及时编码，对能产生正式概念的原始语句赋予概念。本文通过对转录后的文字稿进行开放式编码，一共获得 82 条有用的原始资料语句。因为有些初始概念存在重复，对其进行合并后产生了 72 个正式概念，并发展出 23 个范畴。

（二）关联式编码

关联式编码也被称为主轴式编码，在关联式编码阶段，主要任务就是在开放式编码已经形成的初步概念和范畴的基础上，根据因果关系、时间关系、语义关系等发展主副范畴。经过反复比较和挖掘范畴之间的各种联系，将开放式编码提炼的 23 个范畴概括为 6 个主范畴，即求学动机、学业困境、调整授课方式、优化培养模式、教学管理问题、学习特点。

（三）选择式编码

在选择式编码阶段，主要任务就是进一步处理范畴之间的关系，以便发展出能够解释所有初步概念和范畴的核心范畴，即通过核心范畴来梳理出研究主题的完整"故事线"，使研究主题得以被充分解释。通过梳理正式概念、副范畴、主范畴之间的关系，可以得出本文的核心范畴——"外招生视角下学校应急管理专业人才培养状况如何以及优化调整授课方式和培养模式"。

围绕核心范畴展开的故事线描述如下：暨南大学应急管理专业外招生入学时在选择专业方面比较随意，并没有想着以后一定要从事专业对口的工作，基本是希望能够顺利拿到毕业证，然后毕业后去自己喜欢的领域发展。在入学之后，他们对学校的学习生活适应得比较快，而且非常注重自主学习，在平时与教师的沟通交流互动比较少，教师也无法知晓他们对专业知识的掌握情况。他们往往会选择突击式学习的方式，这会使得他们在期末复习周表现出"突发事件应对与危机管理"和顾此失彼。在日常的学习生活中，他们也会遇到很多学业上的问题，比如校园活动挤占学习时间、数学难度大而导致经常挂科、期末复习压力大、完成毕业论文困难等，同时他们认为学院教学管理方面存在明显问题，比如将微积分（下）和线性代数两门难度极大的数学课放在一个学期安排教学、教学效果反馈机制失灵等。在专业课讲授方面，他们偏好活跃的课堂氛围、启发性教学、互动式教学、案例式教学，并且认为应该结合应急管理专业特点来进行大量实践教学，丰富对于应急场景的了解，将理论与实践充分融合才能达到最佳学习效果。另外，结合自身的发展需求和在实习工作中的感悟，在谈及如何优化外招生培养模式才能让自身在职场中更具竞争力时，他们认为应该在低年级时多开设专业课，让他们在高年级时能够有足够多的时间去进行大量实习；应多开展实践教学，而不是让理论与实践脱节；应针对性地培养学生的写作能力和演讲能力，增强专业壁垒。因此，本文从中梳理得出主范畴之间的基本关系框架，具体如图 2 所示。

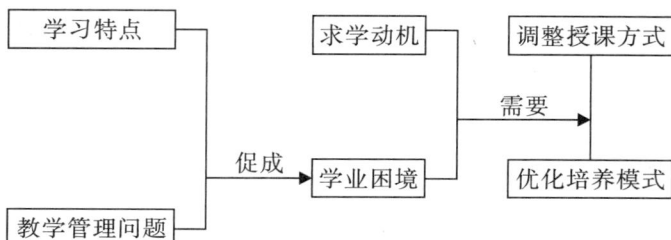

图 2　主范畴之间的关系

（四）理论饱和度检验

理论饱和度是指所获取的资料经过三级编码后，不再产生出新的概念和重要的范畴，也不再发现新的范畴之间的关系，即现有的范畴构成的扎根理论已经足以对某一问题进行充分解释。在通过对两位大二外招生的访谈资料进行编码后，产生了 10 条新的原始资料语句，增加了 6 个正式概念，发展出 2 个范畴。但是，新产生的概念与范畴并不会对围绕核心范畴展开的"故事线"产生颠覆性的影响，主范畴之间的关系也不会因此发生任何变化，只是在对"故事线"进行描述的时候需要在最后加上"学院在进行招生改革时需要更为科学合理，师资力量的组合搭配要实现有机化"。然而，由于本文所能够获取的样本量仍不足，因此理论饱和度得不到完全检验。但是，因访谈对象所处的年级不同，为本研究提供了尽可能全面的信息，而且根据笔者（第一作者）在校长期教学以及研究助理（第二作者）就读的经历，对外招生的求学特征以及相关学院的教学方式、培养模式具有一定程度的熟悉了解，因此认为扎根理论饱和度达到了较高水平，具有较高的解释效度。

五、结论与讨论

（一）研究结论

本文基于扎根理论的质性研究方法，提炼出应急管理专业外招生求学动机、学业困境、调整授课方式、优化培养模式、教学管理问题、学习特点等6个主范畴，在此基础上延伸出"外招生视角下学校如何优化调整授课方式和培养模式"这一核心范畴，从外招生的视角探究他们自身在入学前、就学时、毕业后这三个阶段的主要特征，以及教学方式和培养模式应该如何与前者进行适配的问题，丰富了外招生学习需求的相关研究，具有一定的理论价值和现实意义。

（二）研究建议

1. 健全信息沟通渠道，有效回应学生需求

为了能够让学生"乐于听、听得懂、学得会"，教师必须要用科学、专业的方式来传授知识技能。然而，学生反映，在"JSJ"课程的讲授中，教师基本是让学生自行学习然后上机操作，并没有进行示范性讲解，这使得学生很难有效掌握课程内容。在向教师反映该问题后，依然得不到合理的解决，这在一定程度上影响了外招生的学习兴趣和学习效果以及对学校的良好期待与印象。另外，不管是专业课还是通识课，教师在上课时很少主动询问学生是否听懂授课内容，学生与教师之间的互动存在明显不足。教师并不了解学生对于知识的掌握情况，而这可能是部分教师的互动意识与能力有所欠缺、精力投入不足所导致的。特别是涉及逻辑推理和计算类的课程，往往会导致数学逻辑基础薄弱的外招生以及其他内招生无法跟上课程进度，存在较为严重的课程知识脱节现象，最终便会导致外招生出现无心向学的消极心理和行为，在期末考核中出现大量"挂科"现象，对外招生的学习积极性造成明显的打击。

因此，对于教学与管理中的问题，学校和学院应该督促相关授课单位采取行之有效的方法尽快回应和解决，最基本的就是要健全信息沟通渠道。一方面，学校应健全授课效果反馈机制，使得学生能够在课后及时反馈自己的疑惑，让教师能够及时收集整理学生对授课内容理解不透彻的地方，以便下次上

课前给予及时回应。另一方面，需要健全教学管理问题日常反馈机制，将教师与学生之间的互动作为教师期末考核的一个重要指标，这可以迫使教师认真细致地准备授课内容与方法，努力提高授课质量，及时了解并消除学生在学习过程中遇到的各种困惑，使学生尽可能全面掌握授课内容并加以灵活运用。

2. 调整优化授课方式，注入丰富多元形式

应急管理作为一门新兴专业，其自身具有很强的应用性、实践性和操作性，单纯的理论讲述并不能满足学生对于应急场景的充分了解，开展适当的实践教学成为培养方案的应有之义。我们通过外招生关于授课方式的反馈得知，他们喜欢教师采用多样有趣的教学方式，特别是启发性教学、互动式教学、案例式教学、现场实践教学等。通过这些丰富生动的教学方式，学生能够对应急管理的具体场景和如何对突发事件进行全生命周期管理有更为深刻的认识。应急管理专业的教学不能停留在枯燥的理论阐释层面，与日常的应急管理实践相脱节，使得学生既无法将理论知识消化熟记于心，也无法实现将理论应用于实践。然而，部分教师在实际教学中只完成理论讲授教学任务，并没有结合这个专业的特点来用心丰富教学形式、提高教学质量，让学生能够学有所获，而这可能就需要学校和学院优化对于教师的激励机制，给教师提供必要的动力，使得教师在科研与教学之间、理论讲授和实践教学之间做到有效平衡，在教学中投入更多精力。

另外，在这一应用型专业的课程讲授中，教师应该更加注重学生的学习过程，让学生更多地参与到课堂中来，努力提升学生对课程内容的兴趣和专注度。而不是让学生选择"躺平式""摆烂式"的听课方式，然后到期末复习周进行"突击式""应急性"学习，这往往导致的后果就是学生在期末考试结束后大脑一片空白，无法将学科理论知识内化于心，更别提能够将其有效应用于实践之中。针对这样的现状，教师可能需要在课堂上采取让学生回答问题等方式来促使学生认真听课，以及经常布置课后思考作业来督促学生进行主动复习，重温新学的知识点。与此同时，教师更应该主动更新授课形式，激发学生的上课兴趣，提高学生的听课积极性和课堂参与程度。毋庸赘述，学生只有在平时强化对学科理论知识的学习，才能够将理论与实践进行紧密结合，以便在结合的过程中争取实现掌握理论与能力提升，将应急管理这门应用型专业学深悟透。

3. 注重培养核心能力，着力提升专业壁垒

应急管理虽然是一门新兴专业，但是依然归属于公共管理下的二级学科，

这意味着应急管理同样也需要实现"能说、会写、懂协调"的基本培养目标。然而，多名外招生认为自己这三方面的能力并没有得到全面发展，甚至可以说是非常欠缺的。因此，不难看出学院对这一重要的培养目标没能够给予高度重视，导致学生普遍存在不同程度的演讲表达能力缺乏、写作能力欠佳、协调能力有限等问题，无法培养出具有核心胜任力的公共管理人才。而且，这个问题的严重性已以学生就业困难的方式被深刻地反映出来，而导致学生就业困难的一个关键原因就是专业壁垒不强。公共管理一级学科下的各类专业都被人们称为"万金油"，即其他专业的人基本可以从事这些专业的工作，但是这些专业的学生又无法胜任其他专业的工作，这使得学生在求职时处于一个非常尴尬的境地。因此，增强学生的核心胜任力以提升专业壁垒成为相关学院培养应急管理人才的重要目标之一。

在演讲表达能力培养方面，通过外招生的陈述可以获悉，在平时的授课过程中，很多教师并没有有意识要求学生回答问题；在基本一学期一次的小组作业展示中，一般是比较积极主动的学生才会选择上台演讲报告；在有关学院以及学校开展的演讲辩论赛中，同样也只有那些有辩论基础以及参与意愿较强的学生会选择积极参加。在这样的现实情况下，一个主要问题就是不是所有学生的演讲表达能力都能得到培养，只有一小部分积极主动的学生才能在演讲能力提升方面有所收获。因此，为了使得全体学生的演讲表达能力都能够得以提升和完善，学院需要采用有效的举措来充分锻炼学生的语言组织能力。教师在课堂中激励学生回答问题、开设专门的演讲能力培训课程等，是外招生所普遍认同的改进建议。另外，在写作能力培养方面，外招生结合自身实习的经历认为同样需要多开设诸如公文写作、案例写作、方案策划等写作课程，在注重理论知识教学的同时嵌入实践写作能力的培养。在协调能力培养方面，往大的层面说，最佳的可行策略是让学生积极参与到校园集体活动的策划、组织、协调中；往小的层面说，则是让学生在课程小组作业中积极承担起组长的职务来协调任务的完成，利用这些难得的机会去尽可能地锻炼学生的协调能力。

4. 高度重视专业改革，锚定良性发展目标

根据相关数据统计，2023级的大一学生中，只有1位应急管理专业外招生，这个数量相比于2022级的6位明显减少了很多。这样的结果与学院的应急管理专业招生改革措施息息相关，改革办法中指明学院的应急管理专业从2023年开始只招收高中学习理科的学生，致使很多外招生不符合入学条件。不言而喻，这样的改革举措将会导致报考应急管理专业的外招生人数愈发稀

少，这并不符合暨南大学为港澳台地区培养应急管理人才的初心使命。我们通过询问外招生对于此项改革措施的意见，得知许多外招生认为此项改革没有必要，过于随意化，对于改革的科学性、合理性和现实性表示质疑。具体而言，外招生认为学院的应急管理专业改革打算往理工科、技术类的发展方向靠拢，也确实开设了许多偏技术应用类、计算类的课程，这些课程对于高中学习文科的学生来说可能会有一点难度，但是其终究不是高中时期的理科知识，学生只要付出相应的精力，做好课前预习、认真听课、课后复习等工作，依然可以完全消化这些课程内容，因此此项改革措施有些过于激进和极端。

学院应急管理专业招生规模从 2008 年的 100 人到 2023 年的 36 人（大二年级转专业时又有 6 位学生转出该专业），在一定程度上可以认为这是学院应急管理专业吸引力不足与发展前景暗淡的一个显性表现。在 2018 年应急管理部成立之后，加上 2020 年新冠疫情的暴发，许多高校（约 200 所）纷纷开办应急管理专业，这使得我国的应急管理人才培养取得迅猛发展。但是，暨南大学作为全国第一所开办应急管理专业的大学，应急管理专业人才培养发展势头却呈现出明显的微缩、倒退趋势。为了扭转这种不利局面，学院在应急管理专业招生办法、培养方案、师资整合等方面必须做出改革与探索，以期实现在全国的应急管理领域实现赶超。不可否认的是，在改革与探索的过程中难免会遇到困难乃至犯错误，比如像此次的招生改革就导致无法招收到基本数量的外招生，与暨南大学的办学理念存在明显背离，错失了为港澳台地区培养应急管理人才的契机。因此，学院在进行各项改革的过程中，要尽可能地做到广泛征求师生意见、科学论证，避免随意化的改革与探索所带来的不必要损失，让每一届的学生不当随意牺牲的"小白鼠"，要让师生看到改革的实际成效。

5. 响应国家战略需求，培育优秀专业人才

习近平总书记在十九届中央政治局第十九次集体学习讲话时指出，要加强队伍体制建设，大力培养应急管理人才，加强应急管理学科建设。从中不难看出，我国的应急管理事业正在经历一个快速发展阶段，对于应急管理人才的需求达到前所未有的程度，如何培养出优秀的应急管理人才成为各高校的重要任务。然而，接受访谈的几位外招生都没有将应急管理作为未来的就业方向。这一方面与他们自身的职业规划有关，但另一方面也反映出学校所培养的应急管理专业本科外招生尚未与现有应急管理需求相匹配，存在较为严重的脱节问题。在 2018 年应急管理部成立和 2020 年新冠疫情发生后，应急管理事业迎来了前所未有的发展新高潮，为港澳台地区培养高素质应急管理人才成为暨南大

学新的历史使命。因此，作为全国第一所开设应急管理专业的学院，暨南大学公共管理学院/应急管理学院需要继续发挥率先垂范的引领作用，在应急管理人才培养方向、培养方案和培养模式等方面进行不断探索，将多学科交叉的培养理念充分融合到应急管理专业的改革探索中去，尽可能地去适应国家应急管理事业的蓬勃发展，为港澳台地区培养更多优秀的应急管理人才，助力新时代的统战工作取得更多佳绩。

此外，学院除了要持续开展应急管理人才培养计划探索工作，还需要注重将目前已有的培养方案落实到位，让学生能够对应急管理学科理论知识有充分的掌握、对应急管理经典议题和研究前沿有全面的认识、对应急管理场景有更为深刻的了解。然而，在开设的很多课程中仍然是以单纯的理论讲述为主，在一定程度上忽视了实践教学的重要性及其实施，也忽视了在实际应急管理场景中可能需要运用到的技术和方法的教学。因此，为了使应急管理专业的学生在职业生涯发展中更有优势、更有能力去为国家的应急管理事业做出贡献，学院必须结合实际需求来优化完善培养方案，加大力度培养出更加优质的应急管理人才。

六、总结

本文通过扎根分析得出学院需要调整授课方式和优化培养模式，了解外招生在应急管理专业学习过程中遇到的各种问题，以及其自身未来发展的规划设计与专业学习之间的矛盾，并针对外招生的需求完善培养方案，以期达到全面优化应急管理专业培养的目的，从而为外招生提供更加高质量的教学内容，提高外招生在应急管理行业中的竞争力，进而提高外招生在应急管理领域的从业率，使他们能够在当地的应急管理事业中做出突出贡献。

然而，由于能够接触到的访谈对象数量较少，理论饱和度尚未得到完全检验，导致理论框架的解释效度存在一定的缺陷。而且，对于访谈对象所反映的问题，由于各种因素的限制，也未能与相关教师以及教务管理人员进行充分交流与核实，使得访谈资料可能缺乏一定的信度。

高校公益类课程思政与体验式慈善的融合

林文忆　周缘园

一、高校公益类课程思政与体验式慈善融合的意义

高等教育的重要任务之一是培养具有社会主义核心价值观的人才。思政作为一种新型的教育方式，将社会主义核心价值观融入教学全过程，通过与各门课程有机结合，潜移默化地进行思想教育，实现个人理想与国家发展相统一。近年来，我国创新创业教育政策不断增加，并根据社会发展特点不断变革创新内容。各类创新创业教育政策从中央开始发布，并得到地方政府积极响应和支持。粤港澳大湾区还制定了针对港澳台侨学生的创业优惠政策。公益创业教学活动是促进思政的重要载体，引领和规范高校公益创业教学活动。此外，随着社会对慈善事业重视程度提升，越来越多的学校和机构关注到慈善教育的重要性。体验式慈善作为一种创新教育方式旨在培养学生的社会责任感和公益意识。公益类课程中引入体验式慈善元素可以使学生更好地了解慈善事业运作机制并提高管理能力和凝聚力。公益类课程中引入体验式慈善元素不仅有助于拓宽学生对于公益事业的认知角度，还有利于他们未来在相关领域内做出更多积极贡献。体验式慈善在推动大众参与公益活动方面也起到了积极作用，在帮助弱势群体、保护环境等方面取得显著成效。因此，高等院校应该致力于推广并深化"思政"以及"公益创业""体验式慈善设计"等相关课程项目，培养符合时代需求、具备良好道德品质与实践能力的优秀人才，为建设富裕民族、文明国家作出自己应尽的贡献。

体验式慈善，是以一种身临其境、参与其中的方式来理解和支持慈善目标。它超越了简单的捐款或资助，为参与者提供了亲身感受和理解受益人生活的宝贵机会。在教学中融入体验式慈善，不仅能够教育和启发学生，还能帮助

他们认识到自身的影响力和能力，激发他们对社会问题的兴趣，并鼓励他们积极参与、以创造性的方式解决这些问题。体验式慈善可以包括参观慈善机构、参与志愿者活动、参与慈善活动等。通过与受益人交流、目睹他们的生活环境和困境，学生能够更深刻地理解他们的需求和挑战。体验式慈善旨在培养学生的社会责任感和慈善意识，提升他们的公益参与能力，同时也有助于培养他们的团队协作能力和领导能力。通过体验式慈善，学生将能深刻领悟慈善的意义和价值，积极投身公益活动，成为具有社会责任感和公益意识的新时代青年。

二、高校公益类课程思政与体验式慈善融合的目标

（一）培养学生的社会责任感

体验式慈善为学生提供了一个亲身参与慈善事业的机会，让他们深刻感受到慈善事业的价值和意义。通过参与这些活动，学生能够深入了解社会问题，激发他们对社会问题的关注和责任感。这种亲身体验将培养出具有社会责任感和公益意识的社会管理人才，他们将在未来的职业生涯中以更加积极的态度投身于解决社会问题的行动中。

（二）提高学生的组织管理能力

体验式慈善为学生提供了一个实践运用所学组织管理知识和技能的平台。在活动的策划、执行和评估过程中，学生需要运用自己的决策能力、协作能力和问题解决能力。通过参与体验式慈善，学生能够锻炼自己的组织管理能力，并在实践中不断提升自己的综合素质。

（三）培养学生的凝聚力和团队合作精神

体验式慈善需要学生组成小组，共同参与项目的策划、执行和评估过程。在这个过程中，学生需要相互合作、协调各方资源，培养出团队合作意识和团结协作精神。通过与团队成员的密切合作，学生能够学会倾听他人的意见，尊重不同的观点，并在团队中发挥自己的优势。这将培养他们的良好人际关系和团队合作能力。

（四）培养学生的创新思维能力

体验式慈善具有一定的创新性，通过设计和实施慈善项目，学生可以锻炼

自己的创新思维能力。在活动中，学生需要面对各种挑战和问题，并通过创新的思维和方法来解决。这将培养他们的创造力、逻辑思维和解决问题的能力。同时，学生还能够为公益组织管理领域带来新的思路和方法，为社会的发展和进步作出贡献。

三、高校公益类课程思政与体验式慈善课程内容设计

（一）慈善理念教育

通过深入介绍慈善的概念、意义和价值，我们旨在引导学生树立正确的慈善观念和慈善理念。在这个过程中，我们探讨慈善的多重层面，包括个人与社会的关系、社会责任以及如何通过慈善行为改善社会福祉等。通过案例分析和互动讨论，学生理解了慈善行为的深远影响，并培养出积极参与公益事业的意识和行动力。

（二）公益项目介绍

为了帮助学生了解不同类型的公益活动及其影响力，我们介绍了一些知名的公益项目。这些项目涵盖了教育、环保、健康、乡村振兴等多个领域，旨在解决社会问题并改善弱势群体的生活。通过深入了解这些项目的背景、目标和实施方式，学生认识到公益事业的重要性，并激发了他们参与其中的热情。

（三）慈善案例分析

我们分析成功的慈善案例和失败的慈善案例，以引导学生学习其中的经验和教训。通过对不同案例的深入研究，学生了解到慈善项目在策划、执行和管理过程中所面临的挑战与机遇。同时，我们鼓励学生思考如何避免常见的错误，并制定出更加有效和可持续的慈善策略。

（四）慈善项目策划

为了培养学生的团队协作能力和项目管理能力，我们组织学生分组策划一项慈善项目。在这个项目策划的过程中，学生确定项目名称、宣传方案、募捐渠道等关键要素。通过团队合作和实践操作，学生锻炼了自己的组织能力、沟通能力和创新思维。

（五） 实地参与慈善活动

为了让学生亲身感受慈善活动的意义和价值，我们组织学生到公益机构参与实际的慈善活动。通过亲身参与，学生目睹慈善行为对弱势群体的影响，并深刻体会到公益事业所带来的成就感和满足感。这进一步增强了学生的责任感和社会意识，激发他们积极参与公益事业的决心。

通过以上课程内容的设计和安排，学生全面了解了慈善事业的内涵和运作机制，培养出积极参与公益事业的能力和素养。

四、高校公益类课程思政与体验式慈善融合实施方案

慈善项目策划是一项重要的任务，它要求学生选择一个具体的社会问题作为慈善项目的主题，并进行项目的策划和设计。在这个过程中，学生需要通过合作的慈善机构确定项目的目标、目标群体和实施方案。

首先，学生需要进行深入的调研工作，了解当前社会中存在的各种问题。他们可以通过查阅相关文献、采访专家和参观社区等方式，获取关于社会问题的详细信息。在调研的基础上，学生选择一个问题作为慈善项目的主题，这个问题具有一定的社会影响力和解决的可能性。

接下来，学生与合作的慈善机构进行沟通。学生与慈善机构的工作人员进行面对面的交流，了解该机构的使命和价值观，以及他们在解决该社会问题上的经验和资源。通过与慈善机构的合作，学生获得了更多的支持和指导，同时也能够更好地理解社会问题的本质和解决方法。

在确定了项目的主题和合作伙伴后，学生要制订详细的项目策划方案。这个方案包括项目目标、目标群体、实施步骤和预期效果等内容。学生明确项目目标是什么，希望通过这个项目达到什么样的效果。同时，他们还要确定项目的目标群体是谁，如何与他们进行有效的沟通和合作。此外，学生还制定了详细的实施步骤，包括筹集善款、组织志愿者、宣传推广等。这些步骤具有可操作性和可衡量性，以使学生能够评估项目的进展和效果。

在项目执行阶段，学生小组与慈善机构工作人员紧密合作，负责具体的项目执行工作。他们需要运用所学的组织管理知识和技能，协调各方资源，解决实际问题。例如，他们可能需要筹集善款来支持项目的实施，因此需要学习筹款技巧和方法；他们需要组织志愿者参与项目，因此需要学习如何招募和管理

志愿者；他们还需要进行宣传推广工作，让更多的人了解和支持他们的慈善项目。

在项目执行完毕后，学生需要进行慈善项目的评估工作，并邀请慈善机构负责人进行点评。评估包括项目目标的达成情况、项目效果的评价以及项目可持续性的分析等。通过评估，学生可以总结经验教训，为以后的慈善项目提供参考。评估的结果将有助于学生改进项目的策划和执行过程，提高项目的成功率和影响力。

五、高校公益类课程思政与体验式慈善融合实施特色

（一）实践性强

课程旨在培养学生的实践能力，通过实地参与慈善活动和慈善项目策划等活动，让学生亲身感受慈善活动的意义和价值。在课程中，学生有机会与慈善机构的工作人员合作，参与到实际的慈善项目中，通过实践锻炼自己的能力和技巧。这样的实践环节不仅能够提升学生的实际操作能力，还能够培养他们的责任感和社会意识。

（二）社会资源整合

课程积极整合社会各界资源，邀请专业人士和慈善机构的工作人员参与教学，为学生提供多元化的学习资源。这些专业人士为学生分享他们在慈善领域的经验和见解，帮助学生更好地理解慈善活动的运作机制和挑战。同时，课程还邀请慈善机构的工作人员进行实地考察和案例分析，让学生深入了解慈善项目的策划和管理过程。

（三）团队合作

课程设置了团队合作的环节，让学生在小组中共同策划慈善项目，培养学生的团队协作能力和领导能力。在团队合作的过程中，学生需要充分发挥各自的优势，协调分工，共同解决问题。通过与他人的合作，学生学会倾听、沟通和妥协，培养良好的团队合作精神。同时，课程还组织学生进行慈善项目的展示和评估，让学生在实践中不断提升自己的组织和管理能力。

在课程中，学生有机会深入慈善机构的一线工作，亲身参与慈善活动的各

个环节。他们与慈善机构的工作人员紧密合作，共同制定慈善项目的目标和计划，并积极参与到项目的实施过程中。通过实践，学生学会如何有效地组织和管理慈善活动，培养出扎实的实践经验和专业素养。

六、高校公益类课程思政与体验式慈善融合实施效果

首先，高校公益类课程思政与体验式慈善融合实施可以有效提升学生的思想境界。传统的思政教育往往以课堂教学为主，缺乏实践环节。而通过体验式慈善，学生能够亲身参与到公益事业中，感受到帮助他人的快乐和满足感。这样的经历能够深刻地触动学生的内心，使他们对社会问题有更深入的认识和理解。同时，通过与不同背景的人群接触，学生也能够更加客观地看待社会现象，培养宽容和理解的态度。

其次，高校公益类课程思政与体验式慈善融合实施能够激发学生的社会责任意识。在传统的思政教育中，学生往往只是被动地接受知识和理论，缺乏对社会责任的深刻认知。而通过参与体验式慈善，学生能够亲身感受到社会的需要和自己的力量。他们将意识到每个人都应该为社会的发展贡献自己的力量，从而培养起强烈的社会责任感。这种责任感不仅会促使学生积极参与到公益活动中，还会在他们日后的工作和生活中发挥重要作用。

最后，高校公益类课程思政与体验式慈善融合实施能够促进社会的和谐发展。社会问题的解决需要全社会的共同努力。通过高校公益类课程思政与体验式慈善融合实施，学生能够成为社会的中坚力量，积极参与到社会问题的解决中。他们通过自己的努力和行动，为社会的和谐发展贡献自己的力量。同时，这种教育模式也能够培养出更多具有社会责任感和公民意识的人才，为社会的发展提供源源不断的动力。

因此，高校公益类课程思政与体验式慈善融合实施的效果是显著的。它不仅能够提升学生的思想境界，激发他们的社会责任意识，还能够促进社会的和谐发展。因此，我们应该积极推动这种教育模式的实施，为培养具有社会责任感和公民意识的人才作出积极贡献。

以新时代党的组织路线为遵循，全面加强高校院系党组织建设，以高质量党建引领一流学院建设

廖 勇

　　组织建设是党的建设的重要基础。党的组织路线是指导组织建设的根本方针和准则。2018 年 7 月 3 日，习近平总书记在全国组织工作会议上明确提出新时代党的组织路线：全面贯彻新时代中国特色社会主义思想，以组织体系建设为重点，着力培养忠诚干净担当的高素质干部，着力集聚爱国奉献的各方面优秀人才，坚持德才兼备、以德为先、任人唯贤，为坚持和加强党的全面领导、坚持和发展中国特色社会主义提供坚强组织保证。新时代党的组织路线规定了组织建设的指导思想、工作重点、目标任务、价值取向，为加强新时代党的组织建设提供了科学遵循和根本指引，为全面加强基层组织建设，增强党的创造力、凝聚力、战斗力提供了重要保证。

　　高校肩负着为党育人、为国育才的光荣使命。作为党在高校全部工作和战斗力的基础，高校基层党组织是落实党的教育方针政策，落实全面从严治党，坚持社会主义办学方向，落实立德树人根本任务，确保党对高校的全面领导、党的路线方针政策和决策部署贯彻落实的基础和阵地，是培养担当民族复兴大任的时代新人、培养中国特色社会主义建设者和接班人的根本保障。2020 年 6 月 29 日，习近平总书记在主持中共中央政治局第二十一次集体学习时发表重要讲话，回顾总结党的组织路线的发展历程，深刻阐述坚持新时代党的组织路线的重大意义，系统提出"五个抓好"的基本要求，为加强新时代党的组织建设指明了前进方向和实践路径，并提供了重要遵循。作为高校基层党组织贴近师生、联系师生的最后一公里，高校院系党组织要有畅通最后一公里的责任意识和担当意识，以习近平总书记关于贯彻落实新时代党的组织路线的重要论述为指导，围绕"五个抓好"，结合院系实际在贯彻落实上下功夫，把院系党组织锻造得更加坚强有力，汇聚起强大力量，以高质量的党建引领一流学院建设。

第一，以政治建设为统领，把坚持和完善党的领导、坚持和发展中国特色社会主义根本要求融入坚持社会主义办学方向，坚守"为党育人、为国育才"初心使命，落实立德树人根本任务，贯彻落实党的高等教育方针政策。

政治功能是党组织的基本功能。党的政治建设是党的根本性建设，决定党的建设方向和效果。高校基层党组织要充分发挥政治功能，发挥政治指南针作用，坚决坚持和加强党对学校的全面领导，牢牢把握意识形态工作领域主导权，确保社会主义办学方向，坚持教育为人民服务、为中国共产党治国理政服务、为巩固和发展中国特色社会主义制度服务、为改革开放和社会主义现代化建设服务，把坚持正确的政治方向贯彻融入教学、科研、管理和人才培养活动全过程，确保高校扎根中国大地办大学，始终做到为党育人、为国育才，履行好培养担当民族复兴大任的时代新人的重大使命。要围绕党带领全国人民实现中华民族伟大复兴的伟大梦想，主动对标党和国家的发展目标与方向，将高等教育的改革发展融入坚持和发展中国特色社会主义根本要求中，不断丰富中国特色社会主义为高等教育赋予的新内涵，深化新认识，开展新实践。要发挥院系党组织的政治核心作用，强化政治功能，持续完善院系党组织会议和党政联席会议议事规则，要坚定落实院系干部选拔任用、基层党组织和党员队伍建设等有关党的建设由院系党组织会议讨论决定，涉及办学方向、教师队伍建设、师生员工切身利益等重大事项由院系党组织会议先行把关，确保党的领导务实不务虚，使把方向、管大局、保落实不流于形式。要以"永远在路上"的心态和行动加强政治理论学习，坚持"常学常新"，坚定坚持院系党组织理论学习中心组制度和院系各级党组织会议"第一议题"制度，扎实开展"三会一课"、组织生活会、主题党日等活动，潜移默化，润物细无声，不断坚定师生的政治信仰和政治立场，提高师生的政治判断力、政治领悟力和政治执行力，使师生自觉增强"四个意识"，坚定"四个自信"，做到"两个维护"。

第二，高举中国特色社会主义伟大旗帜，把习近平新时代中国特色社会主义思想贯穿指导院系党的建设和办学治院全过程，切实把党的创新理论转化为推进学院高质量发展的实践力量。

思想是行动的先导，理论是实践的指南。高校院系的改革、发展和建设要围绕新时代高等教育的发展目标，自觉以习近平新时代中国特色社会主义思想为指导，对照找方向、找差距、找路径，落实好立德树人根本任务。围绕人才培养，突出"世界观、人生观、价值观"的价值引领，高校院系党组织要以学生为中心，坚持思政课程和课程思政双轮驱动，将习近平新时代中国特色社会主义思想作为主要的思政课程进教材、进课堂、进头脑，同时充分发掘专业课程思政元素，探索专业教育与思政教育相融相通，帮助大学生更好地掌握习近平新时代中国特色社会主义思想的内涵和精髓，自觉做习近平新时代中国特色社会主义思想的坚定信仰者、忠实实践者，使习近平新时代中国特色社会主义思想成为大学生在大学期间直至毕业后在工作岗位上处理问题和解决问题的指导思想。围绕科学研究、社会服务和文化传承，高校院系党组织要避免"两张皮"，将党建思政与业务中心工作相融合，集聚党组织优势，依托院系结合学科和专业特色，主动聚焦和服务国家重大战略需求，以实际行动践行习近平新时代中国特色社会主义思想，在建设中国特色、世界一流大学，培养一流人才，服务党和国家发展大局的生动实践中展现创新理论的强大力量。

第三，牢牢抓住组织体系建设这个重点，树立抓实支部的鲜明导向，使广大师生党员在学习、生活、工作中发挥先锋模范作用，共同夯实坚强的战斗堡垒。

严密健全的组织体系是发挥组织优势的基础。习近平总书记指出，党的各级组织都坚强有力、充分发挥作用，党的组织体系的优势和威力才能充分体现出来；只有党的各级组织都健全、都过硬，形成上下贯通、执行有力的严密组织体系，党的领导才能"如身使臂，如臂使指"。高校院系党组织要把党支部这个组织体系"神经末梢"作为重点，着眼于优化组织结构，根据党员人数规模，按照有利于发挥党支部战斗堡垒作用，有利于开展党员教育、管理和服务，有利于密切联系师生，有利于促进业务中心工作的原则，优化教师党支部、科研团队党支部和学生党支部设置，重点聚焦重大项目组、学科组、课题组、创新团队、科研平台、中外合作办学项目和机构，推动党组织设置和活动向新领域延伸，面向学生社区、学生社团组织、流动性大的高校暂缓就业毕业生群体创新党组织设置形式，确保党的组织和工作全覆盖，为基层党组织的组织力有效发挥打好基础。要树立大抓支部的鲜明导向，把党的工作的最坚实力量深深扎根在基层，着力使每个基层党组织都成为战斗堡垒，成为改革发展的"主心骨"和"先锋队"。要重视抓实抓细基础工作，把标准化、规范化、精细化贯穿支部建设始终。要对标《中国共产党支部工作条例（试行）》，结合高校的实际，完善教师党支部、学生党支部建设标准和规范，明晰党支部的责权利，建立和完善党支部述职考核评价奖惩制度，压实责任，激活和发挥党支部的主体作用。要着重抓实抓好教师党支部建设，提升教师党支部组织力，采取务实管用的举措持续加强教师党支部书记"双带头人"队伍建设，强化教师党员先锋模范作用，使广大教师党员成为先进思想文化的传播者、党执政的坚定支持者、学生健康成长的指导者和示范先行者。要建立健全学生党建工作机制，优化学生党支部设置模式，按照控制总量、优化结构、提高质量、发挥作用的总要求高质量发展学生党员，创新学生乐于接受的教育方式载体，提升针对性和实效性，凸显学生党组织作用。

第四，着眼长远，培养担当民族复兴大任的时代新人、培养中国特色社会主义建设者和接班人。

教育是国之大计、党之大计。"为谁培养人、培养什么人、怎样培养人"始终是教育的根本问题。党的十九届六中全会通过的历史决议特别提出"党和人民事业发展需要一代代中国共产党人接续奋斗，必须抓好后继有人这个根本大计"。高校肩负着抓好后继有人根本大计的特殊使命。作为党全面领导下的高校，要坚持立德树人根本任务，把人才培养放在首位。首先要把培养人才的人才——教师这支师资队伍建设好。院系党组织要坚持"党管人才"原则，加强教师的师德师风教育，按照教学科研不同特点结合教师发展需求，优化考核和评价标准，为教师营造良好的成长发展环境，使广大教师热心教书育人，潜心教学科研，成为"有理想信念、有道德情操、有扎实学识、有仁爱之心"的"四有好老师"，自觉做先进思想文化的传播者、党执政的坚定支持者，更好地担起学生健康成长指导者和引路人的责任。高校院系党组织要提高站位，立足中华民族伟大复兴战略全局和世界百年未有之大变局，以服务国家为最高追求，立足培养中国特色社会主义事业建设者和接班人的需要，主动肩负使命，以人才培养为立足点，坚持知识传授与价值引领相统一，以党建为引领，坚持特色发展、内涵发展，努力培养造就一大批具有国际视野、家国情怀、集体精神和创新思维的新时代人才，为全面建设社会主义现代化国家提供源源不断的人才供给和智力支持。

第五，落实党的组织制度，建立健全制度体系，保障院系党的建设和行政工作顺利开展。

《中国共产党普通高等学校基层组织工作条例》以党章为根本依据，落实新时代党的建设总要求和新时代党的组织路线，对高校基层党组织工作做出全面规范，是新时代高校党的建设的基本遵循和主要依据。高校院系党组织要对照条例，建立健全制度体系，通过持续健全完善二级单位党组织会议和党政联席会议制度，形成党政协同、职责明晰、集体领导、民主决策的工作机制；理顺校院系管理体制，明晰党的领导、行政权力和学术权力界限；严格落实"三会一课"、组织生活会、谈心谈话、民主评议党员等制度，全面推行支部主题党日，使广大党员的组织观念和党员意识得到强化；健全民主管理制度，保障广大师生在涉及院系改革发展和切身利益等方面的知情权和参与权。

面向中国式现代化的应急管理人才培养质量提升与评价研究

唐　攀

一、新时代应急管理人才的培养背景

中国式现代化是人类历史上史无前例的超大规模人口的现代化，主要解决人民日益增长的美好生活需要和不平衡不充分的发展之间的矛盾。近年来，突发事件时有发生，对各级党委、政府和企事业单位提出了重要挑战，严重影响人民群众的生命和财产安全。公共安全是最基本的民生，是人民群众最根本的公共服务需求，特别是抗击新冠疫情的伟大实践深刻说明了应急管理工作的极端重要性。习近平总书记提出总体国家安全观，统筹发展和安全，科学解释了为什么干应急管理工作，做出"两个坚持，三个转变"的重要论述，解决了应急管理工作怎么干的重要问题。2018 年以来，新一轮国家机构改革对应急管理体制进行了系统性重塑、整体性重构，对各级党委、政府如何提升应急管理的本领与水平提出了更高要求。党的二十大报告指出，必须坚持科技是第一生产力、人才是第一资源、创新是第一动力。深入实施科教兴国战略、人才强国战略、创新驱动发展战略，开辟发展新领域新赛道，不断塑造发展新动能新优势。应急管理工作的高质量发展需要大量合格的专业型人才，教育通过培养人才，助推应急管理水平不断提升。2012 年，教育部修订本科专业目录和专业设置管理规定，支持有条件的高校依法自主设置应急管理领域相关专业，暨南大学是全国最早开办应急管理专业的高校。2020 年 4 月，在抗击新冠疫情的伟大斗争中，在教育部的组织领导下，北京大学、清华大学等 20 所代表性高校先试先行，结合自身学科特色优势，开展公共管理学科下应急管理二级学科的硕士与博士点的建设工作。暨南大学在应急管理人才培养方面积累了大量丰富的经验，为各级党委、政府与企事业单位培养了大批合格的应急管理人才。应急管理学科是交叉学科，应急管理学科独特的知识体系正在汲取其他学科现有理论方法的基础上，不断孕育。应急管理学科的发展与应急管理人才培养相辅相成，并肩发展，必须面向各级党委、政府与企事业单位应急管理工作的实践，用实践评价培养的应急管理人才能不能用、好不好用的问题。深入总结暨南大学十多年应急管理人才培养的经验与实践，能够为国内数十所高校正在大力开展的应急管理专业建设工作提供指引。本文在回顾暨南大学应急管理人才培养历程的基础上，总结新文科建设视角下人才培养可能面临的问题，提出了应急管理人才培养的路径。

二、暨南大学应急管理专业人才评价的历史沿革

暨南大学贯彻习近平总书记"大力培养应急管理人才，加强应急管理学科建设"的重要讲话精神，面向新时代"两个坚持，三个转变"的应急管理工作要求，全面贯彻党的教育方针，坚持社会主义办学方向，落实立德树人根本任务。围绕应急管理本科人才培养任务，满足国家对于应急管理人才的需求，2008年，暨南大学开国内应急管理人才培养先河；2009年，在广东省人民政府的支持下，成立我国第一个应急管理学院；2011年，设立应急管理专业硕士点；2012年，暨南大学应急管理研究中心被批准为广东省人文社会科学重点研究基地，所在学科被评定为广东省一级重点优势学科；2013年，教育部本科专业目录取消应急管理专业后，开设公共事业管理（应急管理方向），坚持应急管理人才培养。2021年3月，经申请，重新更改为应急管理专业。暨南大学应急管理专业人才培养的定位是，培养理论基础扎实，知识体系完备，实际操作能力强，具有张口能讲、提笔能写、遇事能办的职业素质，以综合管理知识为主，兼修应急专业技术的复合型、应用型应急管理创新人才，适应新时代防范化解安全风险，有效处置应对突发事件的工作要求。

暨南大学应急管理专业特色优势包括：①办学时间长，十多年来持续坚持培养应急管理人才，打下扎实的办学基础，积累了丰富的办学经验。②办学思路清晰，人才培养和专业定位明确，着重培养以综合管理知识为主，兼修应急专业技术的复合型、应用型、创新型人才，经过多年修编与人才培养实践，形成了比较成熟的、国内同行广泛认可的应急管理人才培养方案，符合国家应急管理事业发展的要求。③培养体系完善，打造了一支理论和实践相结合的"双师型"应急管理师资队伍，出版了国内第一套应急管理系列教材；通过多

主体参与、融合创新的协同育人平台，形成了"政府扎实推动、社会广泛参与、学院着力实施"的产教融合、协同育人的人才培养格局；课堂教学与实践教学管理机制健全，建立了面向培养过程的质量保障体系。④支撑保障条件优越，依托国家级实验室、省级基地和智库，建立了 19 个现场教学点，开发应急管理案例库和数据库等，为复合型、应用型、创新型应急管理人才培养服务。

三、以评促建，提升人才培养质量的措施

总结暨南大学应急管理专业十多年的人才培养经验，分析该专业培养以综合管理知识为主，兼修应急专业技术的复合型、应用型、创新型人才的实践，提出提升人才培养质量措施主要包括：

第一，坚持多学科交叉融合的学科特点，不断优化人才培养方案。明确培养应急管理综合性管理人才的专业定位，从新时代国家应急管理事业发展的要求出发，深化对应急管理综合性管理人才特征、综合素质及能力要素的认识，贯彻"新文科"的教育理念，以管理学知识体系为主干，结合其他学科知识要素，编制人才培养方案，两年一小修、四年一大修，不断进行迭代优化，解决如何培养知中国、爱中国、堪当民族复兴大任的新时代应急管理人才问题。针对应急管理人才层次、人才类型的差异，以及各类学校的学科差异，明确应急管理专业定位，回答培养哪类应急人才的问题；围绕高质量、内涵式发展，解决应急管理复合型、应用型人才培养的标准问题，形成知识与能力并重、理论与实践统一的，以综合管理知识为主，兼修应急专业技术的人才培养方案，并探索形成应急管理人才培养标准。

第二，坚持教学科研相结合，着力打造"跨学科、双师型"师资队伍。围绕国家应急管理事业发展和人才培养方案对知识要素的要求，引进和培养双管齐下，着力打造一支多学科、成建制应急管理专业教师队伍。坚持以科研带动教学，以"三进三结合、两转化"为抓手，强化学生进管理仿真与模拟实验室、进课题组、进科研团队，强化教学与科研结合、课程与课题结合、教学团队与科研团队结合，将科研要素导入人才培养全过程，推动教师科研水平提升和教学方法创新。聘请专家组建实践教师团队，推动专业教师到实践部门挂职，打造一支"跨学科、双师型"师资队伍。

第三，坚持应用性、实践性的专业属性，筑牢办学基础，建设人才培养支

撑条件和实现路径。围绕人才培养链条，以"四位一体"为依托平台，实现高校与政府部门、行业协会、企业之间，各高校之间，多学科之间，粤港澳区域之间的全方位对接，融合借力，形成产教融合、协同育人的培养格局；建设应急管理仿真实验室、基地和智库，挂牌建设现场教学点，建立应急管理案例库和数据库，确保满足复合型、应用型、创新型人才培养要求。

第四，坚持全周期闭环管理，建立和完善"三全"人才培养体系和质量保障体系。创新人才培养过程，加强课前、课中、课间、课后全链条管理，以打造精彩课堂为基本培养过程，通过实验室教学、应急管理干部进课堂等多种方式，建构复合型知识体系，实现校内外资源有机整合；依托案例竞赛和社会调研论文竞赛、读书会、论坛、"挑战杯"等第二课堂，打造"论文+论坛+竞赛"学生能力提升服务平台，培养学生的治学能力；依托"暨南大学大数据与社会治理创新研究中心"和校外教学实习实践基地，打造"社科基地+项目基地+实习实践基地"学生能力服务平台，培养学生的实战能力；通过院系领导、资深教师听课，学生评价课程，教师自评等方式，强化课程和课堂的全面质量控制；通过课程考核与评估反馈实现闭环管理，形成课堂、课程、课程模块、课程体系的全面质量控制体系。

第五，加强师资队伍和基层教学组织建设。以凝练和打造特色鲜明的应急管理学科建设方向为抓手，以学科建设带动专业建设，有计划地成批引进高端人才，提升学科实力，实现科研优势向人才培养的转化。注重教师队伍师德师风建设和教学技能培养，向教学科研骨干倾斜资源。通过定期召开教学研讨会、高校师资培训、境内外学术交流和访学、实践部门挂职锻炼等多种形式提升教师队伍整体素质，锻造一批爱岗敬业的"教书匠"队伍。着力加强教学团队建设，将应急管理知识要素和能力要素进行分解与归类，与教师研究特长及学院结构进行匹配。通过教研室建设、课程安排，建设和培育课程教学团队，形成年龄层次分布合理的师资团队，形成"统分结合"的教学团队分工、运行和考核模式，确保授课过程的连贯性和知识传承的专业性。拓宽教师成长道路，大力培养青年教师。为青年教师配置导师，启动并实施青年教师科研资助计划，大力支持青年教师参与国际学术合作与进修。借助"四位一体"人才培养协作平台的丰富资源，吸收应急管理实践干部与专家，优化师资结构，组建实践导师团队。

第六，强化教学质量保障体系建设。健全教学管理制度。①以"制度规范"为导向，制定实施《领导同行听课制度》《教材审查审核制度》等一系列规范教学过程和教学行为的制度，完善教学质量管理依据。②建立教师进入和退出机制。对新任教师实行"准入"制度；引入专家、同行、学生评价的"3评结合"方式，将评价结果作为绩效评优、职称评定的依据。③打造多元互动的人才培养格局。强化政府及部门、社会组织、企业、高校等育人主体间的协作，实现多元协同互动；以培养流程为主轴，强化教学资源的导入，实现资源共享；与实践部门创建教学实习实践基地等育人平台，实现"政企产学研用"融合。④完善教学监督体系。以评促改，保障教学质量提升。牢固树立质量意识，建立闭环管理和全面评教机制，通过院系领导检查、本科生教学指导委员会听课和查阅教学档案、教师自评自查、学生评价课程等多种方式，全景式评价教师的教学工作，加强评估反馈，不断提升教学质量。

促进学生德智体美劳全面发展，
助力中国社会主义现代化建设

王 磊

2020 年 10 月 13 日，中共中央、国务院印发了《深化新时代教育评价改革总体方案》，对进一步提升我国教育发展质量、优化新时代中国特色社会主义的教育评价改革具有正当其时、全面深刻的指引作用。

在过去的教育发展过程中，我们培养了大量的优秀人才，他们在个人成长成才的道路上日臻完善并成为国家的栋梁，甚至在各自的领域为社会做出了突出贡献。与之相比，也存在少数值得思考的现象，诸如从早年（2000—2004 年）云南大学学生马加爵在宿舍杀害四人，到北京大学学生吴谢宇弑母、学生牟林翰犯虐待罪等，尽管这些少数事件背后各自都有着复杂成因，但它们也在一定程度上表明，过多甚至单纯强调智育可能会给个体、家庭甚至社会带来一些伤害或负面影响。教育应是追求人的全面发展，以此才能实现人的健康成长、社会的融合进步。

古语云："十年树木，百年树人"，这句话强调了育人是一个漫长艰辛的过程。然而，树人之难不仅体现在时间维度上，更体现在内容维度上。在经历了社会科学的多年熏陶之后，我常常在课堂中与学生分享自己的一些体悟，例如，自然科学研究的是客观事物，力求从一种"纯粹"的角度来分析研究对象，越是纯粹，越是可贵，如硅晶体只有达到 99.9999999% 以上的纯度，才具有良好的半导体特性；但与之不同的是，社会科学研究的是活生生的人，必须从一种"复合"的角度来理解研究对象，越是复合，可能越是可贵，如多才多艺、德艺双馨、智勇双全等可以保证一个人在能力和品德等诸多方面达到平衡发展，避免走向极端或出现心智失衡，从而使得人生发展日臻完善，为社会不断作出贡献。由此来看，对于几乎所有的社会个体而言，在其成长成才的过程之中，必然应遵循德智体美劳全面发展，避免品德、能力等走向不良的极端而遭遇成长的中断，甚至酿出灾祸。

在过去很长一段时间，一些家庭、学校乃至社会等普遍较为偏重培养学生的"智"，对学生的"德""体""美""劳"却重视不够，甚至存在轻视现象。例如，以往在不少中小学校的教育过程中，会将体育课的时间进行压缩，以尽可能给予文化课更多的宝贵时间，这当然不利于学生长远的成长成才，不仅可能影响学生的健康，甚至过早消耗了学生的学习兴趣和动力。因此，除了智育之外，我们必须进一步深入认识和理解德、体、美、劳等方面的教育意涵，将之嵌入我国的教育评价体系中，才能进一步提升新时代中国特色社会主义的教育质量，满足社会主义现代化建设要求。具体来看：

第一，何谓德？它旨在培养学生拥有正确的人生观和价值观，使其有好的道德品质和正确的政治观念。在一定意义上，德的正确确立可以帮助社会个体（甚至社会整体）对人生乃至国家的未来发展目标或终极目标作出更为恰当的选择，并为之而努力。如果一个人缺少正确的人生观、价值观，甚至出现道德败坏和政治观念偏差，那么他必将在人生目标的选择上出现重大失误，甚至也会给社会造成一定的不良后果。正如《深化新时代教育评价改革总体方案》中所要求的，"引导学生养成良好思想道德、心理素质和行为习惯，传承红色基因，增强'四个自信'，立志听党话、跟党走，立志扎根人民、奉献国家"。面对当今日益复杂多变的社会环境，各种文化思潮相互渗透影响，网络游戏、校园霸凌等见于校园，如何进一步在德层面抓好学生培养工作，不仅对相关的学生个体产生重要影响，更关乎新时代中国特色社会主义的未来发展建设。

第二，何谓体？它是将关于身体健康的知识和技能传授给学生，促进他们的身体健康发展，使他们拥有强健的体格和坚强的意志力。一直以来，我们都有着重视体育的传统，即使在我国传统社会中，我们也可从"六艺"中的"射"和"御"等方面体会到体的重要性。物质决定意识，没有强壮的身体就无法有强健的灵魂和意志，体育锻炼对个体的生理和心理都具有深刻的影响，它不仅可以平衡和放松因智育过程而造成的紧张、疲劳，还可以磨炼意志力、平复情绪，以便个体更好地开展学习和工作，甚至还能培养团队精神和集体主义精神。正如《深化新时代教育评价改革总体方案》中所强调的，要"引导学生养成良好锻炼习惯和健康生活方式，锤炼坚强意志，培养合作精神"。当今，一些大中小学生因体育锻炼不足，导致不同程度的身体素质下降问题，甚至还进一步出现心理脆弱和扭曲问题，与此同时他们又沉迷于虚拟世界、互联网游戏、短视频等，体育锻炼可谓刻不容缓。

第三，何谓美？它是培养学生能够感受美、鉴赏美甚至创造美的能力，从而提升学生的素养和情操。美不仅可以满足人们自身的精神生活需要，同时还可以启发人们的科学创造。当前，在很多城市商圈，我们注意到人们的消费场景大多局限在简单的饮食（如各种餐厅）和购物（如各类服装店）等，人们早已对这种单调的商圈情景产生视觉疲劳。随着我国社会公众生活水平的提升，公众在解决了温饱问题之后，会对更高层面的精神生活产生越来越多的需求。但是，由于过去我国社会发展基础还不够高，我们曾在美育方面存在"缺课"，整个社会在美育层面还有很大的提升空间。目前来看，应该尽快在我国大中小学校教育中加强美育，如《深化新时代教育评价改革总体方案》中所言，要"促进学生形成艺术爱好、增强艺术素养，全面提升学生感受美、表现美、鉴赏美、创造美的能力"，以便为未来的社会需求奠定好的基础，使得未来有更多的青年可以"感受美、表现美、鉴赏美、创造美"，甚至将之融入生产生活中，打造出更具中国特色和世界影响力的文化产品、工业产品等。

第四，何谓劳？其意在向学生教授基本的生产技术知识和技能，培养他们崇尚劳动、尊重劳动、学会劳动、养成劳动习惯等。人可以通过语言文字资料等来间接获得其他人的生产生活经验，但这大多流于口头或纸面，难以让人领悟或抓住事物的精髓，有隔靴搔痒之感。只有真正参与到劳动的实践过程中，才能进一步使人从感性层面对理性知识有深刻的理解与掌握，正如古诗有云："纸上得来终觉浅，绝知此事要躬行。"毛泽东主席也非常重视从实践中获得知识，曾指出："你要有知识，你就得参加变革现实的实践。你要知道梨子的滋味，你就得变革梨子，亲口吃一吃。"对此，《深化新时代教育评价改革总体方案》也进一步明确要求"引导学生崇尚劳动、尊重劳动……让学生在实践中养成劳动习惯，学会劳动、学会勤俭"。

综上来看，在我国教育事业发展过程中，为了尊重科学育才和成才规律，为了进一步适应新时代中国特色社会主义的发展要求，必须坚持和鼓励学生在德智体美劳各方面的全面发展，这不仅符合个人全面发展的要求，更符合社会主义强国建设的需要。自改革开放以来，我国在政治、经济、科技、文化等多方面取得举世瞩目的成就，早已成为制造业大国，而以往的教育模式也很好地满足了制造业大国对纪律、效率等方面的要求。但是，如何进一步将我国打造成为制造业强国，甚至成为世界一流的创新型国家？这是全面建设社会主义现代化国家的必答问题。对此，高质量的教育是实现上述目标的重要基础，这也对我国目前的教育事业提出了更高要求。创新能力的培养不仅要以基本的科学知识（即智）为条件，更要具备无限的想象力，而这种想象力则常常来源于体美劳；更重要的是，当这种创新能力被培养出来之后，更要有德作为运用它的价值准则和政治原则。

为了实现德智体美劳全面发展的教育模式，必须深刻理解《深化新时代教育评价改革总体方案》的文件要求，坚持以德为先、能力为重、全面发展，坚持面向人人、因材施教、知行合一，创新德智体美劳过程性评价办法，完善综合素质评价体系，引导学生坚定理想信念、厚植爱国主义情怀、加强品德修养、增长知识见识、培养奋斗精神、增强综合素质。在上述要求下，我们不仅要从外部视角，通过调整教育评价制度来优化有助于学生德智体美劳全面发展的教育模式，而且还要从内部视角，在家庭、学校和社会等多主体间达成广泛共识，并构建能促进学生德智体美劳全面发展的文化氛围或软环境，才能激发学生全面发展与成长成才。

但行前路，无问西东

王子成

"小时候我以为你很美丽，领着一群小鸟飞来飞去……"唱着这首歌长大，但小时候你真不是我的梦想，我曾经的梦想是做村干部，因为那时候村干部家的大喇叭广播让我着迷；放飞激情的青葱岁月，我更想仗剑走天涯，看看世间繁华。但最后，一步步，我终成了你，感悟到"放飞的是希望，守巢的总是你"。眨眼十多年，但行前路，无问西东。一些感悟，写下来分享。

一、三尺讲台守初心，四季耕耘写春秋

师者，所以传道授业解惑也。而三尺讲台是根本，从第一次登上讲台开始，这里就倾注了我的全部，上好每一节课，成了我最高也是永远的追求。

忘不了刚入职暨大时的懵懂，那时候学院教师新老更替，作为一名新入职的教师，独立承担两门本科生的课程和一门研究生的课程。那时候我还年轻，有冲劲，毫不犹豫地接了下来，然后就是找资料和备课，一切感觉良好。开学自信地去上课，上了前几周，更感觉自信满满，好像在暨大这样的重点大学上课没啥难的。不巧，期中教学抽查，我的课随机被校领导听课，课间校领导走进教室跟我打招呼。我见过他，他是我来暨大认识的第一位校领导，一位睿智和极富亲和力的老师，这让我也感觉到莫大的压力。上课的场景已经记不清楚了，感觉自己使出了吃奶的劲，整堂课都在歇斯底里地喊，然后就是等待下课铃响。终于，铃响了，听课的校领导起身过来跟我交流，"讲得不错，但过于讲理论，缺少实践案例和经验支持，以后多加强一下"。

一句话点醒梦中人，让我飘起来的心也终于沉了下来。上好一节课，真的不是那么容易的，台下的功夫一点都不能少。讲出来一个知识点不难，讲清楚也不难，而讲得动听和入心，就需要有扎实的理论和实践沉淀。

从此，我这个书呆子，开始了漫长的理论与实践结合的摸索。在电脑上，我建立了专门的实践素材文件夹，每天从各大媒体搜集素材，深入挖掘社会热点事件的深层逻辑和内在联系。每篇素材都经过筛选、加工、分类，从数据的真实性到案例的普适性，每一个细节都力求精确。与此同时，我意识到，仅靠纸面资料还远远不够。课堂的厚度来源于知识的积累，但课堂的温度，则需要来自真实世界的温暖感触。

于是，我开始投身社会实践，主动参与一系列实践调研。从城市到乡村，从企业到社区，我用脚丈量社会，用眼观察民生，用心感悟人情。从农民工住房状况调研到城市化进程中的社会融合，从"百千万工程"到城乡融合发展，我的脚步踏遍了不少大大小小的社区。我不仅是一名记录者，更是一名观察者、分析者和参与者。在一次关于珠三角农民工培训供需的调研中，我从中看到产业升级对劳动力需求的变化，进一步分析了职业培训模式创新的重要性，并将这些成果融入课堂，为学生讲解政策设计背后的复杂性和现实挑战。

在这些实践活动中，我不仅自己有所收获，还坚持将学生带入真实的社会情境中。在每一个暑假，我都会组织学生参加社会实践，让他们深入乡村、走进工厂，甚至与政府官员面对面交流。学生从实践中感受到理论的价值，从社会中体会到责任的意义。2023年，我带学生到清远连南和汕尾陆河进行前后两周的调研，调研结束后，大家都在感叹："走走看看，用心观察和记录，比读几年书还让人开眼界。"

随着时间的推移，我逐渐将这些经历带上讲台，让知识更加丰满，让课堂充满鲜活的生命力。比如，在讲解流动人口住房问题时，我不仅介绍理论模型，还结合自己调研中的第一手资料，与学生分享那些住在城乡接合部、为生活奋斗的务工人员的真实故事。这些案例，让学生更直观地认识到政策背后的民生关切，激发了他们对学习和研究的兴趣。通过理论与实践的结合，我不仅帮助学生强化了学习动力，也在他们心中埋下了家国情怀的种子。他们明白了，学习不仅仅是为了个人的成功，更是为了社会的进步。从课堂到社会，从理论到实践，这条探索之路虽然漫长，却让我和我的学生一起找到了知识与生活结合的真正意义。

二、上行下效，身教胜于言传

大部分刚步入大学的本科生不管是对于当下还是对于未来，都感到迷茫和不知所措，而教师，离他们最近，跟他们接触最多，很多时候已经成为他们前行的坐标。"学高为师，身正为范"，学会做人，学会做事，学会学习，作为教师，身教胜于言传。不管是在课堂上，还是在课下，对于学生的引导需要用爱呵护、用情投入，多投入一些，他们的路就能走得更好。依稀记得 2013 级行政管理班，是学院教师心目中的王牌班，那时候大一学年刚过，他们刚适应大学生活，紧接着面临转专业风波，班里面学习成绩最好的两个学生转走了，那时候班级里充斥着迷茫，一时间学生都不知道该做什么。他们当时还在珠海校区，我利用课余时间在那里多住了一个晚上，找了班里的大部分学生谈心，日月湖畔，我们师生敞开心扉，也让他们坚定了日后的路。这个班走出了省学联主席，走出了两位博士、多位优秀公务员和企业高管，十年后的他们也一定在感念当年自己的付出，只要有了方向，没有达不到的目标。

而研究生还有更深层次的学术迷茫。这种迷茫主要体现在研究方向的选择、学术方法的运用以及职业规划的不确定性上。尤其是文科类研究生，缺少像理工科那样标准化的实验室和设备支持，更多时候是分散在各自领域"单打独斗"。如何带领这些研究生走出迷茫，是身为导师的我需要解决的问题。

幸运的是，学院两位老教授的退休为我带来了契机。我有幸得到了一间 12 平方米的独立办公室。尽管空间狭小，但我决心将其打造成研究生的"成长基地"。我清空了办公室内所有不必要的陈设，用课题经费购置了必要的设备，包括六台双屏电脑，为每位研究生提供独立的学习空间。这个小小的办公室，见证了我们团队的点滴成长。

从改造办公室开始，我就决心以身作则，用实际行动诠释"身教胜于言传"的教育理念。在这个 12 平方米的空间里，我几乎将所有时间与研究生融为一体：上课之余，我会回到办公室，与他们讨论论文选题，解读学术难题；假期时，我带领他们开展社会调研，从理论走向实践；深夜时分，我常常与团队一起头脑风暴，攻克写作中的一道道难关。这样不仅让我更了解学生的需求和潜力，也让团队形成了深厚的默契和独特的学术文化。

在我们的共同努力下，这间狭小的办公室逐渐蜕变成团队的学术阵地，被大家亲切地称为"746"。在这里，我们完成了许多值得铭记的成果：有四位博士从这里走向更高的学术殿堂；团队成员多次在全国性比赛中获奖，包括"挑战杯"全国一等奖、省级特等奖等；还有研究生获得省级优秀研究生称号，为团队增光添彩。"746"不仅是成果的见证，更成为管理学院楼里一道亮丽的风景，吸引了不少教授效仿，纷纷改造自己的工作室。

这段经历让我更加深刻地认识到团队的重要性。孤军奋战虽能解决个别问题，但集体的智慧和力量才能推动更大的突破。通过"746"，我不仅帮助研究生成长，也在团队的支持下实现了自己的学术目标。从副教授到正教授的转变，背后离不开团队的共同努力。这种互相成就的关系，让我更加坚定了导师这一角色的重要性。在这个过程中，我也逐渐形成了一套适合培养研究生的方法：通过定期组织学术讨论，鼓励团队成员分享研究进展；带领学生参与实践课题研究，拓宽他们的学术视野；针对个人特长设计专属的研究计划，让每个学生都能找到最适合自己的发展路径。这些做法不仅提升了学生的能力，也让他们对自己的未来充满信心。一间小小的办公室不仅改变了研究生的学习方式，也改变了我的教学理念。从改造办公室的那一刻起，我意识到空间虽有限，但心中梦想的边界无比广阔。正是这些不起眼的努力，让"746"成为孕育梦想的摇篮，也成为我职业生涯中最为珍贵的一段记忆。

三、百无聊赖何为教，一事无成怎做授

"内卷"和"躺平"不仅是这个时代的流行语，也给大学教授这个群体打上标签。选择了做教师，锚定了为知识体系添砖加瓦，奋斗就一刻不能停。"百无聊赖何为教，一事无成怎做授"，在科研和学术上只有保持不懈的动力，才能让自己在教学和育人上有底气。

科研总有"天花板"，每个研究方向总有它的极限。对于科研工作者来说，这是一道无法避免的关卡，也是检验勇气与毅力的试炼。突破"天花板"需要的不仅是敏锐的眼光和深厚的积累，更需要直面迷茫的勇气与重塑自我的决心。依稀记得博士毕业两年，我把上学时的研究存货都发表完了。虽然赶上评副高的"班车"，却也用尽了自己积累的科研"弹药"。当时的我站在职业生涯的十字路口，手上没有新成果，心中也没有清晰的方向，未来仿佛蒙上了一层迷雾。听到一位老教授感叹"博士毕业三年最容易摸到'天花板'"，我才惊觉自己正面临这样一个关键时刻。那段时间，我确实迷茫过，彷徨过，甚至想要放弃。但选择科研本身就意味着一场没有尽头的攀登，而我深知，真正的成长往往始于突破舒适区。

内心的不甘让我开始反思。那时的我第一次认真审视自己的研究方向：流动人口与市民化问题的边界究竟在哪里？还有哪些切入点可以挖掘？在不断的探索中，我发现，科研不仅仅是为了发表论文，更是为了回应社会问题、推动

政策优化。我开始接触农民工城市住房保障这一新领域，试图将研究方向从单纯的理论探讨延伸至实际应用。这是一段漫长而艰难的路。为了找到新的研究主题，我几乎每天都泡在办公室，翻阅国内外的最新文献，同时还积极参与各类学术交流。在这三年中，我几乎没有新的学术产出，但脚步从未停下。生活的压力并未因为我的专注而减少，反而更加沉重。作为一名普通人，我也要面对家庭的责任与经济的重担。然而，正是这种双重压力让我更加明白，选择了就没有回头路，而熬过那些最艰难的日子后，我终于摸索到了新的方向。

功夫不负有心人。在新的研究领域，我得到了包括两个国家社科基金在内的多项课题支持，还出版了专著，发表了一系列论文。这些成果不仅为我赢得了教授职称，更让我重新燃起了对科研的热情。回头再看，那段迷茫期不仅是挫折，更是蜕变。如果没有这段经历，我可能无法真正认识到自己的潜力，也无法发现新的方向。科研的"天花板"不是终点，而是起点；只有在面对困境时选择坚持，才能看见更广阔的天地。

科学研究本就是与未知赛跑，与时间为友。突破"天花板"的瞬间，我更加坚定了自己的信念：只要初心不改，终能找到自己的方向；只要努力不懈，终能成就全新的自己。每一场学术突破的背后，都是漫长的积累与不懈的探索。科研的道路上，从来没有真正的终点，跨越一个"天花板"后，迎接你的永远是新的未知、新的挑战。当我完成了一系列课题并取得阶段性成果后，随之而来的并非是喘息的机会，而是新的使命与方向。学术的魅力就在于它始终让人怀抱敬畏，同时又让人燃起对未知领域无限探索的热情。

在一次次突破自我的过程中，我深刻认识到，科学研究并非孤立存在，而是应与时代发展、国家需求紧密结合。得益于领路人明智的建议，我开始将研究从个人兴趣转向国家战略需求。在完成了流动人口住房政策的研究后，我的目光逐渐聚焦于更广阔的议题：共同富裕的实现路径、乡村振兴的可持续发展、人口结构风险的应对措施。

这些年的科研历程让我愈发明白，学术是一场长跑，最重要的不是起点的快慢，而是能否保持长期的专注与热情。当我重新调整方向，聚焦更高更远的研究时，这不仅是对自我能力的锤炼，还是对学术责任的更高追求。每一个新课题的开启，都让我感到无比兴奋，它不仅承载着我的专业理想，也与国家和社会的发展脉动紧密相连。如今，我的研究已逐步延伸至多领域的交叉点，从住房政策的优化到城乡发展的均衡，从就业保障的完善到老龄化社会的应对，每一个课题都像是一条探索未来的路径。这些方向的选择并非偶然，而是紧随时代需求和学术发展的必然结果。

　　站在时代发展的浪潮中，我更加笃信：科研的真正意义，不仅在于个人的学术成就，而且在于将知识转化为社会的实际福祉。在未来的道路上，我将继续怀抱热情，以初心为帆，以责任为桨，驶向更加广阔的学术与社会前沿，我愿为未知的答案付出一生的努力。前行之路，也许并不平坦，但初心未改，担当依旧！但行前路，无问西东，只求无愧！

打开高校思政教育新方式的探索与实践
——以公共管理学院/应急管理学院党委"红色印记"活动为例

曾　伟　谢铁娇

"为谁培养人、培养什么人、怎样培养人"始终是教育的根本问题。高校作为培养社会主义事业合格建设者和可靠接班人的重要阵地，为党育人，为国育才是高校的重要使命。高校学生党建工作是高校育人工作的重要组成部分，并在落实立德树人根本任务过程中发挥着不可替代的作用。以学生党建引领思想政治教育工作，创新活动内容和载体，提升党建育人成效，是新时代高校思想政治教育工作的一种新思路新探索。

一、新时代探索高校思政教育新模式的必要性和重要性

（一）培养堪当民族复兴重任的时代新人是高校思政教育的目标

青年是党和人民事业发展的生力军。2022 年五四青年节来临之际，习近平总书记在中国人民大学考察调研时对青年提出明确的要求："立足新时代新征程，中国青年的奋斗目标和前行方向归结到一点，就是坚定不移听党话、跟党走，努力成长为堪当民族复兴重任的时代新人。"高校作为人才培养的重要阵地，坚持党的领导，培养堪当民族复兴重任的新时代青年，是高校思政教育的目标追求和功能定位。

青年的价值取向决定了未来整个社会的价值取向，而青年又处在价值观形成和确立的时期，高校思政教育要在树立和培育社会主义核心价值观上下功夫，使社会主义核心价值观成为青年学生的基本遵循。培育和弘扬社会主义核心价值观必须立足中华优秀传统文化，要大力弘扬以爱国主义为核心的民族精神和以改革创新为核心的时代精神；以党建为引领，探索高校思政教育新方式，切实提升学生政治理论学习实效，将培育和践行社会主义核心价值观融入

学生思政教育，把社会主义核心价值观贯穿于生动活泼的理论学习中，融入学习生活中，切实增强学生自觉践行社会主义核心价值观的能力；增强"四个意识"、坚定"四个自信"、做到"两个维护"，使全体师生保持统一的思想、坚定的意志、协调的行动、强大的战斗力。

（二）把握青年学生特点是精准开展高校思政教育的必然要求

当代青年既是新时代中国特色社会主义伟大历史进程的见证者，也是民族复兴伟大事业的继承者。务实、开放、主体性强是青年大学生的基本特征。高校学生党建和思政教育工作应注重发挥学生主体意识，积极探索理论与实践相融合、学生乐于接受的思政教育新载体新形式，激发基层党组织内在活力，把学生思政教育贯穿于生动活泼的理论学习中，融入学生的学习工作中，激励学生胸怀理想、志存高远，投身中国特色社会主义伟大实践。

（三）新时代新形势下对高校思政教育提出新要求

当前，世界正经历百年未有之大变局，我国正处于实现中华民族伟大复兴关键时期。高校思政教育工作面临新形势、新挑战，学生党员、发展对象和入党积极分子都是"95后"甚至"00后"，生长于和平年代的当代青年，无法亲历那个民族危亡而催生的觉醒年代，但青春热血可以穿越时空。在高校深入开展"四史"教育，厚植家国情怀，让信仰之火熊熊不熄，让红色基因融入血脉，让红色精神激发力量。激发学生爱党、爱国、爱社会主义的热情，增强学生的责任感、使命感，做到不忘历史、不忘初心，知史爱党、知史爱国。

二、"红色印记"传播四史故事，探索高校思政教育创新方式

2020年6月，习近平总书记在给复旦大学青年师生党员回信中指出："希望广大党员特别是青年党员认真学习马克思主义理论，结合学习党史、新中国史、改革开放史、社会主义发展史，在学思践悟中坚定理想信念，在奋发有为中践行初心使命，努力为实现'两个一百年'奋斗目标、实现中华民族伟大复兴的中国梦贡献智慧和力量。"

疫情防控期间，如何在减少学生集体外出活动的大前提下，吸引爱动手、重体验的青年学子主动挖掘"四史"宝库？暨南大学公共管理学院／应急管理学院党委通过创新"四史"教育载体，把思政教育和"三全育人"相结合，

以"全面提升学生党员理论知识水平和个人综合素质"为中心，开展"红色印记"系列活动，弘扬红色精神，厚植家国情怀。探索高校思政教育新方式，取得了积极成效。

（一）让思政教育走出课堂，踏遍祖国大地

2020 年，暨南大学公共管理学院/应急管理学院党委依托学生党总支，精心策划开展了历时 4 个月，200 余名学生党员、发展对象、入党积极分子参与的"红色印记"活动。南起海南，北至黑龙江，西抵新疆，东达福建，让思政教育走出课堂，踏遍祖国大地。

学生在自己的家乡或者居住地，或参观红色教育基地、战役旧址，或拜访离退休老干部、拥军模范、英雄人物及后代，或游览中华人民共和国成立以来国家重大工程项目，通过亲身体验的方式开展"四史"学习，形成了 182 份图文、视频等多种形式的心得随笔。作品经过支部推荐、总支优选、现场评审、大众投票等环节，评选出一、二、三等奖及鼓励奖。部分作品参加了学校党委宣传部开展的"爱国情·强国志·报国行"征文活动并获奖，优秀作品还在"学习强国"平台上发表。

活动专题报道在《人民日报》客户端上刊发，被党建网全文转载，同时登上了"学习强国"平台推荐首页，总阅读量超过 10 万。

2021 年 7 月，暨南大学公共管理学院/应急管理学院党委启动第二季"红色印记"主题活动，以"追寻家乡的红色精神"为主题，以"英雄（先进）人物、红色事件、红色地点、红色家书"四个主题词为线索，采用实地或"云"走访的方式，收集相关信息，对涉及的红色精神进行深入分析，引导学生党员、发展对象和入党积极分子寻找家乡或者居住地可以体现某种红色精神的人物和事件，挖掘这些人和事背后的故事与当代价值，以达到学史明理、学史增信、学史崇德、学史力行的目的，坚定学生对马克思主义的信仰、对中国特色社会主义的信念、对实现中华民族伟大复兴中国梦的信心，从而在新的征程上更加坚定、更加自觉地牢记初心使命、开创美好未来。

"红色印记"活动，让"四史"教育乃至思想政治教育不只局限于高校校园，更映照在祖国大地上，照亮学生的奋斗路程。暨南大学公共管理学院/应急管理学院 200 余名学生党员、发展对象和入党积极分子积极参与了第一季、第二季"红色印记"活动，开启家乡红色之旅，发动学生就地取材挖掘家乡或居住地的"四史"宝库。他们的足迹遍及 23 个省份，100 多个地区，5000

多公里，追寻家乡红色精神，厚植家国情怀。

（二）理论联系实践，知识与能力并重

"红色印记"系列活动极大地发挥了学生的主观能动性，将看、听、拍、想、写、说、唱有机地融合在了一起，让学生在自己探寻、实地体验和亲身感受中认真看、倾心听、举手拍，在联系理论、联系专业、联系实际的过程中仔细想、动手写、反复改，既要领会事件、人物、场馆、影片、家书等所展现的精神，还要深入挖掘对现实有益的内容。优秀作品展示环节锻炼提升了学生的PPT制作水平和演讲能力，达到了在开展思政教育、提高学生思想境界的同时提升学生综合素质的目的，是高校践行社会主义核心价值观一条可行有效的路径。

（三）激活多元载体，丰富思政教育打开方式

每一处革命遗迹、每一件革命文物、每一个革命故事、每一位英雄人物、每一封红色家书、每一部红色影片都是红色文化理念的有形载体、鲜活记录，都是重要的"四史"学习素材。学生通过参观，从厚重的历史中汲取成长的养分；通过拜访，了解英雄人物舍生忘死的精神；通过游览，感受大国工程、国之重器的魅力，从而生动、鲜活、深刻地学习历史知识、了解历史脉络、掌握历史事实，为听党话、跟党走、传承红色基因、勇担时代使命奠定了基础。

三、党建引领，创新高校思政教育工作的思考

（一）顶层设计立足落实立德树人根本任务

习近平总书记在 2018 年 9 月召开的全国教育大会上强调，培养什么人，是教育的首要问题。作为高校基层党组织要深入学习贯彻习近平总书记重要讲话精神，激励学生坚定理想信念，引导学生树立共产主义远大理想，增强中国特色社会主义道路自信、理论自信、制度自信、文化自信，立志成为德智体美劳全面发展的社会主义建设者和接班人。

开展"红色印记"系列活动，目的就是以学生愿意参与的活动为载体，通过亲身感受的感官冲击，引导他们培育社会主义核心价值观，树立高远的志向、艰苦奋斗的精神、乐观向上的态度，将他们培养成为具有家国情怀的时代

新人，是高校党建思政工作的一条非常有效的途径。

我们在活动中注重将思政教育、专业教育和素质教育相结合，根据青年学生特点和学科专业培养要求，进行全流程、全方位融入，让学生不仅思想进步，专业能力提升，还能具备审美的眼光、劳动的热情和强健的体魄。

（二）激活多元载体让"四史"教育鲜活起来

"红色印记"系列活动改变以往大学生思政教育"老师讲学生听"这种形式单一、僵化的局面，将看、听、拍、想、写、说、唱有机地融合在一起，从不同角度、切入点，以不同的方式、载体引导学生了解党成立以来、中华人民共和国成立以来以及改革开放以来的重大事件、重要会议、重点项目、英雄人物等，让思政教育生动起来，让"四史"教育真正走到学生心里去，让学生愿意静下心去了解"四史"，去做"四史"的讲解员，去做红色故事的传播者。

（三）形成由点及线再到面的辐射作用

每个学生参观一处红色教育基地、认识一位英雄人物、了解一段革命历史、游览一个国家重点工程、阅读一部理论原著、观赏一部红色影片、学唱一首革命歌曲都是一个点，这些点串联在一起便成了一条生动丰富的"四史"传承线。学院党委依托学生党总支搭建学习交流平台，促进党支部内外、党群之间的学习分享，让"四史"教育形成广泛的覆盖面。

通过学生党员带动发展对象和入党积极分子以至普通学生，"红色印记"系列活动每期有近200名学生参与，参与人数占学院当时在读学生总数的三分之二。"红色印记"活动第一季提交作品182份，学生参与程度和参与热情前所未有。现场评审活动由学院党委主办，学生党总支承办，学院团委、学生会协办，发挥了党建带团建的作用；团学成员积极参与相关会务工作，学生会宣编部制作的活动视频短片让更多人了解"红色印记"活动的历程。

经过公开报道和视频传播，"红色印记"这一特色党建活动从学院走到了学校，并走出了校园，走向了社会。

（四）"红色印记"活动可形成长效机制

"红色印记"活动的构思产生于响应"四史"学习的号召和疫情防控线上教学的情况，根据不同的学习重点、借助不同的载体长久持续地开展以"红色印记"为主题的系列活动，将红色印记牢牢地植根于青年人的心里。

习近平总书记 2019 年 9 月在河南考察时指出："革命博物馆、纪念馆、党史馆、烈士陵园等是党和国家红色基因库。要讲好党的故事、革命的故事、根据地的故事、英雄和烈士的故事，加强革命传统教育、爱国主义教育、青少年思想道德教育，把红色基因传承好，确保红色江山永不变色。"

高校大学生生源分布广泛，可以利用寒暑假，或个人或组队在家乡或者居住地进行参观、游历和拜访；返校后通过文字、图片、视频、演讲等多种形式展示、交流学习成果。

大学和机关单位不同，是"铁打的营盘流水的兵"，每学年安排 1～2 个学习重点，系列活动在 3～4 年可以循环开展，但这绝不是简单的重复，而是不断升级以提升效果，将红色基因、红色精神传承下去。

"红色印记"系列活动主题特色鲜明、载体多样化，对青年学生具有强的吸引力。从红色歌声到红色文章，从红色家乡到红色中国，从红色人物到红色思想，可以形成由点及面、由浅入深、从感性到理性的教育思路，可以构建爱党、爱国、爱社会主义教育活动的有效形式和长效机制。

三世杏坛勤耕耘 薪火相传守初心

周云帆

不知不觉，我来到暨南园站到讲台上已经三十年了。岁月不居，时节如流，回望这三十年的教师生涯，虽然有不少遗憾，但更多的还是欣慰和满足。初上讲台时，面对的学生有的比自己年纪还大，总不免紧张得手足无措，到现在面对比自家孩子更小的学生，只有欣喜和爱护。一年年骊歌响起时的哀伤，总能被一次次迎新的喧哗热闹冲散。作为一名教师，见证和参与学生的成长，永远与青春作伴，真是最幸福的事了。

于我而言，做教师似乎是一个不假思索的选择。生长在一个教师世家里，我几乎没有考虑过别的职业选择。现在人们喜欢谈论原生家庭的影响，特别是负面影响。而我相信，也许没有完美的原生家庭，但是只要长辈对工作认真，对家人有爱，对朋友有情谊，就足够为孩子的生命渲染出温厚的底色，帮助他/她走向自己的人生。我的外公外婆和父母都是平凡的教师，但是他们的言传身教让我从小就坚信：教师，就是世界上最美好的职业。

在我三四岁的时候，曾经被外公外婆接到身边一同生活了一段时间。身为小学教师的外婆，理所当然地成为我的文化启蒙老师，而任教于川南一所普通师范学校的外公，则在我心中激起了对教师这个职业最初的向往。

外公是典型的民国时代的知识分子，曾经上过私塾，然后转入新式学校，既受过传统文化的滋养，也沐浴了现代教育的阳光，20 世纪 40 年代从国立中央大学历史系毕业，在当时也算得上高级知识分子了。中华人民共和国成立以后，他就一直在师范学校做教师，执教三十多年直到退休。在学校里，他是"最好用"的老师，不仅在他的本专业里游刃有余，其他如中文、地理，甚至物理、化学，什么课程缺老师，他都能上，还能上得让学生喜欢。我后来听到过他的同事评价说"王老师是学校里最有学问却又最没架子的老师"。平日里总能看到学生甚至老师来找他请教各种问题，无论是不是跟他有关，他总是不厌其烦，言无不尽。事后想来，也许正是那种师生一起其乐融融的景象，让我对杏坛生涯产生了最初的向往。那时的我虽然看不懂学生的热爱和敬佩，却也知道"王老师的外孙女"是一个很让人骄傲的称呼，它让我收获了各种小小的礼物和格外的关爱，有时候是草编的小虫，有时候是捉来的蝈蝈，更多的时候是热情的拥抱。那时的外公，是我最佩服的人，他从不批评我们小孩子，总能解答所有的疑问，还总是带回各种各样的小零食。可惜在他工作的时候，我在他身边的时间很短，再在一起生活已经是他退休以后了。不过，即使退休，他也没有停止过读书学习，直到去世之前，练字、读书、写作仍然是他每天必做的功课。每天清晨能听到他拉长了声调吟诵古诗词，傍晚放学回家时总是看到他在书桌前挥毫。小时候觉得他吟诗的声调很可笑，而且总是逼着我背古诗词让我腹诽不已。后来长大了，才惊讶地发现他一直眼界开阔、思维敏捷，读的书涉猎很广。我上大学以后，每次回家他很爱跟我聊天。20 世纪 80 年代的中国，国门初开，生机勃勃，似乎每天都有新思想蜂拥而入，他总爱听我说我听了什么讲座，读了什么书。我们经常意见相左，但总能说个没完。他每天忙碌的身影与平和安宁的神情，像种子一样埋在了我的心里，让我理解了一名老知识分子的坚持和满足。

我的父母基本算是"文革"前最后一批大学生，毕业后就支边到了四川阿坝藏族自治州（后改名为阿坝藏族羌族自治州），在理县通化做了十几年的中小学老师。这是一个交通不便、物产贫瘠、气候恶劣的边远乡村，可是后来父母回忆起来，都说他们一生中最快乐最充实的日子，就是在通化的这十几年。他们在这里筚路蓝缕，从小学教起，一直教到初中、高中，培养出第一批大学生，在那片近乎荒漠的土地上播撒文化的种子。那时候，我们狭小的家里，总是挤满了学生，欢声笑语不断。我父母会给他们讲解课堂上没讲透的知识，也会讲外面的城市生活，讲读过的小说，有时候还拉起手风琴让大家一起唱歌。对于家境贫寒交不起学费想要退学的学生，我父母和他们的同事总是不厌其烦联系家长做工作，甚至自己垫付学费让学生留在学校。那个年代外面的世界正盛行"读书无用论"，崇尚"白卷英雄"，而在这个闭塞的边远乡村里，却有不少学生就此进入了知识殿堂，并最终走出了大山，走向更宽广的世界。淳朴的乡民们也没有忘记老师的付出，他们没有理会外面对"臭老九"的批判，而是用真诚的热情回报了老师。每到过年过节，或有婚丧嫁娶，乡民们总是把最尊贵的位置留给他们尊敬的老师。特别是 1977 年恢复高考以后，学校里充满一种喜气洋洋的气氛，我看到妈妈给学生念《科学的春天》《哥德巴赫猜想》，听到爸爸反复告诉学生"以后不用看出身了，凭自己本事考大学，好好学习一定有出路"。于是那段时间他们格外忙碌，不仅忙着给学生补课，还在晚上借来场地，把收音机连上大喇叭放"许国璋英语"，周围的农民、知青，只要想学习的，都可以来听讲。他们忙起来经常会顾不上我，于是我就经常在边上看着，有时候机械地跟着念，有时候睡着了，不知道什么时候迷迷糊糊地被背回家，就这么糊里糊涂地开始了我的英语启蒙。

有一部苏联的老电影《乡村女教师》，里面的女主角瓦尔瓦拉从城市来到偏僻的乡村任教并最终桃李满园，从青春年少到垂垂暮年，从空荡荡的教室里只有一个学生到建立起完整的学校，我一直觉得这就是我父母的故事。虽然他们可能更为平凡，毕竟瓦尔娃拉最后还获得了列宁勋章，而我的父母，除了母亲多年前曾经获得"全国三八红旗手"的奖章之外，再没获得过什么像样的荣誉。但是在我的心里，他们和瓦尔娃拉一样伟大。他们一生埋头教书，与世无争，生活清贫，但是精神富足，这就是我心目中教师应有的形象。

还记得在我上高一的时候，县里组织了一次征文比赛，题目是"假如我是……"于是我写了一篇"假如我是一个老师"，这个朴素的题目跟别的同学天马行空的想象相比应该是很不起眼的，内容我已经忘记了，无非也就是自己的一些幼稚的想象，没想到拿了唯一的一等奖，还被推荐发表在了《阿坝报》上，这让我的语文老师多年以后仍记忆犹新。如今想来，那篇文章最大的优点可能也就是那点诚意吧。等到我研究生毕业准备择业时，正值邓小平南方视察讲话之后，神州大地春潮涌动，似乎所有人都在寻找着发财的机会，对我的同学们而言，当老师几乎是一个避之唯恐不及的选择，但是我没有犹豫地走上了讲台。毕业前那一年的年底，第一次来到暨南园试讲，明湖旁边的紫荆花正在怒放，紫色的花瓣落在青青草地上的美景，深深地吸引着我。我希望能在这里成为像外公外婆、父亲母亲那样的老师。

到现在，三十年过去了，尝过了酸甜苦辣，对于这个选择，我从来没有后悔过。记得在文学院大楼里试讲的时候，我第一次见到了社会科学部的几位领导和法律教研室的老师，这里没有人称呼官衔，对年龄大一点的大家都称"老师"，年龄相近的无论是系主任还是书记，都直呼其名，气氛亲切自然。这个年轻的群体生机勃勃，满怀理想，给我留下了深刻的印象。正式报到时，是高雄飞和何宇青两位副主任来帮我搬行李，安置住处，而我一个新人却完全没有做下级的自觉，连口水都没请领导喝，竟然也没有觉得不好意思。这份简单纯粹的同事情谊，现在回想起来，才知道有多珍贵。

初到暨南园时，社会科学部的全日制行政管理大专班刚开办不久，很多教师是从公共课转过来上专业课的，从课程安排到教学内容，都免不了初创时期特有的杂乱。到 1998 年，行政管理系开始招第一届全日制本科生，师资队伍随之壮大起来。当时系里设置了一个专门的法学教研室，开设了一系列法学课程。从大一开始就有专业基础课"法学概论"，大二分别开设"行政法学"和"行政诉讼法学"，大三以后还有选修课"国家赔偿法学"和"比较宪法""比较行政法"等课程。事实上，当时系里是把政治学、经济学、法学三大类课程作为整体课程设计的重心，与其他大部分学校的行政管理专业的培养计划相比，法学类课程要更多一些。法学教研室有刘文静、徐瑄和我三名教师，这两位同事都是非常优秀的才女，让我受益良多。特别是刘老师，她让我知道真正杰出的教师不仅仅需要学识渊博、才华横溢，更重要的是对学生耐心包容，对科研勤勉执着，沉静中依然奋进，温和而不失锋芒，她是我真正的良师益友。

后来由于学校的整体调整，刘老师和徐老师都转去了法学院，法学教研室随之取消。我则主动申请留在了行政管理系，法学类课程自然也随之大幅减少，不过，随着专业的发展，教学层次和方向却越来越多。2004 年，招收了第一批行政管理专业的全日制硕士研究生，我开始承担"行政法专题研究"的研究生课程。随后暨大获得了 MPA 学科点，于是从 2005 年开始我参与了 MPA "行政法学"（后来根据全国 MPA 教学指导委员会的要求改名为"宪法与行政法"）课程的教学。后来学校还招收了几届国际学院的行政管理专业本科生，我又不得不赶着鸭子上架地开始了全英教学。

课程越来越多，年龄却越来越大，很容易陷入职业倦怠。然而每年面对不同的学生，我不断地提醒自己，每一年开设的课程对我而言可能有重复，但对于学生而言都是只有一次的新课，我必须让每一个愿意学习的学生在我这里都有收获。因此，即便主要课程都是围绕行政法开设，但对全日制本科生、研究生和 MPA 学员，我努力讲出完全不同的特色。对于全日制本科生，我力图以"全面系统"为目标，让学生全面了解我国现行的基本行政法律规范，用案例帮助他们理解和运用这些规范；对于 MPA 学员，则是以"应用"为指导思想。由于 MPA 学员的上课时间非常有限，难以全面介绍宪法行政法领域的法律规范，我只能根据学生的需求，反复筛选授课内容，突出重点，并且在教学方式上，力图每个部分都从实际案情切入，所介绍的法律制度都引导学生在实际案例中去运用和分析，同时鼓励学生分享他们工作中遇到的问题，共同探讨解决方案。对全日制研究生，则试图在深度上挖掘，每次开课除了开始用两三周总体介绍一下行政法总体情况外，其余时间都是围绕事先确定的三到五个专题，用阅读参考文献＋分析案例的方式，让学生从现行法律"是什么"，进入"为什么"，理解这些法律制度产生发展的背景、成因，思考现行制度本身或者应用时可能存在的问题，再思考"怎么办"。当然由于能力有限，我也许没能给学生更多科研上的帮助，但是这些问题和思考是真诚的，希望能使学生眼界开阔，给一些思想上的启发。

今天的学校条件与当年我的祖辈和父辈面临的条件不可同日而语，而职业化的教育，也很难再现当年教师与学生之间那样的深情厚谊，但是关心爱护学生，以学生成长为中心，仍然是做教师应有的准则。因此，无论是否能被外在的评价体系看到，我努力在每次上课前做足功夫，力图让每一个原理都有足够的案例支撑，让课堂内容能反映最新的制度发展和理论前沿。尽管年纪不小了，我也尽力学习新的技术手段，用"雨课堂"让教学方式更加灵活多样，激发学生的参与热情；用线上课程，拓展教学的时间和空间。保证让肯听课的学生每一次上课都能"日知其所亡"，是我心里对学生的承诺。花费这么多时间和精力，我觉得是有价值的。

2024年，是暨南大学公共管理专业获得一级学科博士点的历史节点，碰巧也是我教龄三十年的时间节点。如果说，我初到暨南园时，这里的公共管理学科还是一棵出土不久的幼苗，那么，到现在它已然长成了一棵参天大树，枝繁叶茂，生机勃勃，硕果累累。这棵树凝聚着几代公管人的努力，我虽平凡，却也为参与这个成长过程深感与有荣焉。当年外公总是对我说："你们这代人赶上好时候了，可要好好珍惜啊。"殷殷细语，犹在耳畔。我对自己的要求是，站在讲台上的每一天，都要把讲好课作为一个任务全情投入。只希望到退休的那一天，能够没有愧色地说，我确实做到了努力帮助学生的成长，没有辜负家人的期待，也没有让当年那个幼稚而热诚的自己失望。

予爱、启智、润心、造梦：
师德内涵中的育人方法论

周缘园

　　在每个人从出生到长大、从平庸到卓越的成长过程中，师者一直相伴，一路引导、给予、呵护、激励。从古至今，人们用最美好的语言来形容师者、歌颂教育，李商隐说："春蚕到死丝方尽，蜡炬成灰泪始干。"杜甫说："摇落深知宋玉悲，风流儒雅亦吾师。"孙中山说："教之有道，则人才济济，风俗丕丕，而国以强。"康有为说："师道既尊，学风自善。"在中国共产党百年发展和新中国七十多年的发展历程中，教育始终是国之大计、党之大计，师者们前赴后继，为国家建设培养人才。党的十八大以来，以习近平同志为核心的党中央高度重视教育工作，把教育摆在优先发展的战略地位。习近平总书记强调，实现"两个一百年"奋斗目标、实现中华民族伟大复兴中国梦，归根结底靠人才、靠教育。习近平总书记还强调，必须从战略高度认识加强教师队伍建设的重大意义，引导教师做"有理想信念、有道德情操、有扎实学识、有仁爱之心"的"四有好老师"，做学生锤炼品格、学习知识、创新思维、奉献祖国的引路人。

　　要做合格的引路人，师德师风建设是基础，关乎全面贯彻党的教育方针、中国特色社会主义事业的薪火相传和"中国梦"的伟大实现。习近平总书记指出，好的学校都要有一支优秀教师队伍，而优秀教师队伍的建设应始终把师德师风摆在首要位置。立德修身、敬业立学，是每一位教师应有的风范，要将"赤诚之心、奉献之心、仁爱之心"内化为教师品德。"人民教育家"于漪，用心讲好每一堂语文课，帮助学生启迪心灵、深化思考；"人民教育家"卫兴华，秉持求真求实教育理念，主张教学相长，鼓励学生提出不同意见；"燃灯校长"张桂梅，用赤诚之心铺就山区女学生求学之路，鼓励她们为追求人生梦想不断奋斗。诸多教师前辈的精神似灯塔、似旗帜，不断促我们思考。我们应该怎样去理解"师德"，其包括哪些内涵，从师德建设中我们能总结哪些育人方法？作为投身教育一线的教育工作者，我有以下思考：

一、"予爱"之情感内涵

情感是一切人类关系的基础，师生关系中的教与学、施与受同样依赖情感链接，这样的情感我们可以从广义上称之为"爱"，教育领域的"爱"是大爱，此"爱"包括教师对教师职业的热爱、教师对学生的关爱、教师对教学获得感的珍爱。具体来说，一是教师对教师职业的热爱。苏霍姆林斯基提出，没有爱就没有教育。对于一名教育工作者来说，爱岗敬业是我们在工作中的首要态度。在工作中必须树立正确的工作态度和正确的职业观。爱岗敬业不仅是职业态度，也是道德的崇高表现。二是教师对学生的关爱。关爱学生是师德的灵魂，关心爱护学生，尊重学生人格，平等公正对待学生。对学生严爱相济，做学生的良师益友。三是教师对教学获得感的珍爱。付出爱的感受是幸福的，付出爱的过程亦是艰辛的，而教学获得感是对艰辛的馈赏、对辛劳的褒奖。当看到学生的满足、收获和进步时，听到学生多年后再谈起令其印象深刻的一次授课时，看到学生用课堂所学写出精彩的论文时，作为教师，这样的教学获得感是无与伦比的。此获得感也能激励教师去守住师德，提升教学水平，持续投入对教学的热情。重视这三种爱，在教学过程中体会、培养和践行这三种爱，是师德的基础性情感内涵。

"时代楷模"张桂梅老师的先进事迹，是"予爱"内涵的最生动之体现。张老师坚守教育报国初心，牢记立德树人使命，扎根贫困地区 40 多年，坚守滇西深贫山区教育事业数十年，让 1600 余名贫困山区女学生圆梦大学。秉承对家国的深爱、对教育的热爱、对学生的关爱，张老师长期拖着病体工作，超量的付出透支了原本羸弱的身体，换来学生的好成绩。她不遗余力践行"只要我还有一口气，就要站在讲台上"的诺言，用实际行动铺就贫困学子用知识改变命运的圆梦之路。张老师心怀大爱、无私奉献，20 年来含辛茹苦养育136 名孤儿，被孩子们亲切地称呼为"妈妈"。她把全部身心献给了祖国西南贫困山区的教育和福利事业，在她身上充分体现了人民教师以德施教的仁爱之心和至善至美的师者大爱。

二、"启智"之工具内涵

《师说》有言："师者，所以传道授业解惑也。"惑解之时即启智之始。在教师传授知识的过程中，不应以知识传授本身为目的，而应以启发学生智慧、开启学生心智为导向。这个过程需要学生的主动参与，而激发学生的主动参与则需要教师对教学方法和手段进行设计与创新，最终实现学生的自我激励、自我启发，使教学效果在课堂外得以延续。以鼓励学生参与、启发学生思考为目的，在教学方法上，我尝试进行了新探索，在讲授"社会保障学"课程中"医疗保险"一章时，通过设计情景模拟、角色扮演的环节，帮助学生理解国家医疗保障局成立的意义以及国家谈判机制对药品"降价"的重要影响。利用一节课的时间，将课堂模拟为医保药品谈判现场，将学生分为医保方代表、企业方代表、现场主持人、自由谈判人、现场评审人等角色，实现了一次医保药品的模拟谈判。在学期末的教学效果调查中，学生普遍表示医保药品谈判模拟是他们最喜欢的授课方式，"医疗保险"一章也是他们印象最深的内容之一。从这样的教学探索中，我更明确了以"启智"为目的的教学价值，亦总结出"启智"是师德的工具内涵。

教学是方式手段，"启智"是目的，开启智慧、告别愚昧，是高等教育的使命。中国近现代著名教育家、革命家、政治家蔡元培在任北京大学校长期间，革新北大，开"学术"与"自由"之风，倡导民主自由的原则以启迪学生之智慧，其教育思想的核心就是"完全人格"或"养成健全之人格"。他明确提出军国民教育、实利主义教育、公民道德教育、世界观教育和美感教育"皆今日之教育所不可偏废"，后三者皆为"启智"之教育。实利主义教育，也就是智育，即科学文化知识的学习。在普通教育中，他把物理、化学、博物学、算术、历史、地理、金工、木工等科目都列入实利主义教育的范围。他认为教育不仅要传授知识技能，而且要训练学生思维细密，对事认真的科学态度。公民道德教育，是核心，是根本，"揭示自由、平等、亲爱是道德的要旨"。世界观教育，培养人超乎现象世界之观念，他认为只有站在超于现象世界之高度，才能判定现象世界的价值，也才能处理现象世界的问题。美感教育，引导人由现象世界到实体世界，主张"以美育代宗教"。蔡元培主张贯彻思想自由、兼容并包的教学原则，此乃"启智"的内涵体现。

三、"润心"之价值内涵

2021年3月，习近平总书记在与参加全国政协第十三届第四次会议的医药卫生界、教育界委员座谈时谈道：要从党和国家事业发展全局的高度，坚守为党育人、为国育才，把立德树人融入思想道德教育、文化知识教育、社会实践教育各环节，贯穿基础教育、职业教育、高等教育各领域，体现到学科体系、教学体系、教材体系、管理体系建设各方面，培根铸魂、启智润心。习近平总书记的话启发了我对"启智润心"一词的思考。若"启智"是师德的工具内涵，那么"润心"，我将其总结为师德的价值内涵，因为我理解的"润心"体现了教师职业和教学工作的崇高价值。"润心"即滋润心灵，而心灵、发心是人们一切行为的基础，心善则行善、心恶则行恶。我们的教育必须把培养社会主义建设者和接班人作为根本任务，社会主义建设者和接班人要有爱党之心、爱国之心，树立实现理想之心，进而艰苦奋斗、风雨兼程。这些可贵的心灵品质，需要教育来塑造，在师德师风的良好体现和课程思政的创新实践中向学生传递心灵价值。因此，我总结"润心"是师德的价值内涵。

在我看来，课程思政是"润心"的重要途径，因为其有助于增强学生的文化自信。习近平总书记在全国教育大会上强调，要在坚定理想信念上下功夫，教育引导学生树立共产主义远大理想和中国特色社会主义共同理想，增强学生的中国特色社会主义道路自信、理论自信、制度自信、文化自信，立志肩负起民族复兴的时代重任。"四个自信"中的文化自信，从广义上而言是对道路自信、理论自信和制度自信的提升，是深化学生对道路、理论、制度理解的重要一环。而课程思政的实质，就是在潜移默化之中，传播先进文化，让学生不断增强文化自信，并将这种自信融入自身的思想和行动，养成一种文化自觉，引导学生先明是非曲直，后明道路方向，再明如何作为。"润心"亦是课程思政的必然效果，两者相互浸润。课程思政解决方向性问题，坚持好社会主义办学方向，培养好又红又专、德才兼备、全面发展的拥护中国共产党领导和我国社会主义制度、立志为中国特色社会主义事业奋斗终身的有用人才；解决人才培养的价值观问题，引导学生与民族同呼吸共命运、与国家同发展共前行；解决思想教育的连贯性问题，让各门课程教师都能守好一段渠、种好责任田，与思政理论课同向同行，形成协同效应。课程思政可通过多途径、多手段逐渐形成"润心"的教育效果。

四、"造梦"之目标内涵

2012 年 11 月 29 日，习近平总书记在参观《复兴之路》展览时发表讲话，首次提出实现中华民族伟大复兴的中国梦。中国教育的重要目标是建设并实现中国特色社会主义的中国梦，实现"国家富强、民族振兴、人民幸福"，这源于造梦。国家梦想由每个个体梦想汇聚而成，而教育为每一位中国人演绎自己的中国梦指明了方向。通过教育，在爱、智、心的给予和获得中，在每一个学生心中、在各行各业人民心中种下中国梦的种子，在持续的灌溉下，让种子生根发芽，最终实现每个人心中的中国梦，实现中华民族伟大复兴的中国梦。造梦也是师德建设和整个教育事业的重要目标，教育的过程需要教师引导学生造梦，启发学生创造梦想的心智，鼓励学生获得实现梦想的勇气和能力，呵护并支持学生的梦想。今天，勇于做梦、敢于做梦的中国公民越来越多，在中国梦的理念与实践中，个人发展的梦想与民族复兴的梦想指向一致，教育在其中功不可没。因此，我总结"造梦"是师德的目标内涵。

"黄老师，我们想您！"吉林大学博士生在纪念大会上深情追忆自己的老师——黄大年。他说："在黄老师眼里，我们每个学生都是一块璞玉，只要因材施教都能成才。"黄大年对学生倾注了所有的爱，科研上提携、生活上关照，一切都事无巨细。在学生心里，黄大年精神入心入魂，直至恩师离开以后，学生"去实验室学习的时间比以前更早了，晚上回宿舍的时间也更晚了，就连周末休息时也是全员到齐"。黄大年精神已经内化为学生的科研动力和为人处世的精神力量。习近平总书记指出："我们要以黄大年同志为榜样，学习他心有大我、至诚报国的爱国情怀，学习他教书育人、敢为人先的敬业精神，学习他淡泊名利、甘于奉献的高尚情操，把爱国之情、报国之志融入祖国改革发展的伟大事业之中，融入人民创造历史的伟大奋斗之中，从自己做起，从本职岗位做起，为实现'两个一百年'奋斗目标、实现中华民族伟大复兴的中国梦贡献智慧和力量。"黄大年精神的内核是以家国之情养报国之志，以报国之志蓄奉献之力，以奉献之力助民族之强，将个体梦想融入实现中华民族伟大复兴的中国梦的壮丽篇章之中。

习近平总书记指出，培养什么人，是教育的首要问题。古人云："国有贤良之士众，则国家之治厚；贤良之士寡，则国家之治薄。"从历史和现实的角度看，任何国家、任何社会，其维护政治统治、维系社会稳定的基本途径无一不是通过教育。我国是中国共产党领导的社会主义国家，这就决定了我们的教育必须把培养社会主义建设者和接班人作为根本任务，培养一代又一代拥护中国共产党领导和社会主义制度、立志为中国特色社会主义事业奋斗终身的有用人才。2024年9月全国教育大会上，习近平总书记在重要讲话中重申了建成教育强国的时间点是2035年，教育工作任重道远，支撑我们到达目标的一定是更加扎实的师德师风建设，以共同的信仰和目标为纽带，全体教育工作者齐心协力，与学生一起，内化思想道德，形成教育共同体。

我们从老一辈思想家、教育家的精神中传承他们的躬耕态度、仁爱之心和弘道追求，也从新一代科学家、师者的事迹中涵养理想信念、道德情操、育人智慧。作为一名教育工作者，要自觉深入学习贯彻习近平总书记关于教育的重要论述，坚持不懈地用习近平新时代中国特色社会主义思想铸魂育人，全面落实立德树人根本任务；要提高政治意识和大局意识，立足新时代、应对新挑战、面向新征程，加深对师德师风建设重要性的认识，坚守"为党育人、为国育才"的初心使命，着眼全员全程全方位育人；要以树人为核心、以立德为根本，以"予爱、启智、润心、造梦"为内在要求，提升师德师风，以实际行动为国家和民族培养中国式现代化的建设者、接班人。

做好新时代下的"大先生"

祝 哲

习近平总书记曾言"百年大计,教育为本,教师是立教之本、兴教之源"。7年前,我怀着虔诚的心走上讲台,成为一名人民教师。我时常想,为师者到底应该是什么样子?

从古到今,关于师者的讨论众说纷纭,而往往都离不开"教""育"二字。韩愈《师说》有云"师者,所以传道授业解惑也",教师是传授道理、教授学业、解释疑难问题的人。刘安所作《淮南子·说林训》又云"授人以鱼,不如授人以渔",意指与其传授给人知识和道理,不如传授给人学习知识的方法。2022年4月,习近平总书记曾到中国人民大学考察调研,调研中他强调,教师应该"做学生为学、为事、为人的大先生,成为被社会尊重的楷模,成为世人效法的榜样"。习近平总书记还提到,培养社会主义建设者和接班人,迫切需要我们的教师既精通专业知识、做好"经师",又涵养德行、成为"人师",努力做精于"传道授业解惑"的"经师"和"人师"的统一者。

在我看来,"教"这一行为,不仅仅是传统意义上的"传道授业解惑",它更蕴含着启迪智慧、引领思想的深远意义;而"育",则是如同春风化雨般,悄无声息地滋养着每一个年轻的心灵,培育着国家的未来与希望。作为一名肩负重任的大学教师,面对着一群即将踏入社会、展翅高飞的大学生,我深感责任重大。因此,我必须时刻谨记"教"与"育"的双重使命,不仅要在专业知识上给予他们扎实的指导,更要在品德修养、人格塑造等方面给予他们积极的引领。我将以做好一名"大先生"为目标,不断提升自己的学识与修养,努力成为学生成长道路上的引路人,为他们的全面发展贡献自己的力量。

要做好一名"大先生",就要不断学习,与时俱进,敢于创新,善于创新,提升"教"的本领。明代思想家黄宗羲曾说:"道之未闻,业之未精。有惑而不能解,则非师也。"教书育人关系到社会和国家未来的发展,重大而严肃，来不得半点虚假，只有做强业务才能"为师"。如何做强？一是不断丰富知识储备，二是敢于创新教学方法。苏霍姆林斯基曾提出"要给学生一杯水，教师必须有一桶水"，而在当今时代，社会进步，科技飞跃，教师更应该不断丰富个人知识，学习新的技能。英国学者詹姆斯·马丁统计，人类知识的倍增周期，在19世纪为50年，20世纪前半叶为10年左右，到了70年代，缩短为5年，80年代末几乎已到了每3年翻一番的程度。近年来，全世界每天发表的论文达一万四千余篇，注册的专利不断更新。在"信息爆炸"的时代下，社会发展速度前所未有，新理论、新概念、新工艺、新方法不断出现，知识迭代更新非常快。而处于"知识爆炸"时代的学生，由于互联网等技术的赋能，能够通过更多的方式获取更多样化的信息，新思维涌现，不断创新知识、信息的应用方式。同时，随着时代的进步与发展，社会自由度大大提升，教师和学生的地位也相对更加平等，加上互联网技术和各项高新设备的赋能，教师有能力采用各种新型授课方式，在不违反规则纪律的前提下，选取最适合学生的教学方法。教师必须不断学习，与时俱进，不断调整教学思想，更新教学观念，在教学方法的选择上要适应学生的需要，敢于创新。我们要勇于和勤于不断提高自己各方面素质，秉持求真务实和严谨自律的治学态度，积极主动学习新知识、新技能、新技术，拓宽知识的深度和广度，更新知识结构，不能停留在过去的经验和观念中。具体策略如下：

第一，可以通过阅读论文、参加各类学术交流研讨会，接触来自不同国家、不同领域学者的思想与观点，丰富个人知识储备。为了紧跟国际学术前沿，把握行业动态，我们可以通过积极阅读应急管理领域的专业论文，来深入了解最新的研究成果、理论模型和技术方法。这些论文往往由国内外顶尖学者撰写，它们不仅提供了丰富的学术资源，还展示了不同文化背景和学术视角下的思想碰撞。此外，我们积极参加各类学术交流研讨会也是至关重要的。这类活动汇聚了来自不同国家、不同领域的专家学者，他们带来的新观点、新思路和新方法，无疑能够极大地丰富我们的个人知识储备，拓宽我们的学术视野。通过这些途径，我们可以不断提升自己的专业素养，更好地教书育人。

第二，深入学习教育学理论，利用现代教育技术积极开展教育科研，探索科学育人的新途径，将最新的教育理论研究成果落实到教学中，深耕细作开阔视野，教书育人升华师能。我曾在过去的教学实践中采用案例角色扮演、专家进课堂等形式创新课程教学方式，取得了较好效果。角色扮演意在使学生更真切地代入案例中的人物，体会制定公共政策的不易；在专家进课堂的环节中，我邀请了水利局工作人员和公安部门工作人员等，让书本里的人物走进课堂，为学生提供了和一线工作人员直接对话的机会，让他们更多地了解实践，不局限于抽象的理论当中。除了以上实践课堂的创新，我们还需要最新的教学技术来创新课堂，技术使得教学资源更加丰富多样。通过互联网，学生可以获取大量的在线课程、教学视频、虚拟实验室等资源，拓宽了学习渠道。例如，在上课过程中，可以推荐优秀的慕课（MOOC）资源给学生，进而提高教学效果。慕课提供了来自世界各地的优质课程，学生可以根据自己的兴趣和需求选择学习。

第三，需要不断了解最新的公共管理实践。公共管理和应急管理都是面向实践的学科，而且时刻处于变动之中。应急管理学科是一门极具实践性的学科。它关注灾害、事故等突发事件的预防、减灾、救援和恢复工作，致力于培养能够在各级政府应急管理部门、企事业单位和社会组织从事应急管理实际工作的应用型高级专门人才。应急管理学科不仅要求学生掌握扎实的理论知识，更强调实践能力的培养，如应急决策、应急处置和救援等技能的训练。通过实习实训等方式，学生能够将所学理论知识应用于实际工作中，有效提升专业技能，为应对各种突发事件提供有力支持。在教学过程中，我将个人的科研工作和教学工作紧密结合，及时更新课件，将最新的研究成果展示给本科生，以便他们能接触最前沿的理论和最丰富的实践。比如，在实践课堂中，我强调通过教师的引导与启发，以我国社会治理问题为导向分析各类社会治理创新的成功和失败案例，使他们由知识的接受者转变为使用知识分析实践问题的初步实践者，引导学生用寻找问题的眼睛看待社会治理实践，主动在学习中发现问题、分析原因与寻找答案，力求充分激发学生的潜能和创造力。我引导学生探索新时代防范化解社会治理风险，有效应对处置各类社会治理问题的全过程，运用管理学的知识要素探索针对不同类型社会治理问题的解决方案（创新性）。在真正的社会实践中，一方面，我邀请社会治理的实际参与者进入课堂，让"真人讲真事"，引导学生关注新时代社会治理工作的实践，接触真实的社会治理创新实践；另一方面，我将教师在研究中深度开发的案例做成案例教学课堂，让"真人做真事""假人做真事"，使学生直面实践问题，运用知识要素，进行充分的分析、斡旋、讨论，最终形成政策建议。此部分注重培养学生解决复杂社会治理问题的综合能力和创新性思维（高阶性）。

要做好一名"大先生"，除了提升"教"的本领，还要懂得育人，提升"育"的能力。人类接受教育，除了掌握知识技能，扩展思想眼界，还应该养成高尚的人格、坚韧的意志和博大的胸怀，这是当下我们在开启教育新征程的过程中应当拥有的格局和高度。正如习近平总书记所言，培养社会主义建设者和接班人，迫切需要我们的教师努力做精于"传道授业解惑"的"经师"和"人师"的统一者。现如今社会风气多变，道德观念多元化，年青一代容易受到外界的诱惑和干扰。作为教师，我们有责任引导学生树立正确的世界观、人生观和价值观，帮助他们塑造良好的品质。

第一，重视课程思政。我将思想政治教育融入专业课程，通过案例分析、讨论等方式，引导学生思考社会现象，培养正确的价值观念。我以价值引领为根本，坚持国家战略引领，通过思政元素融入与创新意识培养的有机结合，科学塑造学生的家国情怀、道德情操与创新意识。首先，我将新时代国家治理体系与能力建设的重大命题作为课程教学内容设计的逻辑起点，通过社会治理实际案例的分析让学生理解为什么作为公共管理者必须坚持实事求是，坚守党性原则，一切从实际出发，理论联系实际，听真话、察实情，坚持真理、修正错误，有一是一、有二是二，不唯书、不唯上、只唯实。必须坚持问题导向，增强问题意识，敢于正视问题、善于发现问题，以解决问题为根本目的，真正把情况摸清、把问题找准、把对策提实，不断提出真正解决问题的新思路新办法。必须坚持系统观念，深入实际、深入基层、深入群众调查了解情况，前瞻性思考、全局性谋划、整体性推进党和国家各项事业。其次，我将课程思政元素与教学内容有机融合，培养具有坚定理想信念与高尚道德情操的行政管理/应急管理综合型人才，以不断满足时代发展对创新型管理人才的要求。教学团队坚持"立德树人、以人为本"的宗旨，充分挖掘与课程知识点相关联的各类思政元素，通过优化教学设计、改进教学方法、打造面向中国社会治理实践的教学案例，将总体国家安全观、社会主义核心价值观等元素融入课程教学过程，培育学生对对党忠诚、纪律严明、赴汤蹈火、竭诚为民等应急管理价值观念与理念的高度认同。最后，我坚持将"好奇心"作为学习的第一动力，将解决问题作为学习知识的落脚点，培养学生的问题意识与创新能力。在教学设计的过程中坚持问题导向，从国家治理重大战略实施的过程中捕捉问题，在问题解决的过程中介绍知识，将提出问题、分析问题与解决问题的逻辑思维融入教学设计的全过程，最终实现应急管理人才培养目标。

第二，作为教师，必须尊重学生的地位和人格。尊重，是教育最美的语言。建立平等和谐的师生关系，营造轻松愉悦的学习环境，这就是教师尊重学生人格的体现。于大学生而言，除了课内学业，他们还可以参加学术竞赛。我将大部分精力投入担任学生项目团队导师的工作中，一方面是希望在学术上给予学生必要的支持和帮助，另一方面是享受在项目中与学生的思维碰撞。在项目选题过程中，我鼓励学生参与决策，邀请学生共同讨论研究主题、方法、实验设计等，尊重他们的意见和建议，使他们真正参与到科研活动中来。在项目执行过程中，我会给学生提供自主选择机会。允许学生根据自己的兴趣和专业背景，在科研项目中选择适合自己的研究方向和任务，这有助于激发他们的积极性和创造力。在项目过程控制中，我不会只把学生当作学生，而是将他们看作与我一样的学术工作者，去感受他们的感受。我常常微笑着聆听他们的每一次发言，无论对错，都投去赞赏的目光，希望能让他们感到被尊重、被鼓舞，在积极的环境中成长，通过启发式教学提高教学过程的互动性，注重学生在学习中的获得感。同时，根据学生的特点和需求，我提供了个性化的科研指导和帮助，鼓励学生自主查阅文献、设计实验、分析数据等，培养他们的自主学习能力和独立思考能力，为未来的学术研究和职业发展打下坚实的基础。我帮助他们解决研究中的困难和问题，促进他们的个人成长和发展。在项目做完之后，我充分认可学生的贡献，及时对学生的工作给予认可和肯定，无论是数据收集、实验操作还是论文撰写，都应让学生感受到自己的劳动成果被重视。而且在科研成果的发表和奖励分配上，我遵循公正原则，确保学生的贡献得到应有的体现和回报。

躬耕教坛，强国有我，弦歌不辍，风雨无悔。身为千千万万名青年教师中的一员，我深知未来属于青年，希望寄予青年，我们恰逢盛世责任在肩，更应深耕立德树人沃土，勇挑重担，以爱为帆，提升"教"和"育"的本领，做好新时代的"大先生"。

中篇／教学改革

知识构造、能力锻造、价值塑造：导航式学习模式探索——公共管理学课程教学创新与实践

戴胜利

引 言

2013 年党的十八届三中全会提出要建设国家治理体系和治理能力现代化，党的二十大报告明确提出到 2035 年要"基本实现国家治理体系和治理能力现代化"的目标。要建设国家治理体系和治理能力现代化，离不开人才，尤其是离不开具有卓越治国理政能力的公共管理人才，这就对公共管理相关专业的人才培养提出了非常高的要求，也为公共管理学科培养卓越治国理政人才提供了历史机遇。暨南大学"公共管理学"课程团队在培养卓越治国理政人才方面做了诸多有益的尝试，包括组建课程教学团队，成立课程虚拟教研室，搭建"公共管理学"知识图谱课程空间，建立实习实践基地，设计相关机制构建导航式学习模式等。

一、人才培养目标的设定及其实现过程

"公共管理学"课程在教学中主要完成知识构造、能力锻造和价值塑造三个层面的教学目标，这些教学目标都不能单纯依靠课堂上的教与学来完全实现，主要思路是要为学生搭建学习平台，构建学习环境，并提供优质的教学素材，点燃学生的学习热情。

建构主义源自关于儿童认知发展的理论，最早由瑞士心理学家皮亚杰（J. Piaget）提出。建构主义认为，知识不是通过教师传授得到，而是学习者在一定的情境下，借助其他人（包括教师和学习伙伴）的帮助，利用必要的学习资料，通过意义建构的方式而获得。这一观点与传统的学习理论和教学思想

有着显著的差异，强调学习者的主体性和主动性。

卓越治国理政人才的知识构造、能力锻造、价值塑造是要通过整个大学的人才培养体系，乃至终身学习才能实现的，"公共管理学"是公共管理一级学科下所有专业的学生都必须认真学习的专业基础课程。在"公共管理学"课程教学中，政府、社会、教师和学生分别承担着不同的培养任务，只有通过所有参与主体的协同努力，卓越治国理政人才的培养才能基本完成。如图 1 所示，卓越治国理政人才的知识构造、能力锻造、价值塑造的关键要素是爱好、激情、资源、方法、信仰和坚持，关键的形成机制是各参与主体的共同努力。政府在这个过程中的作用是制定相应法律、制度和规则，并利用政府的力量号召其他主体共同努力建构相应的机制；社会在这个过程中主要是利用宣传、教育、文化等力量，实现对其他主体的影响；教师在这个过程中的作用主要是唤醒爱好、激活激情、构建资源、教授方法、点亮信仰和鼓励坚持；真正在这个过程中起到核心和主导作用的是学生，其要发挥主观能动性，培养爱好、燃烧激情、选择资源、掌握方法、坚守信仰、努力坚持，自主实现卓越治国理政人才所需的知识构造、能力锻造和价值塑造。

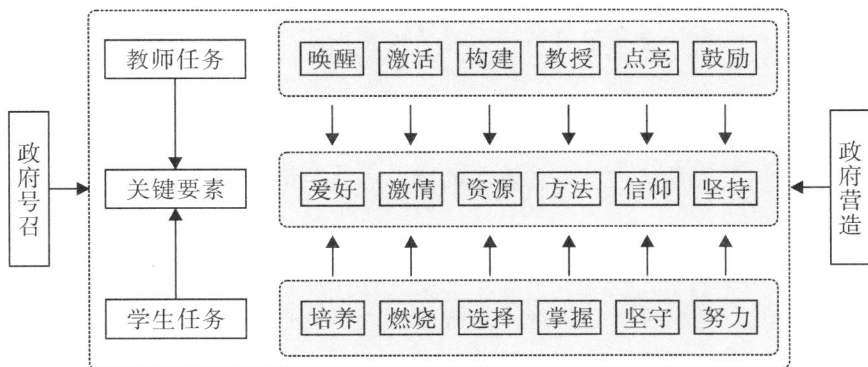

图 1　知识构造、能力锻造、价值塑造的形成机制

二、导航式学习模式设计

按照建构主义的思路，各参与主体的重点工作是要协同建构卓越治国理政人才所需要的资源、环境和要素。

（一）卓越治国理政人才的核心精神及其培育机制

卓越治国理政人才所需要的精神有很多，其中最核心的精神有公共精神、法治精神、实践精神和创新精神（见图2）。

培养责任担当、勇于付出的意识，营造乐于奉献的文化

培养遵守法律、严守规则的意识，构建遵纪守法的社会生态

培养求真务实、脚踏实地的精神，建立实习实践基地

培养大胆尝试、勇于探索的意识，搭建科教融合平台

图2　卓越治国理政人才的核心精神及其培育机制

公共精神是公民超越个人狭隘眼界和个人直接功利目的，以利他方式关怀公共事务、事业和利益的思想境界和行为态度。它是现代社会大力弘扬社会公德，对公民提出的一项最基本、最重要的美德要求。公共精神强调共同利益、公平正义、社会责任感和奉献精神，是公民意识的产物，也是公民道德和公共伦理建设的思想道德基础。"公共管理学"对公共精神的培育关键是要通过理论结合实践，梳理生动案例，加强课程思政，重点培育学生责任担当、勇于付出的意识，让学生具备担当公共事务的修养。公共精神的培育核心工作是营造乐于奉献的文化。

法治精神是指主体对反映公众意志的法律的认同、运用并遵守的精神，是主体对法律的自觉精神。它体现了对法律至上、公平正义、权力约束等价值判断的深刻认识和自觉追求。法治精神是法的思想内核，是法律价值的体现，是法治实践的基本原则和价值追求。"公共管理学"对法治精神的培育关键是要通过课程思政的梳理，利用丰富的案例，现身说法，培养学生遵守法律、严守规则的意识，让学生具备担当公共事务的法治素养。法治精神的培育核心工作是要构建遵纪守法的社会生态，尤其是在课堂上，学生通过学习建立起法治意识。

实践精神是指人类在社会实践中，以主动、自觉的态度去认识世界、改造世界的精神现象。它体现了人类对真理的追求、对创新的渴望以及对自我价值的实现。实践精神不仅包括对理论知识的应用和创新，还包括在实践中不断发现问题以及解决问题的勇气和毅力。南宋诗人陆游的《冬夜读书示子聿》中说："纸上得来终觉浅，绝知此事要躬行。"公共管理学一级学科下面的所有专业都具有非常强的社会实践性，在"公共管理学"课程中，要重点培养学生求真务实、脚踏实地的精神。其中的核心工作是要建立有广泛代表性的实习实践基地，教师要经常带领学生去实习实践，鼓励学生学以致用。

创新精神是一个国家和民族发展的不竭动力，也是现代人应该具备的素质。它属于科学精神和科学思想范畴，是进行创新活动必须具备的精神特征，包括创新意识、创新兴趣、创新胆量、创新决心，以及相关的思维活动。创新精神是一种勇于抛弃旧思想旧事物、创立新思想新事物的精神，它要求人们不满足已有认识，不断追求新知；不满足现有的生活生产方式、方法、工具、材料、物品，根据实际需要或新的情况不断进行改革和革新；不墨守成规，敢于打破原有框框，探索新的规律和方法；不迷信书本和权威，敢于根据事实和自己的思考进行质疑；不盲目效仿别人，坚持独立思考，说自己的话，走自己的路。"公共管理学"课程团队核心成员主持国家社科基金重大项目3项，教育部哲学社会科学研究课题重大攻关项目1项，国家社科基金重点项目2项，以及国家自然科学基金面上项目和国家社会科学基金一般项目6项。在项目研究的过程中，博士生、硕士生和本科生都广泛参与了项目的调查研究和理论创新。

（二）"公共管理学"导航式学习模式的构建思路

"公共管理学"课程团队把"公共管理学"这门课的教学目标设计成了三个层次，知识目标、能力目标和价值目标。在知识目标方面，学生要做到掌握"公共管理学"基础知识，熟悉课程体系，了解公共管理学相关的前沿理论。

课程团队还全面梳理了"公共管理学"课程中的相关知识点，把知识点分成了基阶知识点、中阶知识点和高阶知识点。基阶知识点是构成学科基础的最基本、最核心的概念、原理和事实。它们是学习任何学科都必须首先掌握的内容，为后续学习提供必要的支持。对于基阶知识点，主要的学习形式是学生通过教师在知识图谱空间里发布的线上资源，完成线上学习，教师在过程中主要起到发布资源和任务的作用，主要的学习活动由学生自主完成。中阶知识点是在基阶知识点的基础上进一步深化和扩展的内容。它们涉及更复杂的概念、原理和理论，需要学生具备一定的基础知识储备和思维能力。中阶知识点的学习主要通过线下完成，更多的是在智慧课堂里通过面授、小组研讨、案例分析等形式完成，在这个过程中，师生互动、生生互动的深入度较高。高阶知识点是学科知识体系中最深入、最抽象的部分，涉及学科的前沿理论、高级应用和创新思维。它们需要学生具备深厚的学科基础、广泛的知识储备和强大的思维能力。在学习高阶知识点的过程中，更多地采用科教融合的方式，把教师的研究课题带入课堂，让学生广泛深入地参与，最终实现师生共创的效果，如图3所示。

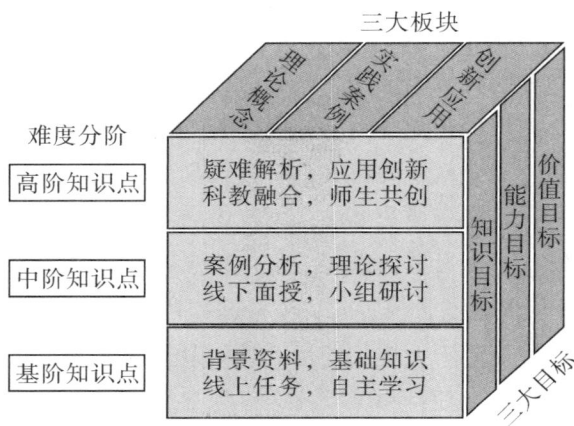

图3　"公共管理学"导航式学习模式构建思路

（三）"公共管理学"导航式学习模式的逻辑步骤

互联网和人工智能的快速发展，对传统的教学模式产生了非常大的冲击，教师的功能已经发生了非常大的转变，在互联网和人工智能快速发展的背景下，教师的功能正经历着深刻的转变，主要转变是从知识传授者到学习引导者、从课堂主导者到学习协作者、从单一教学到个性化教学、从教学执行者到课程设计者、从知识权威者到终身学习者、从单一角色到多重角色。互联网和人工智能的快速发展正在深刻改变着教育的面貌和教师的功能定位。教师需要不断适应新的教学环境和技术要求，转变自身角色和教学方式，以更好地服务于学生的成长和发展。

在"公共管理学"课程教学中，教师的教学和学生的学习过程，非常类似智能导航的逻辑，师生的共同目标是要实现知识、能力、价值三个层面的学习目标。但在学习过程中，双方的分工不同，教师起到导航的作用，学生主要是导航软件的使用者和导航过程的主导者。师生双方协作的过程，背后的逻辑与导航软件的使用过程非常相似。首先要实现位置定位。在"公共管理学"的教学中，教师通过学情分析，确定学生的学习起点，主要通过调查表和前测的方式来完成，这个环节类似于在导航软件的使用过程中，确定当前的位置；通过分析培养方案，明确学生的培养目标；通过了解学生的学习意愿和职业规划，确定学生的努力方向，这个环节类似于在导航软件的使用过程中，确定目的地。明确了当前位置和目的地之后，就是进行路径规划，"公共管理学"的路径规划重点是要解决知识、能力和价值三个层面的目标达成问题。具体而言，在知识层面，要实现掌握公共管理学基础知识，熟悉公共管理学知识体系，了解公共管理学学科前沿等方面的目标；在能力层面，要解决卓越治国理政人才所需要的沟通协作、分析问题和决策执行等方面的能力问题，至少达到"开口能说，提笔能写，遇事能办"的基本能力目标；在价值层面，要培养职业操守、责任担当和维护公共利益等方面的价值观。为达到培养目标，要求师生协作，通过三个措施予以保障，一是通过修身，达到具备卓越治国理政人才所需的基本素质，在道德基础层面要"知耻"，在行为规范方面要"行礼"，在立世目标方面要"施仁"。二是通过聚力，培养卓越治国理政人才所需的公共能力，具体包括政务管理能力、经济管理能力、社会管理能力和组织管理能力。三是通过铸魂，培育卓越治国理政人才所必需的公共精神，具体包括遵守公共秩序、热心公益事业、严格自律自省、追求公平公正，如图4所示。

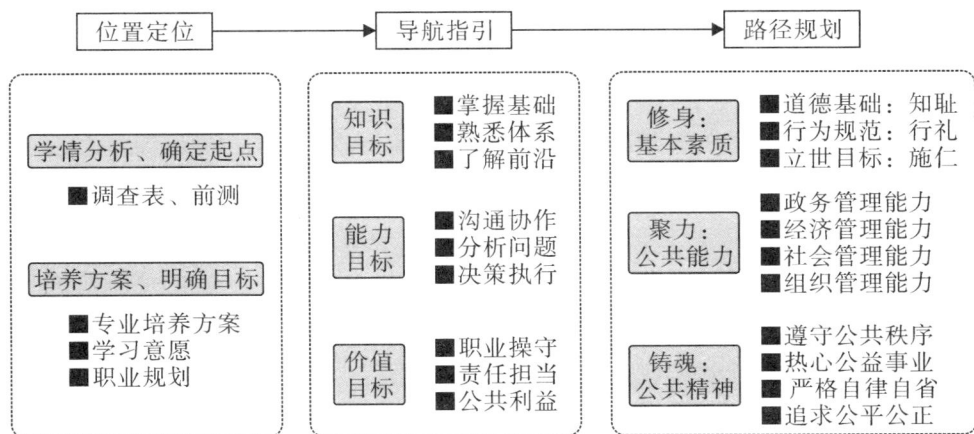

图4　"公共管理学"导航式学习模式的逻辑步骤

（四）"公共管理学"导航式学习模式的"互联网＋"支撑体系及其实施

构建"公共管理学"导航式学习模式需要搭建非常完备的以互联网为依托的支撑体系（见图5）。课程使用的主要互联网教学平台是知识图谱教学平台，在这个平台上课前可以发教学通知、教学安排、预习作业，还可以对学生进行前测；课中可以在平台上实现考勤、中测、讨论以及师生共创任务；课后可以安排复习任务、后测，以及教学效果评价和教学资源共享。

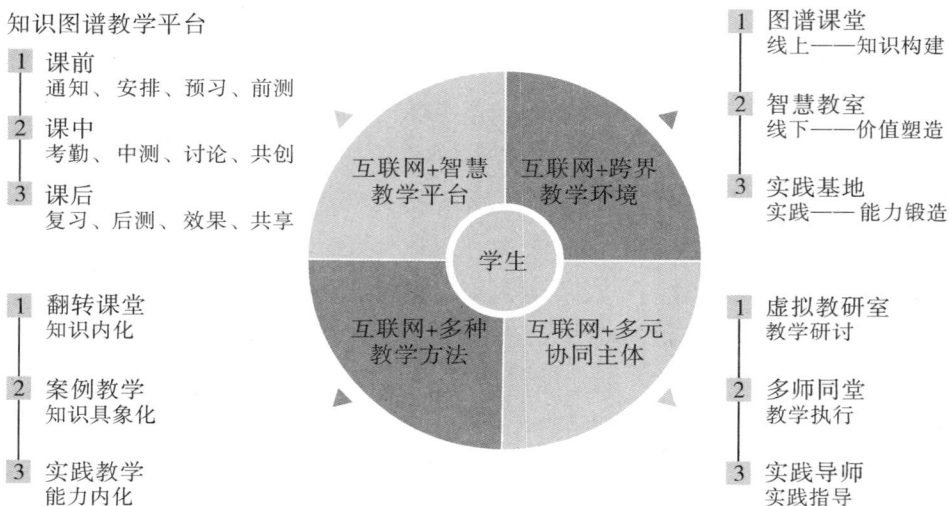

知识图谱教学平台
1 课前
通知、安排、预习、前测
2 课中
考勤、中测、讨论、共创
3 课后
复习、后测、效果、共享

1 翻转课堂
知识内化
2 案例教学
知识具象化
3 实践教学
能力内化

互联网+智慧教学平台
互联网+跨界教学环境
学生
互联网+多种教学方法
互联网+多元协同主体

1 图谱课堂
线上——知识构建
2 智慧教室
线下——价值塑造
3 实践基地
实践——能力锻造

1 虚拟教研室
教学研讨
2 多师同堂
教学执行
3 实践导师
实践指导

图5　以学生为中心的导航式学习模式的"互联网＋"支撑体系及实施

导航式学习模式的教学环境主要有知识图谱课堂，在知识图谱课堂上，重点任务是完成"公共管理学"知识的构建，使学生掌握卓越治国理政人才所必须具备的基本公共管理知识；在智慧教室中，使用线上线下相结合的方式，重点完成对学生的价值塑造，使其具备卓越治国理政人才所必需的价值观；另一个重要的环境就是实践基地，在实践基地中，鼓励学生学以致用，把所学知识应用于实践，这个过程就是能力锻造的过程。

导航式学习模式的教学方法主要有翻转课堂、案例教学和实践教学，通过翻转课堂，基本完成知识内化的过程；通过案例教学，完成知识具象化的过程；通过实践教学，完成能力内化的过程。

导航式学习模式的主体方面，主要是用虚拟教研室的形式使全国乃至全球的优秀教师更广泛地参与到"公共管理学"教学研讨过程中，更好地提升教学的理论深度和实践广度。邀请相关教师，尤其是相关学科的教师走进课堂，帮助提升课堂教学效果。在课程实践中，有专门的实践导师帮助学生学以致用。

三、"公共管理学"导航式学习模式的实施效果

"公共管理学"课程按照导航式学习模式开展人才培养工作，在实践中收到了良好的效果，主要体现在以下四个方面：

一是在专业知识体系的建构方面。"公共管理学"给其他课程提供了课程先导。由于"公共管理学"是行政管理专业的核心基础课程，该课程采用知识图谱空间的教学方法，以"公共管理学"课程知识图谱为基础，勾勒出行政管理专业其他课程所在的知识板块的大致轮廓，给学生提供基本的学习导航地图，方便学生更好地熟悉课程体系和知识谱系，从而更方便地学习专业知识。

二是在知识目标的达成方面。借助知识图谱学习平台，"公共管理学"导航式学习模式把公共管理学的相关知识做了分阶，针对不同阶的知识点又分别设计了相应的学习策略，这种设计在知识目标的达成方面效果显著。

三是在能力目标的达成方面。借助知识图谱学习平台、线下课堂、实习实践等方式，着力发展学生的沟通协作、分析问题、决策执行等方面的能力，最终形成卓越治国理政人才所需要的政务管理能力、经济管理能力、社会管理能力和组织管理能力，具象化为"开口能说，提笔能写，遇事能办"。

四是在价值目标的达成方面。借助知识图谱学习平台、实习实践、师生共创等方式，着力丰富完善学生的价值观，从职业操守、责任担当和维护公共利益等方面培养遵守公共秩序、热心公益事业、严格自律自省和追求公平公正的公共精神。

在"公共管理学"课程的孵化与促动下，行政管理专业在人才培养方面获得了非常可喜的成绩，以科学研究和学科竞赛为例，课程团队成员陈贵梧老师指导本科生撰写的高质量学术论文在《公共管理学报》上发表，该成果还获得了广东省哲学社会科学优秀成果奖一等奖；课程团队成员郑石明老师指导本科生撰写的多篇论文在高水平期刊上发表；课程负责人戴胜利老师指导的本科生参加"挑战杯"课外学术作品竞赛获得全国特等奖，参加"创青春"全国大学生创业大赛获得全国金奖，参加"互联网＋"大学生创新创业大赛获得省赛金奖、国赛铜奖。

结　语

"公共管理学"是行政管理专业和应急管理专业的核心基础课，暨南大学公共管理学院/应急管理学院在该课程的教学过程中采取了导航式学习模式，借助知识图谱空间平台、虚拟教研室、智慧教室、实习实践基地等资源或平台创新学习机制，较好地实现了知识目标、能力目标和价值目标。

参考文献

[1] 李萍, 杨桂红, 卢晓晔. 网络口语教学的发展趋势: 理论导航的自主式学习模式 [J]. 学术论坛, 2005 (11): 204-207.

[2] 鹿斌. 翻转课堂在高校《公共管理学》课程教学中的应用探索 [J]. 高教论坛, 2020 (11): 34-36.

[3] 任勇, 周芮. 面向实践的中国公共管理学自主知识体系建构 [J]. 上海交通大学学报 (哲学社会科学版), 2024, 32 (9): 21-39.

[4] 周定财. 体验式教学模式在《公共管理学》课程中的应用 [J]. 广州广播电视大学学报, 2020, 20 (1): 30-34, 108.

以中华优秀传统文化传播为导向的"浸润式"教学模式探索与推广——以"中国政府与政治"课程为例①

胡涤非

一、背景

"中国政府与政治"作为公共管理学科的核心基础课程，在培养学生的国家认知、家国情怀、社会关怀、公共精神以及国际视野方面扮演着至关重要的角色。它不仅帮助学生建立起对中国政府与政治体系的理解，也为他们深入思考社会主义制度的优势与特点提供了学术框架。在当今全球化背景下，特别是在中国特色社会主义进入新时代的历史进程中，弘扬中华优秀传统文化，增强文化自信，已成为教育领域的重要任务。

中华优秀传统文化蕴含着丰富的思想智慧，这些思想智慧在历史的长河中逐步积淀，构成了中国特色社会主义理论体系的文化土壤。我们通过将中华优秀传统文化融入"中国政府与政治"课程教学中，不仅能够帮助学生更加全面、立体地认识中国的政治体制，还能增强他们的文化认同感和历史责任感，进而更好地为社会主义现代化建设贡献智慧和力量。

这一课程的改革和创新，尤其是对教学方法的探索，具有广泛的意义。传统的教学模式虽然在一定程度上能够传授知识，但往往存在"知识传递"与"情感认同"分离的问题。在新形势下，如何将中华优秀传统文化有机融入课堂教学中，使其不仅"入耳""入脑"，还能够"入心""入行"，成为教学改革中的核心课题。因此，基于中华优秀传统文化传播的"浸润式"教学模式成为一个重要的创新路径。这一模式通过不断优化和调整教学方法，力求在课堂教学中实现中华优秀传统文化的深度传播，使学生在学习过程中能够自然地

---

① 本文系广东省质量工程"中华优秀传统文化传播为导向的中国政府与政治浸润式教学模式探索与推广"（2022 年）研究成果。

感受到传统文化的力量，从而提高他们的文化素养和历史认同感。

具体来说，"浸润式"教学模式通过行动研究法的框架进行调整和优化。行动研究是一种注重实践和反思的教学方法，能够在实际教学过程中不断调整和完善教学策略，以适应学生需求和课程目标。在这一过程中，教师不仅是知识的传递者，更是文化传播的引导者。教师的主观能动性尤为关键，他们通过引导学生深入挖掘课程中的中华文化元素，帮助学生在认知上突破单纯的知识获取，进而实现情感的认同和行动的转化。特别是在粤港澳大湾区，暨南大学作为一所以港澳台学生为重要培养对象的高校，课程改革尤为重要。通过学习"中国政府与政治"这门课程，学生不仅能够学到中国政治的历史与现状，还能够在跨文化对比中，感知到中国制度与文化的独特性，进而增强他们对祖国的认同与热爱。

同时，随着国家在"新文科"建设中的政策推动，传统的学科边界逐渐被打破，跨学科的融合与创新成为教育改革的主流方向。在这一背景下，我们通过将中华传统文化与政治学课程内容相结合，不仅能够传授知识，更能够在思想文化层面实现立德树人。立德树人不仅仅是培养学生的知识体系，更是通过文化的滋养，帮助学生形成正确的价值观和人生观。而这一过程正是通过中华文化的创新性传承来实现的。

二、文献综述

随着全球化进程的推进以及教育理念的不断变化，各国教育系统都在不断寻求适应新时代需求的教学模式和改革措施。然而，尽管课程改革的形式和方法层出不穷，但许多教育改革仍然在实际操作中面临诸多挑战。单妍炎（2019）在其研究中指出，课堂文化常常是教育改革中的"盲区"，即许多改革仅仅停留在课程内容的调整层面，忽视了课堂内外文化的构建。课堂文化的转型，往往依赖于教学模式的创新，而这一创新涉及的不仅仅是教学方法和内容的改变，还包括教师和学生之间互动方式的转变。因此，课程改革不仅要关注课程本身的结构，还需要在教学实践中深化课堂文化的改革，从而达到提升教育质量的最终目标。

在这一背景下，行动研究法作为一种特殊的教育研究方法，开始在课程改革中得到广泛应用。行动研究法最早由 J. Collier 于 1945 年创立，这一方法强调教师和学生共同参与教学过程中的问题识别、解决方案的设计与实施，并通过持续的反思与调整来提升教学质量。在外语教学改革中，行动研究法的应用取得了显著的成效。支永碧（2008）指出，行动研究法能够帮助教师和学生共同探索课堂中的问题，并通过教师的反思和学生的反馈，逐步调整教学策略，最终提高课堂的互动性与学习效果。张俊英（2010）和杨华（2017）的研究也表明，行动研究法能够有效提升教学活动的针对性和实效性，尤其在语言教学等具有互动性和灵活性要求的学科中，能够较好地调动学生的学习积极性，增强教师的教学反思能力。

然而，尽管行动研究法在外语教学等学科中应用广泛，但在公共管理学科中的应用却相对较少。李春涛（2020）认为，公共管理学科由于其理论性与实践性兼具的特点，往往面临着传统教学模式无法有效激发学生参与感和实践能力的问题。相比于外语等学科，公共管理学科的教学改革尚处于起步阶段，尤其是在将中华优秀传统文化作为教学内容和方法改革的核心时，相关的研究和实践仍然存在较大的发展空间。因此，将行动研究法与公共管理学科的教学改革相结合，尤其是在以中华优秀传统文化为导向的课程改革中进行探索，不仅是学科教育的一项创新，也是实现中华文化传播与教育功能的有力途径。

"浸润式"教学模式作为近年来教育改革中的一种创新方法，已在多个学科领域取得了积极效果。这一模式强调通过深度的文化渗透与实践体验，促进学生在课堂内外的全面参与，从而实现知识、能力与文化素养的综合提升。朱梅（2010）指出，"浸润式"教学模式有助于激发学生的学习兴趣与主动性，使他们在学习过程中更加主动地去理解和吸收知识，同时也能够通过实践活动将知识内化为能力和行为。季卫兵（2017）认为，在"浸润式"教学模式下，学生不仅能够通过多元化的教学活动强化对知识的理解，还能够通过跨学科的学习体验，促进其综合素养的提升。陈玲（2021）也指出，"浸润式"教学模式能够帮助学生更好地将所学知识与实际问题相结合，提高他们的创新思维与实践能力。

然而，在将"浸润式"教学模式应用到"中国政府与政治"等公共管理类课程的教学改革中时，仍然面临着一些挑战。首先，传统的课堂教学模式往往侧重于知识的传授，忽视了学生的情感体验和文化认同。如何通过"浸润式"教学模式在教学内容和教学方法上实现中华优秀传统文化的有效传播，是当前公共管理学科教学改革中的一项重要任务。其次，尽管"浸润式"教学模式强调学生的实践和参与，但在具体的实施过程中，教师如何根据不同的学科特点和学生需求设计合适的教学活动与评估机制，仍然是一个需要深入研究的问题。

从当前的研究现状来看，虽然"浸润式"教学模式和行动研究法在其他学科中取得了较为显著的成果，但将其应用于公共管理学科，特别是以中华优秀传统文化为导向的教学改革中，仍然是一个相对较新的领域。陈俊（2020）在其研究中指出，在公共管理学科的教学改革中，如何有效地将中华优秀传统文化与课程内容相结合，如何在教学过程中激发学生的文化认同感和责任感，是一个亟待解决的关键问题。尤其是在粤港澳大湾区等特殊地区，如何通过课程教学增强学生的国家认同感与文化自信，使其不仅能够理解中国特色社会主义的理论与实践，还能够通过中华优秀传统文化的学习，增强对祖国发展的责任感和使命感，具有重要的现实意义。

此外，尽管中华优秀传统文化的传播在近年来已成为教育改革中的一个重要方向，但目前的研究和实践仍然主要集中在文化素养的培养与文化认同的塑造上，而如何通过教学模式的创新将这些文化因素有效地融入学科教学中，尚未得到充分探讨。特别是在公共管理学科的教学改革中，如何将文化传承与政治学科的知识体系相结合，如何通过"浸润式"教学模式有效地实现中华文化的渗透，是值得深入研究的重要问题。

综上所述，当前的研究现状表明，虽然行动研究法和"浸润式"教学模式在其他学科中取得了较为显著的成果，但在公共管理学科尤其是在"中国政府与政治"课程的教学改革中，相关的研究仍然有一定的完善空间。如何将中华优秀传统文化有机融入公共管理学科的教学内容和教学模式中，如何在课堂教学中增强学生的文化认同感，是本项改革的主要目的。

三、改革措施

（一）改革的着力点

随着"新文科"建设的提出，传统的人文社会科学学科教育逐渐转向以文化创新为核心的综合性改革。以中华优秀传统文化为导向的教育改革正是这一趋势的重要体现。在这一背景下，"浸润式"教学模式的应用成为公共管理学科教学改革中的一项新探索。这一模式强调通过文化渗透与深度学习，实现学科知识的全面传播和学生综合素质的全面提升。在这一过程中，中华优秀传统文化的系统化与传播模式优化成为关键问题，而如何解决这些问题，推进教学改革，成为本项目研究的重点。

首先，"浸润式"教学模式的构建需要注重中华优秀传统文化的系统化。中华优秀传统文化作为中国文化的根基，包含了丰富的历史、哲学、伦理和政治思想等内容。然而，如何将这些丰富的文化资源整合进公共管理学科的课程体系中，并确保其具有系统性、条理性、前沿性和全面性，是教学改革中亟待解决的核心问题。随着党和国家对中华传统文化的重视，学科教学的内容也需要与时俱进，将最前沿的研究成果、党的理论创新成果与经典的传统文化相结合，系统性地融入课程设计中。通过项目的实施，课程在吸纳最新研究成果的同时，还应通过学科逻辑将中华传统文化的各个方面进行有机连接，形成一套完善的理论体系，从而有效提升文化传播的质量和效果。

其次，中华优秀传统文化的传播模式需要进一步优化。传统的教学模式往往停留在单向传授知识的层面，教师和学生的互动不足，学生的课堂参与度低，教学效果也因此受到一定限制。因此，如何通过创新的教学模式，构建一个立体的教学共同体，成为改革的重要任务。"浸润式"教学模式通过教师和学生共同参与、共同研究的方式，打破了传统的"传授—接受"模式，推动了课堂文化的创新。教师通过这一模式，与学生之间形成互动；通过设计富有挑战性的问题、任务和活动，促使学生不仅理解知识，更能够在互动中获取文化的内涵和精神。尤其是在公共管理学科的教学中，教师的主导作用和学生的主体作用要得到有效平衡，这不仅有助于提升学生的文化认同感，也有助于增强他们对中国特色社会主义政治制度的认同。

此外，"浸润式"教学模式强调建立多维立体的教学共同体，这一概念的重要性在于通过多元互动解决传统教学模式中存在的问题。例如，教学共同体的构建能够有效解决教学模式固化的问题，教师通过与同事的共同反思与探索，不断优化教学方案，创新教学方法；学习共同体能够解决大学课堂普遍存在的"静默多数"问题，鼓励学生更积极地参与到课堂中来，从而提升他们的参与感和归属感；教与学共同体则在教师与学生之间建立有效的沟通机制，解决了传统课堂中师生沟通不畅的问题。通过这种共同体的建设，学生不仅能够从教师的指导中获益，还能够通过与同学的互动和合作，获得更多的知识和思维方式，从而深化他们对中华优秀传统文化的理解。

（二）改革的重点内容

首先，从公共管理学科自身的性质和教育对话传统出发，在教与学共同体模式下构建"浸润式"教学模式。公共管理学科，作为培养学生理解和解决复杂公共事务的核心领域，要求学生不仅具备扎实的理论基础，还要具备实际操作能力与高度的社会责任感。公共管理课程的核心目标在于让学生掌握政府与社会互动的基本原理，理解政治决策与社会治理的运作机制。因此，如何有效传递学科知识，培养学生的实际能力，尤其是通过中华优秀传统文化来增强学生的文化认同感和社会责任感，是该学科教育的重要任务。

"浸润式"教学模式的构建，基于公共管理学科的这一特殊性，提出了教与学共同体这一核心理念。具体而言，教学过程中不仅关注学生的知识吸收，还强调课堂上师生的互动和共同探索。教师不再是知识的单向传递者，而是课堂活动的设计者与参与者，推动学生从不同视角来探讨和理解课程内容，特别是通过中华传统文化的智慧来指导现代公共管理实践。

例如，在"中国政府与政治"课程中，教师可以通过引导学生思考中国古代政治治理思想（如儒家"仁政"、法家"治国理政"等）的历史背景和现实意义，并将这些思想融入对现代中国政府体制与政治体制的讨论中。这种方式不仅有助于学生理解政治管理理论，还能帮助学生体会中华传统文化对现代政治体系的影响和推动作用，从而在实践中找到知识与文化之间的联系。在课堂上，教师通过设计富有互动性的教学活动，如小组讨论、案例分析、角色扮演等，使学生不仅能消化理论知识，还能在实践中逐步形成自己对公共事务的理解与判断。通过这一共同体模式，学生能够在"浸润式"的学习环境中，既体验到学术学习的挑战，又能感受到中华优秀传统文化在现代社会中的实际价值与意义。

其次，从"中国政府与政治"课堂教学现状出发，在三次行动研究循环中不断修正教学行动。在实施"浸润式"教学模式的过程中，行动研究法作为一种有效的教育改革方法，能够帮助教师在实际教学中不断反思和调整教学策略，以达到最优的教学效果。具体而言，该项目计划通过三次行动研究循环来不断优化课堂教学。

第一次行动方案：这一阶段的主要任务是通过常规课堂规范的建立，纠正师生在课堂中的外显行为。教师需要在教学过程中树立明确的课堂纪律，确保每位学生都能在积极的课堂氛围中进行学习。对于课堂教学管理的初步调整，不仅是为了规范课堂秩序，更重要的是通过规则的引导让学生逐渐适应新的学习方式，并在此基础上探索中华优秀传统文化的价值。教师在这一阶段要更加注重引导学生认识到在课堂中不只是知识的学习，更是文化的传承，特别是要强化学生对"教书育人"的文化责任感和使命感。

第二次行动方案：在此阶段，教学重点将从规范行为转向师生课堂实践的深入发展。教师要通过更加细致的教学设计，让学生在课堂上有更多机会参与讨论和互动，特别是如何将中华优秀传统文化的元素引入课堂中，形成多样化的教学情境。例如，教师可以通过分析中国古代政治体制的特点（如封建制度与中央集权的关系），以及这些特点在现代中国政府中的延续性，来激发学生对中国政治发展的兴趣。同时，教师还要帮助学生建立跨学科的知识框架，使其能够结合公共管理、历史学、文化学等多个领域的知识来全面理解政治体系的构建与演变。在这一阶段，教师应根据学生的反馈不断调整教学内容和方式。教师通过增加更多的讨论环节、课堂辩论、专题讲座等形式，确保学生在学习知识的同时，能够全面感知中华优秀传统文化的深刻内涵。

第三次行动方案：此阶段的关键任务是通过集体讨论与集体论证的方式，确保"浸润式"教学模式的有效构建。在这一阶段，教师不仅要依托前两个行动方案的经验，整合和完善教学内容与方法，还要通过集体智慧和讨论，使教学模式达到更加成熟的状态。教师可以组织专题座谈会、教学研讨等活动，邀请专家学者、学科教师以及学生共同参与，讨论中华优秀传统文化如何在政治学课程中更加深入地渗透，并将其与公共管理学科的核心理论及实践结合起来。通过集体讨论，教师可以对教学模式进行深度反思，进一步解决教学中的难点与瓶颈问题，确保每一个学生都能在深度学习和思考中，获得全面的知识和能力提升。

再次，评估"浸润式"教学模式下中华优秀传统文化传播效果。为了确保"浸润式"教学模式的有效性，必须通过多维度的评估来衡量其传播中华优秀传统文化的实际效果。评估的重点不仅是学生知识的掌握情况，更应着眼于学生文化认同感、价值观的形成以及实际能力的提升等方面。

课堂规范的建立：课堂规范是教学效果的基础，它确保了每个学生都能在有序的环境中进行有效学习。在课堂上，教师需要通过明确的规则、清晰的课堂结构来保证学生能够集中注意力，积极参与。有效的课堂规范不仅能提升课堂效率，还能帮助学生理解中华优秀传统文化的重要性，从而激发他们的文化自信。

正向学习情感的培养：学习情感的培养对于知识的长期掌握与文化认同的形成至关重要。基于"浸润式"教学模式，学生能够通过不断的互动与实践，产生对中华传统文化的认同感。在此过程中，教师需要通过鼓励、引导和适时的反馈来帮助学生形成积极的学习态度。教师通过课堂活动和课外实践，激发学生对中华传统文化的兴趣和尊重，让他们在潜移默化中养成正向的情感和价值观。

学习能力的提升：通过"浸润式"教学模式，学生的综合能力，尤其是批判性思维和解决实际问题的能力，将得到显著提高。在课堂上，学生不仅要掌握理论知识，还要能够在实践中运用这些知识，尤其是将中华传统文化的理念融入公共管理的实际操作中。例如，学生在分析中国政治体制的演变时，不仅要理解历史背景，还要能结合当前政治环境进行分析。通过这种方式，学生的综合能力将得到提升，为他们日后的社会实践和职业发展打下坚实基础。

通过对课堂规范、学习情感和学习能力等方面的评估，教师可以更加全面地了解"浸润式"教学模式在传播中华优秀传统文化方面的效果，不断调整教学策略，确保教学目标的实现。同时，学生的反馈和参与也将为未来的教学改革提供宝贵的经验与数据支持。

四、结语

教师通过对"中国政府与政治"课程教学的不断优化，特别是"浸润式"教学模式的实施，能够在多方面提升学生的综合素养。首先，学生在学习中国政府与政治体系时，不仅仅是接受理论知识的灌输，更是通过课堂讨论、案例分析、文化对比等多元手段，深刻理解中国特色社会主义制度的优势所在，形成对中国特色社会主义理论体系的深刻认同。其次，通过课堂上的文化渗透，学生的社会责任感和家国情怀得到了培养。在讨论中国政治制度的过程中，学生在理解和掌握知识的同时，也逐渐产生了对国家未来发展的责任感和使命感。最后，通过文化和政治的双重融合，学生的创新意识和问题解决能力得到了提升。他们不仅学会了分析和解决现实问题，还能够结合传统文化中的智慧，提出创新性的思路和解决方案。

新文科背景下服务中国式现代化的课程思政模式改革与实践①

林慕华

一、新时代课程思政模式改革的新要求

在新时代的浪潮中，如何深化新文科背景下的课程思政建设，以有效服务于中国式现代化的宏伟蓝图？这无疑是教育改革领域的一项关键课题。近年来，教育部着重指出，应根据各专业的特色，分门别类地推进课程思政的深度融合，使之贯穿于课堂教学的每一个环节。对于公共管理、法学、经济学、社会学等学科而言，更需紧密结合新文科的独特属性，敏锐捕捉并积极响应中国式现代化建设的新要求，系统性地推动课程思政模式的创新与实践。

（一）当前中国式现代化建设的背景分析

习近平总书记在庆祝中国共产党成立 100 周年大会上指出："我们坚持和发展中国特色社会主义，推动物质文明、政治文明、精神文明、社会文明、生态文明协调发展，创造了中国式现代化新道路，创造了人类文明新形态。"2022 年，党的二十大报告明确提出"以中国式现代化全面推进中华民族伟大复兴"。党的二十届三中全会对推进中国式现代化作了全面部署。

深入剖析当前中国式现代化建设的时代背景，我们不难发现，作为国家未来的栋梁之材，当代大学生肩负着建设者、管理者和领导者的重任。因此，强化他们的专业素养与职业道德，培养他们对中国特色社会主义制度的深刻认

① 本文系暨南大学 2023 年度校级教学质量与教学改革工程"课程思政专项"："新文科背景下基于中国式现代化建设的'政府绩效评估'课程思政改革与实践"（JG2023017），以及 2023 年广东省本科高校教学质量与教学改革工程建设项目"高等教育教学改革项目"："新文科背景下服务中国式现代化的课程思政模式改革与实践——以政府绩效评估为例"成果之一。

同，增强"四个意识"、坚定"四个自信"、做到"两个维护"，成为勇于担当、求真务实的新时代高素质人才，是高等教育育人的核心使命。在习近平新时代中国特色社会主义思想的引领下，我们应精准把握新时代国家发展的新需求和行政改革的新特点，聚焦科技、文化和社会的前沿动态，对课程的组织形式和结构进行持续创新设计，使课程内容更加丰富、生动，更能激发学生的学习热情，确保教学相长，学有所成。

（二）课程思政在高等教育中的重要性

课程是人才培养的核心要素。在高等教育领域，课程思政扮演着至关重要的角色。自 2014 年起，在教育部的指导下，上海市率先开展"课程思政"试点工作，深入挖掘各类课程中的思想政治理论教育资源，从战略层面构建了一个涵盖思想政治理论课、综合素养课程、专业教育课程三位一体的思想政治教育课程体系。[①] 2019 年 3 月，习近平总书记在学校思想政治理论课教师座谈会上指出："要坚持显性教育和隐性教育相统一，挖掘其他课程和教学方式中蕴含的思想政治教育资源，实现全员全程全方位育人。"[②] 2021 年，为了进一步发挥教师队伍作为"主力军"的作用，以及课程建设和课堂教学作为"主阵地"和"主渠道"的功能，教育部全面推进了课程思政的高质量建设，将思政工作体系贯通人才培养体系全过程，构建全员全程全方位育人大格局，并部署开展课程思政示范项目的建设工作。[③] 2022 年，教育部联合其他九个部门发布了《全面推进"大思政课"建设的工作方案》，明确了由教育部负责组建高等学校课程思政教学指导委员会，制定普通本科专业类课程思政教学指南，组织高校教师进行课程思政教学能力的培训，并建设一批课程思政系列共享资源库。[④]

（三）新文科发展对课程思政模式改革的推动作用

自 2020 年起，我国高等教育界在课程思政建设的实践和探索中，逐渐将目光投向了"新文科"的广阔天地。特别是在公共管理这一关键领域，学界

---

① 虞丽娟. 从"思政课程"走向"课程思政"［N］. 光明日报，2017 – 07 – 20.
② 中华人民共和国中央人民政府. 习近平主持召开学校思想政治理论课教师座谈会［EB/OL］. (2019 – 03 – 18). https：//www. rmzxb. com. cn/c/2019 – 03 – 18/2312464. shtml.
③ 中华人民共和国教育部. 教育部办公厅关于开展课程思政示范项目建设工作的通知［EB/OL］. (2021 – 03 – 12). http：//www. moe. gov. cn/srcsite/A08/s7056/202103/t20210322_521681. html.
④ 中华人民共和国中央人民政府. 教育部等十部门关于印发《全面推进"大思政课"建设的工作方案》的通知［EB/OL］. (2022 – 07 – 25). https：//www. gov. cn/zhengce/zhengceku/2022 – 08/24/content_5706623. htm.

普遍达成共识：推动国家现代化进程，是民族复兴的基石，而公共管理学科的发展与人才培育，必须根植于中国特色社会主义道路的理论创新之上。因此，在新文科的浪潮下，针对公共管理类课程的教学革新，高校教育者纷纷从多维度展开热烈讨论，各展所长。显然，融合新文科理念，顺应中国式现代化的步伐，深化课程思政模式的改革，已成为不可逆转的时代潮流。

紧密围绕新文科的核心要求，服务于中国式现代化的宏伟蓝图，课程思政模式的改革与实践承载着非凡的意义。其一，它促使我们迅速响应新文科建设的使命召唤，确保教育内容与时俱进；其二，精准对接新时代背景下，中国式现代化建设对高素质人才的迫切需求，为社会输送具备全球视野与本土情怀的管理精英；其三，在构建全员全程全方位育人的综合体系中，积极探索多样化且高效的教学路径，充分激活课程思政作为育人主渠道的潜在效能，增强其实效性；其四，通过打造一批高质量的"金课"，不仅能够树立教学改革的典范，还能系统总结改革经验，提炼出可复制、可推广的模式，为全国范围内课程思政的深化改革提供宝贵的参考与启示。

二、"政府绩效评估"的课程思政模式改革与实践

在新文科建设背景下，"政府绩效评估"这门课程作为公共管理学科的专业必修课程，承载着为推进中国式现代化建设培育"担当民族复兴大任的新时代文科人才"的重要职责。为了适应这一崇高使命，本课程积极拥抱变革，不仅在教学内容上进行了大胆创新，还引入了多样化的教学手段，旨在全方位推进思想政治教育与专业教育的深度融合。我们致力于将价值塑造、知识传授和能力培养三者融为一体，通过思政改革完善新的人才培养体系，将本专业学生培养成有理想、敢担当、能吃苦、肯奋斗的新时代青年人才，让学生得以成为致力于向世界宣扬中国式现代化成就，并有能力投身祖国现代化建设事业的融合型人才。

（一）课程思政改革创新思路

因应新时代背景下国家对绩效治理中国式现代化的理论与实践新要求，课程坚持立德树人、守正创新，紧扣新文科建设和高阶性、创新性、挑战度的"金课"要求，以培养绩效治理融合型人才为目标。课程基于OBE逆推设计，从人才培养需求出发，针对新阶段课程面临的三大"痛点"，紧扣新文科建设和高阶性、创新性、挑战度的"金课"要求，运用"投入—活动—产出—结

果—影响"的逻辑分析法创新教学体系：以学生发展为主体，推进"四五六"教学体系创新实践，即教学内容的"四融合"、教学组织的"五部曲"、教学评价和反馈体系的"六维度"，致力于培养"明德、博学、笃行"的新时代绩效治理融合型人才（如图1所示）。

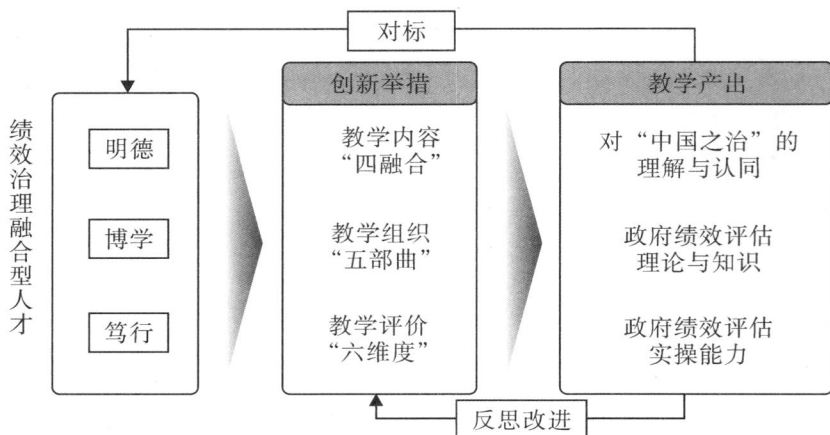

图1　课程思政改革创新思路

（二）明确新文科背景下课程教学目标"四维四阶"体系

"政府绩效评估"课程致力于通过课程教学改革与实践服务国家建设需要，立足于新文科建设的背景，实现课程思政改革与中国式现代化建设的有机结合，把握新文科建设的潮流，从知识维度、能力维度、情感维度和价值维度四个方面，根据学生课程学习的不同阶段构建系统的教学目标体系（如图2所示）。

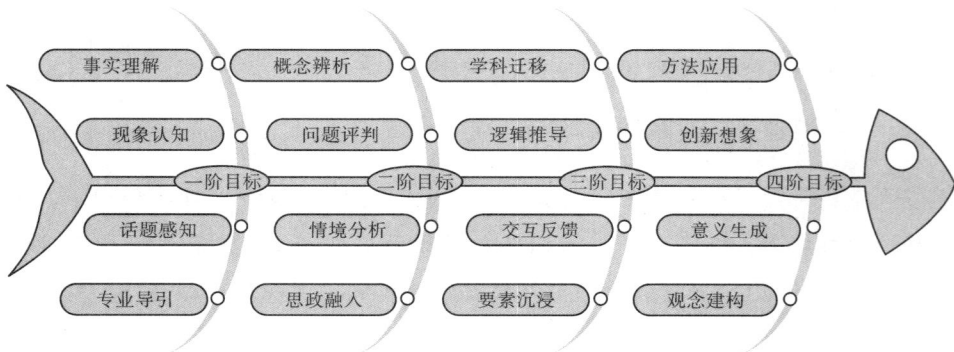

图2　新文科背景下课程思政教学目标"四维四阶"体系

（三）多形式深度融合案例教学的课程思政模式

在新时代的高等教育领域，课程思政模式成为实现立德树人根本任务的关键路径。在新文科背景下，"政府绩效评估"课程通过教学改革与实践创新，将思政教育元素巧妙地融入专业课程之中。该课程通过深入挖掘教学内容与思政元素的结合点，不仅丰富了教学手段，还强化了对学生价值观塑造的责任担当。通过案例开发、案例教学及案例研究三者之间的无缝衔接，以及多样化的教学策略和资源的有效利用，该课程形成了多形式深度融合案例教学的课程思政模式。

1. 提炼课程思政元素，巧选课程教学案例

根据每一章的课程内容，课程团队深入研讨，提炼思政点，构建系统的课程思政元素与教学案例架构（如表1所示），并在每一个教学周期结合最新的时政热点与政府绩效评估的改革与实践，设计或更新相关的教学案例，力图达到"春风化雨，润物无声"的效果。

表1　课程思政元素与教学案例架构

课程思政	课程内容	教学案例
第一章　导论	培养对中国特色社会主义制度的认同感，树立制度自信	《中共中央国务院：全面实施预算绩效管理》《习近平：树立正确的政绩观》《从公务员年度考核风波看公共部门员工绩效考核问题》
第二章　政府绩效评估的理论问题	守正创新，止于至善	《中国历代政治得失》第3期：汉朝中央怎样考核地方政府？《建立"政府执政业绩价值考核体系"，是当前关键紧迫任务！》
第三章　政府绩效评估的主体	以人民为中心，推进全过程人民民主，培养对"中国之治"的认同感和道路自信	《××市万人双评议》《××政府绩效考核首邀媒体当考官》
第四章　政府绩效评估指标体系构建	树立正确政绩观，强化责任政府、服务政府意识	《××:用人民幸福评估发展》《××各级各部门通过推行各环节绩效管理等措施推进政府职能转变》
第五章　政府绩效评估程序	树牢"四个意识"，强化依法行政	《××市"督考合一"绩效管理》《××市绩效评估实施方案》

（续上表）

课程思政	课程内容	教学案例
第六章 政府绩效评估的方法	培养科学发展观，坚持守正创新，提高综合素养	《××随手拍：微信问政开启政民互动新平台》 《××市成本绩效法》
第七章 政府绩效评估结果应用与绩效改进	树立绩效问责意识，培养学生勇于担当作为，求真务实	《公益与效率：公立医院绩效分配改革路在何方？》 《建设数字政府 提升政采绩效：新点软件解码政府采购数智化探索路径》
第八章 政府绩效评估立法	培养法治观念，强化法治政府、绩效政府意识	《绩效评估十余载，治理推向现代化——××市综合考评和绩效管理的探索之路》 《××××：精简赋权绩效"预算管理10条"深化财政改革》
第九章 各国政府绩效评估及其经验借鉴	坚定"四个自信"，强化创新意识	A Task Force with Teeth?：Driving City Performance in Lawrence，MA 《世界历史051：英国文官制度改革》
第十章 政府绩效评估在当代中国的推进	厚植家国情怀，培养奋斗精神	《××市政府绩效管理变革之路》 《中国全面实施预算绩效管理》

2. 教学方法巧适配，助推课程"创新性""挑战度"

为了更好地提升教学效果，课程不断丰富教学素材，实现信息技术与教育教学深度融合，根据每个教学专题的教学目标和内容特点，动态设计紧跟政府绩效实践创新的教学模块，以案例教学为基础，灵活搭配任务驱动教学、翻转课堂、情景教学、角色扮演、对分课堂等多种教学方法（如表2所示），促进学生参与课堂、积极互动，强化体验式、参与式、协作式教学。

表2 以案例教学为主，多种教学方法相结合

课程内容	教学方法
第一章 导论	案例教学法＋头脑风暴教学法
第二章 政府绩效评估的理论问题	任务驱动教学法＋案例教学法
第三章 政府绩效评估的主体	案例教学法＋翻转课堂教学法＋话题式教学法
第四章 政府绩效评估指标体系构建	项目教学法＋案例教学法＋演示法

（续上表）

课程内容	教学方法
第五章　政府绩效评估程序	案例教学法＋合作学习教学法
第六章　政府绩效评估的方法	对分课堂教学法＋案例教学法
第七章　政府绩效评估结果应用与绩效改进	案例教学法＋现场教学法
第八章　政府绩效评估立法	翻转课堂教学法＋案例教学法
第九章　各国政府绩效评估及其经验借鉴	案例教学法＋读书指导法
第十章　政府绩效评估在当代中国的推进	案例教学法＋情境教学法＋角色扮演教学法

3. 教学资源立体化，服务课程教学"高阶性"

"政府绩效评估"课程作为一门现实性、实践性极强的课程，要使学生"厚学"，就需要投入系统性、立体化的高质量教学资源。为此，我们在先后出版2种国家级教材的基础上，着力建设课程案例库。通过举办案例大赛、科研项目成果转化、分小组案例开发作业等多种形式，充分发挥教师、行业专家、MPA学生和本科生的力量，持续不断地将中国各地的政府绩效评估改革创新加以总结和提炼，及时开发成适合课程教学需要的案例，有效保障了教学资源的与时俱进。

融合信息技术的新思维，课程建成"政府绩效评估"课程网站1个，并构建"政府绩效评估数据库""指标库"，引进皮书数据库，与政府及部门共建教学实习实践基地、现场教学基地共15个，为开展实践教学、让学生理论联系实际、提高学生在真实公共管理场景下解决复杂政府绩效评估问题的能力，提供了强有力支撑（如图3所示）。

图3　立体化教学资源

三、推进课程思政改革与实践的着力点

从"政府绩效评估"课程思政模式的改革与实践中，可以总结出进一步推进课程思政改革与实践的若干着力点，具体如下：

第一，人才培养必须紧扣国家发展需求。课程思政建设需要深入思考如何将新时代国家建设的最新成果与战略任务有机融入专业课程之中，强化价值观塑造，形成完善的课程内容体系。

第二，明确以学生发展为主体，坚持学生成长为导向。将学生的成长和发展置于核心位置，确保教育目标与个人成长紧密相连。在培养人才的过程中，必须与国家的发展需求保持一致，确保教育内容与国家战略同步。在构建课程思政体系时，应深入探索如何将新时代国家建设的成就和未来的战略任务巧妙地融入专业课程中，以此强化价值观的培养，打造一个全面而系统的课程框架。

第三，发挥教师主导作用，构建师生研学共同体。在教育的舞台上，教师扮演着至关重要的角色，他们是课程思政的先锋。通过深入挖掘知识的内在逻辑、精心设计能力培养的路径、营造积极的情感交流氛围以及巧妙地将价值观融入教学之中，教师能够激发学生的学习潜能，引导他们在对学习目标进行深度剖析与重新构建的过程中实现思维层次的提升。这一过程不仅促进了学生自主性的发挥，还有助于形成一个充满活力的学习共同体，促使师生共同探索、共同成长。

第四，综合运用跨学科思维、知识与技术手段，打造融合型人才培养平台。在信息化、智能化以及大数据的时代背景下，国家建设与社会进步正经历着前所未有的变革。同时，学生获取信息、掌握知识以及培养能力的方式也在不断演变。对于课程建设来说，这既带来了挑战，也孕育了机遇。因此，我们的课程必须积极应对这些变化，主动实现跨学科的深度融合和现代信息技术的嵌入式使用。

参考文献

[1] 蔡劲松，王琪全，任丙强，等．新文科视域下公共管理学科构建与人才培养：以北京航空航天大学为例 [J]．北京航空航天大学学报（社会科学版），2022，35（5）：11－19.

［2］杜慧．新文科背景下地方政府学课程思政教学改革研究［J］．教育观察，2021，10（45）：43 – 45.

［3］闫石．新文科背景下公共管理实务类课程教学的优化路径［J］．陕西理工大学学报（社会科学版），2022，40（6）：48 – 54.

［4］杨开峰．学习党的百年历史经验，推动公共管理学科发展［J］．公共管理与政策评论，2022，11（2）：3 – 13.

［5］张海柱．新文科背景下的学科融合与跨学科课程改革：以公共管理类专业"公共经济学"课程为例［J］．创新与创业教育，2021，12（6）：94 – 98.

"一突出五强化"赋能高质量应急管理人才培养

卢文刚

时光如梭，光阴似箭，在第三十九个教师节之际，我在暨南大学工作一晃已27载，从事高校专职教师工作也已整22年了。22年中，关于学科建设和人才培养难忘的事很多，如2004年作为行政管理系副职领导助力系里成功申报MPA硕士点；作为分管系领导2006年启动2008年向教育部成功申报全国第一个应急管理本科专业；2010年获批公共管理一级学科硕士学位授予权；同年，暨南大学应急管理研究中心获批广东省人文社会科学重点研究基地；2011年作为MPA中心主任在MPA硕士点下设置开办应急管理培养方向；2012年作为应急管理系创系主任在公共管理一级学科硕士学位点下自主设置开办应急管理专业硕士点开始招生；2016年暨南大学大数据与社会治理研究中心获批省级智库；2022年应急管理专业入选广东省一流本科专业建设点，成为该领域唯一的一个省级一流专业……其中的点点滴滴，历历在目。而最难忘的无疑是2008年向教育部成功申办国内第一个应急管理本科专业及接下来紧锣密鼓的学科建设和人才培养过程。而在此过程中，"一突出五强化"践行了以下几方面工作，赋能高质量应急管理人才培养。

"一突出"是突出立德树人。"对党忠诚、纪律严明、赴汤蹈火、竭诚为民"，这是习近平总书记对综合性消防救援队伍的殷殷嘱托，也是我培养应急管理专业人才政治素质的根本遵循和努力目标。在培养应急管理专业人才中我始终忠诚党的教育事业，爱岗敬业，为人师表、立德树人、以德育人，强化课程思政，勤恳务实，注重对学生人生观、价值观的培养，厚植爱党爱国爱校情怀，对学生既充满爱心，又坚持原则。

"五强化"如下：

一是强化课堂赋能。在暨南大学应急管理专业开办之初，师资、教材和文献非常缺乏的情况下，我勇于承担专业课程，强化课程建设。除了上好以往的

"领导科学与艺术""人力资源管理"等课程之外，独立承担"应急管理理论与实践"（后更名为"应急管理概论"）、"社会安全应急管理"、"恐怖主义概论"、"应急管理典型案例"、"突发事件信息管理与媒体应对"等多门专业新课。课程打破单一线性教学结构，践行"思政融汇、理论贯通、四维驱动、多元互动"的立体教学模式，通过理论模块与实践模块紧密结合、思政理念与专业理论阐释相结合、教师精讲与学生小组研究结合、案例分析结合情景模拟角色扮演等开展生动教学。课堂上注重教学方法技巧，丰富教学形式，讲究教学艺术，营造参与、乐学的课堂氛围，注重学生创新和批判性思维及表达能力培养。我主讲的"社会安全应急管理"课程获评"广东省本科高校在线教学优秀案例（课程类）"二等奖。

二是强化科研赋能。高质量的课堂和人才培养离不开高质量的科研支撑，为此我扎根中国尤其是粤港澳大湾区生动的应急管理实践，聚焦形成了超大城市公共安全与应急管理、大湾区及涉外应急管理、党建＋（引领）安全生产、生命线工程应急管理、应急管理人才培养等鲜明科研方向，主持应急管理领域国家社科基金等国家级课题3项、各类省部级课题20多项、其他横向课题30多项；发表应急管理领域论文（含合作）100多篇（其中A类论文15篇，CSSCI期刊论文60多篇，成为有专业数据统计的自2003年非典以来至2020年新冠疫情发生全国公共管理领域在CSSCI期刊上发表应急管理论文数量最多的学者），多篇论文获评民政部、广东省社科联以及全国和省级学会优秀论文一、二等奖。这些在应急管理领域具有一定前沿性的研究成果，我在教学中都有意识地第一时间同步分享给学生，助力高质量应急管理人才培养和学科建设。

三是强化实践赋能。应急管理学科具有应用性、实践性、跨学科性和创新性等特点，使得人才培养必须理论和实践深度融合。为此我始终注重实践教学育人，努力创造机会引导、带领学生走社会实践成才之路，把论文写在祖国的大地上。为此，20多年来我几乎每一个寒暑假都奔走在带领学生进行社会实践调研的路上。我通过带领学生深入政府、企事业单位、乡村社区与"第一响应人"深入交流，发现与了解实践部门应急管理真实状况、"英雄人物与正能量事迹"，身体力行地教导学生立足祖国大地"讲好中国应急故事"，增强学生对"人民至上，生命至上"安全发展理念的政治认同，深化学生对中国共产党人于人民危难之际"全国上下一盘棋""心往一处想，劲往一处使"的行动力和向心力的认可与自豪，发挥积极的价值引领作用，使学生进一步深入掌握应急管理实务各个环节的作用、关系、程序与方法，促进理论与实践的深度融合。

　　四是强化训练赋能。我倡导研究性学习，为此大力推进学生尤其是本科生参与科研训练，指导开展科研项目申报和学术论文写作。我指导的"大创"项目获批 3 项国家级立项，省级和校级立项 10 余项；指导的 1 个"三下乡"项目获国家级团队立项，实现了所在学院的突破；连续 10 多年带领学生参加"三下乡""挑战杯"等，并连续 10 多年获评校级"优秀指导教师"，2 次获评广东省"优秀指导老师"，指导的队伍获"广东省优秀团队"等；指导的"党建引领、物业先锋，高质量发展"社会调研团队获"2021 年度广东物业管理行业抗疫先锋团队"，本人获"2021 年度广东省物业管理行业抗疫重大理论贡献奖"及"广东省物协第五届理事会贡献奖"。在理论学习、深度实践调研结合科研训练基础上，10 多年间我带本科生合作发表论文 40 多篇，同时常年为本科生申请研究生写推荐信，助力学生成功推免和申请研究生，赋能学生更高更强更好发展。

　　五是强化产学研协同赋能。应急管理交叉学科、应用性学科的属性要求人才培养必须充分利用学校与政府、企事业单位等多种不同教学环境和资源以及在人才培养方面的各自优势。我创办并主持建设校级实践教学基地 1 个，创办其他级别社会实践教学基地（协同育人中心）3 个。创办并主持建设校级产学研用协同教学促进会 2 个：粤港澳大湾区应急管理教育促进会和公共安全教育政校企协同创新促进会。与有关政府部门、知名企业（如广晟控股集团）积极开展应急管理政校企、产学研合作及互动互促协同育人，如在前期校企深度合作深入调研基础上主笔申报的广晟控股集团党委《党建与安全生产有机融合的实践创新》、广晟有色金属集团党委《"六强六力"党建工作模式引领高质量发展的创新探索》、广东一新长城建筑集团《长城建筑"党建＋安全"双"长城"工作体系的实践探索》3 个案例成功入选全国国企党建品牌建设优秀案例榜单，实现校企共建共赢，取得良好成效和积极社会影响。

　　2020 年 3 月，教育部在新冠疫情防控期间在 20 所高校批准增设应急管理的硕士点和博士点。目前，全国已有上百所院校开设应急管理本科专业，当中大部分都是在 2021 年首次招生。在应急管理学科办学热潮与新文科建设背景碰撞之下，如何更好推动新文科建设背景下应急管理人才培养科学化发展是必须理性思考的问题。而面对新文科建设契机，应急管理本科人才培养无疑应进一步发挥交叉学科优势，面向应急管理现实问题，发力知识体系深化、理论体系发展、学科话语体系构建，为我国新文科繁荣发展作出应急管理学科和人才培养探索的更大贡献。

"产教研学"四位一体的大学生校外实践基地建设实践经验与体会：以员村大学生社会实践教学基地为例

王子成

一、员村大学生社会实践教学基地建立的初衷及基础优势

暨南大学公共管理学科在人才培养中高度重视实习实践基地的建设与作用。近年来，学院在产学研合作与实践教学基地的拓展方面取得显著成果，先后建立了深圳市福田区应急管理实践教学基地、南方报业传媒集团·南方舆情研究院实践教学基地、广东促安应急安全技术服务有限公司本科实习教学基地、深圳盐田区应急管理教学实习基地等30多个高质量基地。为进一步满足专业实践教学需求，学院于2021年与天河区员村街道办签署合作协议，共建实践教学基地，推动实践教学再上新台阶。

员村大学生社会实践教学基地的设立，不仅是为了满足暨南大学公共管理学科实践教学的需要，还为了通过资源整合与优势互补，助力地方基层治理，推动学术研究与社会服务的双赢。依托员村街道丰富的社会治理场景、成熟的合作基础、便利的地理位置以及时代背景带来的治理机遇，这一基地必将在培养高素质公共管理人才、促进地方社会发展方面发挥重要作用。

（一）设立员村大学生社会实践教学基地的出发点

1. 强化实践教学，推动理论与实践相结合

暨南大学公共管理学科始终注重理论与实践的深度融合，社会实践教学基地正是实现这一教育理念的重要载体。在员村设立实践教学基地，不仅为学生提供了接触真实社会治理场景的机会，还为公共管理学科的教学创新开辟了新

的空间。通过深入员村街道，学生能够在复杂多样的基层治理中观察、分析和实践，将书本中的理论知识与具体的实践需求有机结合，从而提高分析问题、解决问题的能力。员村街道作为一个典型的高密度老旧社区，其社会治理场景复杂，既有老旧街区的历史遗留问题，也面临新型城市发展的多重矛盾。实践教学基地的建立使学生能够亲身参与到这些治理工作中，师生通过调研、交流和实践，锻炼在多样化社区环境中进行政策设计与执行的能力。此外，员村街道的治理需求为师生提供了宝贵的研究课题，推动学生将公共管理理论付诸实践的同时，也为地方政府提供了创新性建议和解决方案。

实践教学基地的意义不仅限于学生个人能力的提升，还体现在其社会服务功能上。师生通过实践教学，大学知识与社会需求实现了有效对接，为地方治理注入了新思路、新方法。例如，员村街道在城市更新与社区融合方面存在诸多挑战，而暨南大学师生可以以其专业知识与理论优势，为基层治理中的具体问题提供指导和建议，从而真正实现"高校服务社会、反哺地方发展"的目标。通过这一基地，学校、学生和地方政府形成了共赢的局面，为公共管理人才培养开创了更广阔的舞台。

2. 支持地方基层治理，提升服务社会能力

员村街道作为广州典型的高密度老旧社区，既有深厚的历史底蕴，也面临复杂的社会治理问题。老街区的历史遗留问题、社区形态的多样化以及人口结构的多元化，使得其治理难度较大。如何在发展中平衡历史保护与现代化需求，如何调和不同群体的利益诉求，成为街道治理的重点与难点。在这一背景下，暨南大学与员村街道合作设立实践教学基地，为破解基层治理难题提供了创新路径。

3. 开辟学术研究新领域，推动公共管理学科发展

员村街道因其特殊的历史背景、社会结构与治理难题，为学术研究提供了宝贵的"实验场"。社会实践教学基地的运行将为学生和教师带来丰富的数据资源与实践案例，为公共管理学科的深入研究开辟新的方向。员村街道的实际问题，如"老大难"问题的解决、社区融合策略的创新、与城市更新协调的探索等，都可以成为富有意义的学术课题。

（二）员村街道作为实践教学基地的基础优势

1. 丰富的社会治理场景，实践价值突出

员村街道历史悠久，辖区内社区形态复杂，既包括老旧小区和城中村，也

106

涵盖了高档住宅区和单位型社区，既有历史沉淀又面临现代化转型。这种多样性为学生的社会实践提供了全方位的观察与研究机会，能够让学生深刻理解不同社区的治理需求与挑战。此外，作为广州国际金融城建设的重要节点，员村正处于城市发展的转型期，其社会治理的复杂性与动态性，更是实践教学不可多得的"样本"。

2. 成熟的合作基础，资源对接便利

暨南大学公共管理学院与员村街道已有良好的合作基础，员村街道对师生参与基层治理有强烈的需求。通过提供实际问题与真实场景，员村街道能够为教学实践提供高度契合的需求导向；同时，师生通过贡献智力成果和实践服务，能够为地方治理提供支持。尤其是街道党群服务中心，其集多功能于一体的大型设施，为学生开展实践提供了坚实保障。

3. 便捷的地理位置，降低实践成本

员村街道与暨南大学地理位置毗邻，这种地缘优势极大提高了学生实习和实践活动的便利性。在节省时间与成本的同时，也能促进学生与基层治理工作者的频繁互动，从而深化实践效果。

4. 以"广州第二 CBD"为背景的治理创新契机

员村街道作为广州国际金融城的重要组成部分，正在经历城市更新与社会发展的双重挑战。随着区域功能定位的升级，街道治理需求日益复杂与多元，为实践教学提供了绝佳的创新场景。如何协调城市更新与居民需求，如何妥善解决历史遗留问题，这些都为教学和研究提供了新机遇。

二、员村大学生社会实践教学基地建设思路、建设内容及建设成效

（一）实践教学基地建设思路

围绕"价值引领、知识为本、技术赋能"三轮驱动的公共管理复合型人才协同培养模式，暨南大学在员村街道建立社会实践教学基地，创新实践教学体系建设。基地建设在确保理论教学稳步推进的同时，突出实践环节的重要性，通过校内理论学习与员村基地实践相结合的方式，全面提升学生的实践技能与创新能力。基地的设立既契合公共管理学科专业特性和人才培养要求，又注重服务员村街道社会治理和地方经济社会发展的需求，达成校地合作共赢的目标。具体实施路径包括以下几个方面：

1. 优化实践教学体系，提升学生综合素质

依托员村街道丰富的社会治理场景，以培养学生的实践能力为核心目标，设计多样化、分阶段的实践活动，涵盖社区治理、应急管理、政策研究等方面，使学生能够在真实环境中锻炼解决实际问题的能力，全面提升综合素质。

2. 创新政校合作机制，强化资源共享与互动

深化暨南大学与员村街道的合作机制，建立健全高效的基地管理与运行模式。多方协作可确保学生实践与地方治理需求无缝对接，实现互惠互促，共同发展。

3. 深化政校导师合作，提升实践指导水平

加强校内导师与员村街道实务工作者的联系，形成双导师制，充分发挥双方优势，为学生提供专业化、个性化的实习指导，帮助学生深刻理解基层治理的复杂性和实务逻辑。

4. 强化实习质量监控，确保实践教学成效

在实践教学基地实践过程中，完善学生实习的指导与监控机制，通过定期评估、反馈改进，确保实习教学质量，保障实践活动达到预期目标。

5. 总结员村经验，推广实践模式

凝练实践教学基地的成功经验，将基层治理与公共管理实践相结合的创新模式转化为可复制、可推广的案例，为其他实践教学基地建设提供有益参考，同时推动校地合作模式在更广范围内推广应用。

（二）实践教学基地建设内容

1. 实践专业和实践课程建设

依托员村街道的治理需求和基层实践场景，构建以应急管理和基层治理为重点的实践课程体系。一方面，通过技术赋能和优化课程设计，提升学生应急管理、社会治理等专业技能；另一方面，注重实践课程的分类实施。实务类课程：以岗位实习为主，学生深入参与员村街道党群服务中心等一线治理平台的实际工作，体验基层治理的复杂性，积累实战经验。理论类课程：通过高校导师与实践导师联合指导，开展如社区融合、城中村改造、老旧社区治理等专项研究，引导学生撰写调研报告和毕业论文，将理论知识转化为解决实际问题的思路与方法。模拟类课程：基于员村街道复杂的社区形态，设计模拟情景案例，让学生模拟政策制定、危机处理等公共管理实践环节，提升决策能力与团队协作能力。

2. "双师型"师资队伍建设

以"双师型"模式提升实践教学的质量与成效，通过挂职锻炼、参与员村街道委托课题等方式，专任教师可深度了解基层社会治理，增强理论教学与实际需求的对接能力。例如，教师通过研究员村街道在国际金融城建设中的社会治理创新，为地方提供学术支持。员村街道通过"掺沙子"模式，选聘经验丰富的街道领导、社会组织负责人以及社区管理专家，担任基地兼职教师或讲座教授，为学生提供贴近实际的专业指导与实践经验。这种多元化师资队伍建设，进一步完善了适应复合型人才培养的课程体系。

3. 协同育人机制建设

依托暨南大学公共管理学院，与员村街道及其下辖社区、社会组织等多方力量紧密协作，构建协同育人机制。整合街道办、社会组织、党群服务中心等资源，打造一个跨部门、跨机构的实践育人生态，覆盖政策调研、社会治理、公共服务等多个领域。借助高校的研究能力与地方的实践需求，推动学生、教师与街道管理者之间的紧密互动。例如，在员村街道推进基层治理数字化的过程中，学生可以参与数据采集与分析，提出优化建议，从而实现教学与地方治理需求的精准对接。

（三）实践教学基地建设成效

自 2021 年签署合作协议以来，暨南大学与员村街道共同推进社会实践教学基地建设，取得了全方位的长足进展。这一基地充分整合了地方资源和高校学术力量，不仅为学生实践教学提供了有力支撑，也为员村基层治理注入了新的活力。

1. 实践教学条件显著提升

员村实践教学基地为高校教学提供了独特而丰富的实践场景，结合员村街道"老旧街区"与"高密度人口社区"的特点，有效地将学生实践与地方治理需求结合起来。

基础设施完善：挂牌仪式后，基地建设迅速推进，设立员村街道实习工作室，并将党群服务中心确立为核心教学场所，如图 1 所示。党群服务中心集多功能于一体，总面积超过 2000 平方米，为学生实践课程提供丰富的社会服务平台，包括基层党建、老年服务、退役军人关怀等场景，为实践教学提供了真实、立体的社会治理环境。

多样化课程实践：通过将"城市管理学""公益创业"等课程融入现场教

学，累计 300 余名学生参与实践，理论与实践相结合的教学方式有效提升了学生的综合素质和创新能力。同时，"政府绩效评估"课程脱颖而出，被评为国家一流课程，实践教学水平获得高度认可。

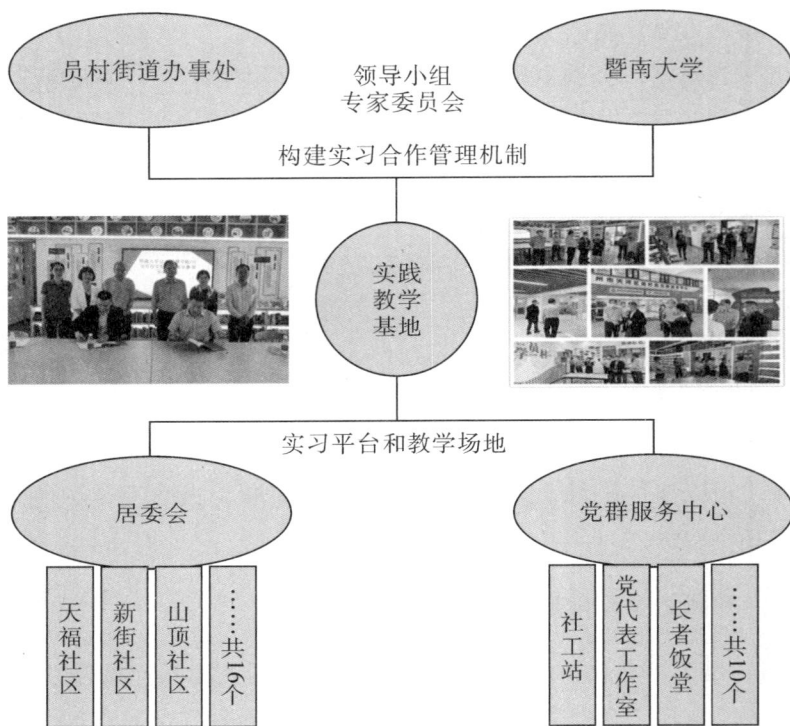

图 1 员村大学生社会实践教学基地架构图

2. 协同育人机制逐步健全

员村大学生社会实践教学基地在推动高校与地方合作方面形成了多方协同的育人模式，体现出"校地协作、共育人才"的创新理念。

政校合作深化：成立校外实习基地建设领导小组和专家委员会，完善合作协调机制，保障实践教学的持续性与高效性。同时，联合街道办事处，通过专题座谈、项目调研等形式将社会问题转化为教学和研究主题，进一步深化政校互动。

师资团队升级：基地邀请员村街道领导与社区骨干担任高校实践导师，通过实地指导、讲座授课等方式，将员村街道的基层治理经验融入课堂。特别是基地通过分享基层党建引领社区治理的实践探索，生动展现了高密度老旧社区社会治理中的创新案例，为学生提供了真实的学习与观察机会。同时，高校教师也通过挂职锻炼、课题合作等形式提升实践教学能力，形成"双师型"师资队伍。

3. 育人成果逐步显现

基地的实践教学在培养学生能力与推动地方治理方面取得了丰硕成果。

社会调查与学术创新：超 30 名学生顶岗实习，撰写员村社会治理相关毕业论文，多篇论文获校级以上表彰。学生团队围绕"长者饭堂""失能老人助浴"等课题开展调研，调研成果在省级竞赛中获得一等奖，为地方治理提供了创新思路。

志愿服务多点开花：累计 100 多名学生参与志愿服务活动，包括协助人口普查、参与老年人防诈反诈宣传、支持员村街道社工站运行等，真正将理论转化为服务行动。

竞赛与科研成果：学生团队以员村街道为研究对象，参与挑战杯、社会治理调研大赛等课外活动，获得省级以上奖励 5 项。团队的研究成果不仅提升了学生的学术能力，还为员村街道的治理创新提供了有益借鉴。

4. 社会服务功能显著增强

员村大学生社会实践教学基地充分发挥高校服务地方的功能，为地方治理提供了重要的智力支持和技术助力。

课题研究与咨询支持：围绕员村街道基层治理问题，撰写多篇咨询报告，为员村街道的基层治理和政策制定提供了直接支持。

公益讲座与社会影响：依托基地举办了多场公共管理与创新创业活动，涵盖社区治理、应急管理等多个主题，促进了社会治理理念的广泛传播。

5. 辐射示范作用逐渐显现

员村大学生社会实践教学基地建设不仅服务于地方，更在全国范围内树立了实践教学的标杆，展示了"政校合作"的创新模式。

示范效应扩大：基地通过接待兄弟高校来访、举办教学研讨会等形式，分享实践教学经验，促进各高校之间的交流合作。

教学成果推广：基地建设了一流实践课程并出版实践教学教材，推动课程资源向全国开放使用，以此带动全国公共管理专业的教学质量提升。

6. 基地建设的综合效益

员村大学生社会实践教学基地不仅为员村街道带来了新的治理模式，也为高校学生提供了接触社会、解决问题的宝贵机会，如图 2 所示。基地的建设成效表明，高校与地方合作可以有效实现资源整合、优势互补，达到服务社会与育人的双重目标，为公共管理领域的实践教学提供了可复制、可推广的创新路径。

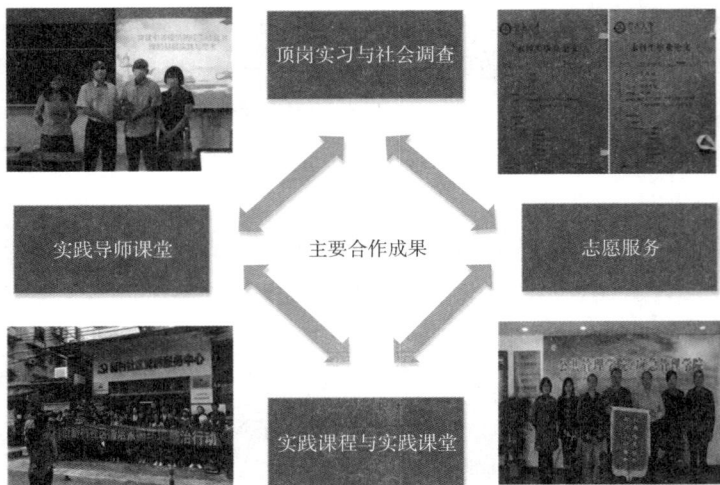

图2　员村大学生社会实践教学基地合作成果

三、员村大学生社会实践教学基地建设存在的问题

尽管员村大学生社会实践教学基地在校地合作与人才培养方面取得了一定成效，但在实际建设与运行过程中仍然存在一些需要解决的问题。这些问题集中在资源支持、协同机制、师资建设以及实践内容设计等方面，既反映了实践教学基地运行的复杂性，也为后续优化建设提供了明确方向。

（一）集体实习支持不足，接纳热情有待提高

员村街道由于基层事务繁杂，接纳高校学生集体实习时常面临支持不足的问题。资源配置限制：街道事务优先级多以应急性、突发性任务为主，难以为学生提供持续稳定的指导资源。指导机制不完善：街道缺乏充足的资源与人员对学生集体实习进行系统指导，导致部分学生的学习体验和实习效果不够理想。任务匹配度低：部分学生在实习中被分配到的任务与学习目标和专业能力之间的关联度不高，无法充分激发他们的参与热情。

（二）街道领导层变更带来支持不稳定

员村街道的领导层变动较为频繁，直接影响了基地建设的持续性和政策支持的力度。决策连续性不足：新任领导在政策重点和关注方向上可能与前任领导存在差异，导致基地合作出现调整甚至中断的风险。支持优先级降低：由于基层治理事务繁多，基地的建设与支持往往不在街道的优先工作清单中，影响了基地的可持续发展。

（三）持续落实机制不健全，落地难问题凸显

尽管校地双方在基地建设初期建立了一定的合作机制，但在具体实践中，落实困难较为突出。沟通协作不足：学校与街道之间的协调机制存在不足，尤其是日常事务中的分工责任模糊，导致许多设想无法真正落地。缺乏监督评估：实践项目的效果缺少系统化的评估机制，未能及时发现问题并进行调整，影响了合作的长期成效。运行经费有限：基地的运营与维护需要一定的资源投入，但在经费和设施配套等方面支持不足，制约了后续建设。

（四）实践导师投入不足，指导质量参差不齐

作为实践教学的重要支柱，实践导师的投入和质量直接决定了学生实践的效果。然而，在实际运行中，导师指导存在明显不足。实践导师任务繁重：街道实践导师通常承担了繁重的日常工作，很难抽出足够时间对学生进行深入指导。高校导师实践经验不足：部分高校导师在基层治理方面的实战经验有限，难以为学生提供具有针对性的指导和建议。指导标准模糊：对实践导师的职责界定和评价机制缺乏明确规定，导致实践导师的参与程度和指导质量不够稳定。

（五）实践教学与地方需求的结合度不足

尽管基地实践课程取得了一些成果，但部分实践教学内容与地方需求仍存在一定脱节。内容设计不精准：部分实践教学偏重理论验证，而忽视了对基层治理实际问题解决能力的培养，影响了实践的针对性和现实意义。需求调研不足：在开展课程设计和实践活动前，对员村街道的具体需求调研不够深入，导致学生参与的实际项目与地方期待存在一定差距。

（六）学生参与热情波动，机制激励不足

学生对实践教学活动的参与热情存在波动性，部分原因在于激励机制不完善。参与回报有限：实习过程中缺少明确的成果转化途径，例如实践成果与评优、升学等直接挂钩的政策，降低了学生的积极性。认知层次不高：部分学生对基层工作的价值和意义认识不足，认为实践内容较为琐碎或重复，对参与意愿产生负面影响。

（七）校地合作辐射范围有限

目前的基地建设主要集中在少数重点领域和部门，未能实现更广泛的校地合作。社会组织参与不足：街道以政府部门为主导，社会组织和居民力量的参与较少，导致协同育人和社会治理创新的潜力未能充分发挥。合作领域单一：实践教学多集中于公共管理领域的某些方向，未能深入拓展到与街道治理密切相关的文化保护、环境治理等其他领域。

四、员村大学生社会实践教学基地建设经验总结

员村大学生社会实践教学基地通过"校地协同、双师育人"的模式，探索出了一条理论与实践深度融合的公共管理人才培养路径。其成功的关键在于精准定位和机制保障，但在资源配置、指导深度、学生激励等方面仍有改进空间。未来需要进一步优化机制、深化合作，真正将基地打造为具有示范性和推广价值的实践教学平台，为地方治理和公共管理人才培养做出更大贡献。

（一）取得成效的经验

员村大学生社会实践教学基地建设之所以能够取得显著成效，主要得益于以下几个关键因素：

1. 精准定位与需求对接

基地选址员村街道，充分体现了对地方需求和学科特点的精准对接。员村作为典型的高密度老旧社区，具备历史遗留问题复杂、社区形态多样、人口结构多元等社会治理难点，与公共管理学科服务社会治理创新、研究基层治理实践的核心目标不谋而合。通过前期的多轮调研和充分沟通，基地明确了以服务基层治理为核心方向的建设目标。实践内容从社区治理到公共服务优化，从老

龄化社会问题到基层党群建设，始终围绕员村亟须解决的难点和痛点展开，为学生提供理论与实践深度融合的场景，也确保了基地服务内容与地方需求的精准匹配。这种聚焦难点、精准对接需求的模式，成为基地建设的基础保障。

2. 多方协同与机制保障

基地建设过程中形成了校地协同育人机制。在规划和推进过程中，暨南大学公共管理学院与员村街道联合成立了领导小组和工作小组，设立教学基地专家委员会，明确了双方在基地建设中的职责与任务分工。这种协同机制覆盖基地规划、实施、评估的全流程，有效保证了基地建设的科学性与可持续性。此外，校地间通过定期召开联席会议、联合开展课题研究和实践活动等形式，推动了资源共享与深度协作，形成了教学、实践与社会服务的有机联动。特别是在面对社区需求变化和学生实践问题时，双方的沟通渠道畅通，反应高效，为基地的稳定发展奠定了制度化基础。

3. 丰富多样的实践平台

员村党群服务中心为基地实践活动提供了丰富的场景支持。该中心集党群服务、图书馆、长者饭堂、退役军人服务站、反诈宣传点等多功能于一体，为学生参与社会治理提供了多元化平台。学生在这里不仅能够体验到具体服务项目的组织与管理，还可以参与失能老人助浴、人口普查、长者饭堂运营等基层实务。此外，结合"城市管理学""公共政策学"等学科课程设计，基地开展了多层次的实践活动，涵盖实地调研、论文撰写、政策建议等环节，形成了从课内理论学习到课外实践应用的全链条模式。这样的平台设置，既为学生提供了真实的锻炼机会，也帮助员村街道实现社会服务资源的有效整合。

4. "双师型"队伍支撑

基地通过"双师型"师资建设，将高校教师的理论指导与基层实践导师的基层经验相结合。高校教师通过课题调研、实践课堂等形式，走进基层，不断提升自身的实践教学能力；员村街道的领导干部、社区管理者则以实践导师的身份参与到教学中，直接为学生提供基层治理的一线经验。通过这种"双向互动"，基地打造了一支兼具理论深度和实务广度的指导团队，不仅能为学生的实践活动提供多元视角，还推动了师资队伍整体能力的提升。这种"双师型"模式有效弥补了学术研究与实际操作之间的鸿沟，成为实践教学的坚实支撑。

5. 突出成果转化与激励机制

基地在注重学生培养的同时，强调实践成果的社会价值转化，形成了校地双赢的良性循环。以员村为案例撰写的毕业论文和调研报告，多次在省级赛事中获奖，甚至推动地方相关政策的优化；"政府绩效评估"等课程获批国家一流课程，进一步提升了学院的教学质量；实践团队撰写的社会治理咨询报告被地方采纳，并获得省部级批示，为员村的基层治理提供了创新思路和实施路径。同时，学生通过参与项目获得实践成就感，也更具社会责任感和职业使命感。未来，基地还可以探索更加完善的激励机制，如设立专项实践基金、打造高层次实践成果孵化平台等，不断增强基地的社会效益和教育效能。

（二）出现问题的症结

1. 资源与热情的匹配度不足

尽管街道为基地提供了平台支持，但由于基层治理任务繁重，接纳学生实习的资源有限，部分导师和管理人员投入热情不足，影响了学生实践体验。

尽管员村街道在基地建设中提供了场地支持和平台资源，但基层治理工作量大、任务繁重，对学生实习的接纳能力不足。特别是，由于街道干部日常事务繁忙，一些管理人员和实践导师在指导学生实习时，缺乏充分的时间和精力投入。这种资源有限与需求过大的矛盾，导致学生在实践中的体验不够深入。此外，由于缺乏对接机制的进一步优化，部分导师对实践教学的意义和长远价值认识不足，指导过程中显得热情不足，难以激发学生的参与感和主动性。如何在基层繁忙的工作节奏中协调更多资源用于实践教学，是基地未来发展的关键问题之一。

2. 机制落实存在短板

校地合作的框架制度虽已建立，但在执行过程中出现了"虚化"倾向。一些计划和协议停留在理论层面，实际执行中缺乏具体的时间表、任务清单和考核指标，使得合作推进显得松散无力。尤其是在资源协调和任务分工方面，校地双方职责界限不够清晰，易造成双方对实际操作的责任相互推诿。同时，缺少针对教学基地建设的定期评估机制和反馈改进流程，使得问题不能被及时发现和解决，影响了项目的整体效果。构建更细化的执行机制和科学的监督评估体系，是提升基地合作实效的重要方向。

3. 师资力量不均衡

"双师型"队伍建设是基地建设的一大亮点，但目前仍面临高校导师与实践导师在经验和投入方面的均衡性问题。一些基层实践导师受限于繁忙的工作日程，难以在指导内容和深度上给予学生充分支持。而部分高校导师尽管在理论教学上经验丰富，但对于员村街道复杂多样的基层治理场景缺乏切身了解，导致指导内容与实践需求存在脱节现象。此外，导师队伍建设的可持续性也受限于合作机制的不稳定性，如街道领导和管理人员的频繁变更，进一步加剧了队伍建设的不均衡问题。因此，提升实践导师的参与深度，强化高校导师的基层实践经验，成为基地优化师资力量的重要任务。

4. 学生参与热情波动

学生在实践活动中的积极性直接影响到基地建设的成效。然而，一部分学生对基层实践的价值认识不足，将其视为"形式化"任务，导致参与的主动性和深入性不够。同时，实践活动在成绩评定、奖学金申请、毕业评优等方面的激励机制尚不明确，无法有效激发学生的内在驱动力。此外，部分实践内容的设计对学生的吸引力有限，未能充分结合学生的兴趣和专业方向。因此，明确的激励措施、丰富的活动设计，以及基层治理成果与学生未来职业发展的深度结合，成为调动学生参与热情的重要手段。

5. 成果传播与推广不足

基地在教学实践和基层治理创新方面积累了不少经验，但这些成果的传播和推广力度不足。现阶段的经验总结多限于校内交流和少量的地方性汇报，未能通过广泛的学术交流和媒体宣传形成更大的示范效应。同时，兄弟高校和其他街道对基地的育人模式了解有限，导致优秀经验未能在更大范围内复制推广。此外，基地的理论研究成果和教学案例未充分转化为通用型教材和课程资源，难以在学术和教学领域产生更广泛的影响。未来需进一步加大宣传力度，结合新媒体渠道和学术会议等形式，推动基地经验的深度传播，实现育人模式的标杆化和品牌化。

（三）未来需进一步完善的方向

1. 优化资源配置，增强实践支持

校地双方需要进一步协调各自的优势资源，提升对教学实践的支持力度。以员村街道为例，优化资源配置不仅体现在经费支持上，更要在人员和场地安排等方面深化合作。建议设立专门的基地管理专项基金，明确资金来源与用途，用于实习基地的日常运作、学生交通和生活补贴，以及专项研究项目的拓展。此外，可优化党群服务中心等现有资源，合理分配空间和设施，为学生实践提供更多的设备支持。通过整合高校和街道的人力资源优势，建立定向导师团队，加强资源流动共享，为实践活动提供更完善的保障。

2. 完善运行机制，强化合作深度

健全的运行机制是确保基地高效运作的基础。当前基地在合作深度上已有一定成效，但仍需通过更加精细的制度设计来强化合作。校地双方应在合作协议中明确任务分工、资源共享模式、项目考核要求等细节，确保责任到人、计划可行。同时，基地在探索建立动态调整机制，根据街道治理的实际需求和学生实践反馈，灵活优化实践项目内容。

3. 加强师资队伍建设

"双师型"师资队伍是基地高质量发展的重要保障。为提升高校导师的实践指导能力，基地可通过挂职锻炼、街道课题合作等方式，为教师提供更多实践经验的机会。针对基层实践导师，则需采取适当的激励政策，如减轻日常工作负担、提供专项指导津贴等，鼓励他们积极参与学生实践指导工作。同时，基地通过组织培训、工作坊和校地导师间的经验交流活动，提升导师团队整体水平，推动教学与实践的深度融合，形成一支理论与实践兼备的高素质指导队伍。

4. 激励学生参与热情

学生的积极参与是基地活动成效的关键因素。基地需要通过更完善的激励机制来提升学生的参与热情，如可以将实践成果与评优、奖学金申请、升学推免等挂钩，激励学生在实践中展现能力。同时，我们可举办校级甚至省级的案例竞赛、调研大赛等，为学生提供展示自我和团队成果的机会。此外，我们可在基地内开展优秀调研报告评选、案例分享会等活动，通过实践成果的展示和传播，增强学生的成就感和荣誉感，使实践教学成为学生学术成长和职业发展的重要助力。

5. 加大成果推广与示范力度

基地的建设经验和实践成果具有重要的推广价值，校地双方需加大成果的总结与宣传力度。我们可以将基层治理实践中的优秀案例整理成册，出版教材或案例集，并在课程中推广应用；通过举办全国性或区域性的公共管理教学研讨会，邀请其他高校和地方政府交流经验；开发与实践教学相关的开放课程，向国内外高校推广具有员村特色的校地合作模式。通过这些举措，我们将基地打造成教学与社会服务相结合的示范标杆，扩大基地的影响力，为高校与地方合作提供新的模式参考。

6. 深化地方需求对接，创新合作领域

在聚焦员村基层治理需求的基础上，基地可进一步创新合作方向，拓展更广阔的实践领域。例如，在文化遗产保护方面，深入挖掘员村的工业历史文化资源，将其融入地方文化传承与创新；在生态环境治理上，结合员村社区内的环境改善需求，开展绿色发展研究和实践项目。我们可通过引入多学科、多主体合作模式，吸引更多学科团队、社会组织和企业参与基地建设，进一步提升基地的社会服务能力和育人价值，实现教学科研与地方需求的深度融合。

"运筹学"微课程翻转课堂教学模式研究

周大鹏

一、微课程教学模式及其主要特征

（一）微课程概述

微课程（Micro – lecture）的雏形最早见于美国北爱荷华大学教授 McGrew（1993）所提出的 60 秒课程（60 – Second Course）以及英国纳皮尔大学提出的一分钟演讲（the One Minute Lecture，OML）。而当下热议的"微课程"则是由美国新墨西哥州圣胡安学院的高级教学设计师、学院在线服务经理 David Penrose 于 2008 年提出的，Penrose 认为微型的知识脉冲（Knowledge Burst）只要在相应的作业与讨论支持下，能够取得与传统的长时间授课相同的效果。[①]在中国，胡铁生（2012、2013）针对中小学教学过程中存在的教育信息资源低效率利用、课堂教学缺乏延展性等问题，提出了"微课"的教学模式。胡铁生所倡导的"微课"是指"按照新课程标准及教学实践要求，以教学视频为主要载体，反映教师在课堂教学过程中对某个知识点或教学环节开展教与学活动的各种教学资源的有机组合"，其核心内容是课堂教学视频、教学设计、教学课件、练习测试以及学生反馈、教师点评等教学支持资源，实现一个半结构化、主题突出的教学资源应用"生态环境"。研究者与教师对微课程的诠释与界定众说纷纭，实践形式纷繁多样。由于微课程定位与意义的认识模糊，研究者与教师缺少关于微课程资源以及基于微课程的教学模式能否有效推动教学改革、提高教学效果的实证研究，也有不少教师和研究者质疑微课程教学资源

---

① SHIEH D. These lectures are gone in 60 seconds [J]. Chronicle of higher education, 2009, 55 (26)：1 – 13.

以及基于微课程的教学模式，现有的微课程研究成果能够对这种教学模式的改革提供充分的理论支持。但是毋庸置疑，随着移动通信技术、新媒体，以及以开放、共享为理念的教育资源运动的蓬勃发展，"微"教学模式正逐渐在全球范围内兴起。在国外，以可汗学院和 TED 为代表的微型网络教学视频的出现极大触发了教育研究者对微视频等运用于课堂教学的可行性探索，国内有一大批教师在不同层次的教学中开始了微课程教学的实践尝试。

（二）微课程教学模式的主要特征

总结前文所述国内外教育研究者和一线教师开展微课程研究与实践的经验，这种以微内容、微视频为核心的微课程教学模式最突出的特征，主要体现在以下几方面：

1. 学习内容的"微设计"

学习内容设计方面，微课程最突出的特征是"微主题＋微内容＋微概念＋微练习"，体现学习的便利需求、灵活需求、效率需求以及重点需求，学习内容高度集中，持续时间相对短暂（5～15 分钟）。"微设计"充分体现"麻雀虽小，五脏俱全"的课程内容编排理念。学习内容的"微设计"致力于将内容庞杂的知识体系解构为相对完整、相互独立、相互联系的微内容组合，从而实现迅速传授核心知识点、提高学习效率的目的。

2. 呈现形式的"微设计"

在呈现形式设计方面，微课程强调以信息技术为载体，以在移动终端全面呈现为趋势。微课程主要以简短视频、图文组合、动画等多种形式呈现，通过互联网和移动网络使用户能够实时查询、下载和使用，特别是通过移动客户端或者其他社交应用呈现微课程，更能够增强微课程的传播效率，实现实时在线和离线互动，为学习者提供随时随地学习的灵活自主的移动化学习体验。

3. 应用领域的"微设计"

在应用领域探索方面，微课程由于其内容和呈现形式的"微"特征，能够灵活运用于多种学习情境。首先，微课程能满足多种教学形式的需要，课堂教学、在线教学、面授教学、在线和面授混合教学等多种教学形式都可以通过微课程模式开展；其次，微课程能够满足不同学习形态的需要，正式的学历教育学习和非正式的经验传播都可以使用微课程形式；最后，微课程能够满足不同层次教学者的需要，从中小学基础教育到高等教育，都可以通过微课程满足各种学习需求。

尽管微课程在学习内容、呈现方式和应用领域有诸多优势，但对于微课程的应用还是存在很多争议，例如，微课程更适用于正式的课堂教学还是非正式的零碎时间学习？微课程适用于一门完整的课程还是完整课程中的组成部分？回答这些具体的应用问题，除了探索微课程这种教育形式本身的特征之外，更重要的是探索微课程应用的具体情境与微课程教学模式之间的关系，通过实证来验证微课程的应用价值。

综上所述，微课程是一套以微内容为核心，辅之以相应的微呈现形式的教学资源与学习支持的学习资源。微课程既适用于一个具体知识点（包括核心概念、研究方法、例题习题、研究案例等）的教学，也适用于一个学科和研究方法体系（例如，运筹学中不同的优化方法和研究领域）的教学。

二、微课程翻转课堂教学模式在应急管理专业教学中应用的可行性

（一）应急管理专业教学的突出特点和困境

作为国内第一所设置应急管理专业的本科院校，暨南大学自 2008 年首次招收应急管理专业的本科生和研究生，经过多年的人才培养实践，应急管理专业的本科教育课程体系逐步成熟与完善。由于在国内缺少可供借鉴的应急管理专业人才培养方案，课程体系和教学模式的建设都是"摸着石头过河"，课程设计从最初的注重面的拓展到现在的点面结合，教学模式从最初的课堂传授为主、参与为辅到现在的个人与团队自主研究，教学内容从最初的面面俱到到现在的以理论和方法为主导。领域逐渐集中，应急管理专业建设的思路日益清晰，应急管理人才培养的目标逐渐明确，应急管理教学模式日渐成熟。与其他专业相比，应急管理专业的教学有一些突出特点。

一是应急管理属于交叉学科，理论丰富，方法多样，教学计划安排难度大。应急管理涉及管理学、政治学、经济学、传播学、理学、工学等多个学科，这给教学计划的安排带来了巨大的挑战，专业教育涉及面和特色教育强调点协调难度大。

二是应急管理的对象种类繁多，机制复杂，教学内容设计难度大。应急管理的对象涉及四大领域，并且发生的机制包括了面对突发事件时缓解、准备、反应和恢复的动态过程，因此，在选择教学内容时很难将不同的研究对象和研究阶段割裂开来，课程设计很难根据领域和管理阶段进行有效边界区分。

三是应急管理注重应用与实践，但受领域所限，教学模式创新难度大。应急管理是一个综合性、应用性学科，但是在教学过程中，很难通过应急一线的实践来丰富教学手段和内容，仅仅依靠课堂教学很难提高学生的学习兴趣和专业认同感，教学模式的创新需求强烈，但有效应对措施不多。

四是应急管理在中国尚未职业化，增加教学针对性难度大。应急管理在中国当前还没有职业化，学生课堂所学很难与现实的就业紧密联系在一起，教学体系很难与社会需求紧密联系，降低了教学活动的针对性。

（二）微课程翻转课堂教学模式的可行性分析

微课程翻转课堂教学模式是借助微课程的灵活性，并以微课程设计为依托，重新设计的一种师生协作交流的全新教学活动框架和教学秩序。教师通过通信网络和移动通信设备，提供以教学视频、教学 PPT、教学案例、教学习题等教学"微内容"为主要形式的学习资源，学生在上课前完成相关学习资源的学习，在课堂上，师生则偏重疑难解答、协作探究和互动讨论等教学活动。翻转课堂教学模式的核心就是改变了传统教学模式中知识传授和知识学习的教学活动顺序，重新规划课堂和课下的学习时间与内容，把课堂时间更多地用于师生之间的交流与讨论，增强课堂互动，有助于提高学生的参与度和课程的吸引力。而翻转课堂的教学活动安排不能占用学生太多的课下学习时间，所以基于"微理念"的课程内容设计就显得格外重要。因此，微课程翻转课堂教学模式改革最大的特色就在于应用一系列手段将学生必须掌握的概念、原理、方法、案例、习题等知识内容微课程化，配合一整套教学组织活动，重建教学活动秩序，改变传统课程教学体系，使之更适合年轻群体的网络学习、移动学习、快乐学习需求，从而提高学生学习兴趣和效率。

鉴于应急管理本科教学活动中存在的困惑以及微课程翻转课堂教学模式的创新性，笔者认为，微课程翻转课堂教学模式在应急管理专业教学活动中的应用空间广阔，可行性强，表1描述了微课程翻转课堂教学模式与应急管理专业教学困境和学生学习需求之间的关系。

表 1　微课程翻转课堂教学模式与应急管理专业教学困境和学生学习需求之间的关系

	优势： 1. 学习内容的"微设计"将内容庞杂的知识体系解构为相对完整、相互联系的微内容组合，迅速传授核心知识点 2. 通过移动媒体为学习者提供实时查询、下载和使用，以及随时随地学习的灵活自主的移动化学习体验 3. 微课程能够灵活运用于多种学习情境 4. 微课程与翻转课堂教学模式的结合，重构教学活动秩序，满足年轻群体的网络学习、移动学习、快乐学习需求 5. 有助于提高学习者的学习兴趣和学习效率	不足： 1. 微课程定位与意义的认识模糊，研究者与教师缺少关于微课程资源以及基于微课程的教学模式能否有效推动教学改革、提高教学效果的实证研究 2. 现有的微课程研究成果尚无法对这种教学模式的改革提供充分的理论支持 3. 对于教学内容要重新进行支持微课程教学的改动，工作量大 4. 翻转教学的实施需要学生的配合和教学考核制度的支持 5. 一定程度上，受到技术的限制
应急管理教学安排		
需求分析： 1. 凝练专业方向的需求 2. 增强课程吸引力的需求 3. 方法学习的需求 4. 知识应用的需求 5. 丰富教学手段的需求	发挥优势 响应需求 （SDE） ☑	规避劣势 响应需求 （WDE）

（续上表）

困境分析： 1. 交叉学科，教学计划安排难度大 2. 应急管理对象种类繁多，机制复杂，教学内容选择难度大 3. 注重应用与实践，教学模式创新难度大 4. 尚未职业化的领域，教学针对性难度大	发挥优势 摆脱困境 （SDI） ☑	规避劣势 摆脱困境 （WDI）

从表1可以看出，可以通过微课程翻转课堂教学模式来响应学生对于专业学习的需求，同时还能够摆脱目前应急管理本科学位教育的困境，SDI和SDE策略的可行性体现在：一是微课程翻转课堂教学模式与教学特点相匹配，能够满足学生获取和内化知识的需要；二是微课程翻转课堂教学模式与教学内容相配合，能够满足理论和方法教学的需要；三是微课程翻转课堂教学模式与移动通信手段相结合，能够满足微课程快速传播、实时互动的需要；四是微课程翻转课堂教学模式与教学组织和管理相结合，能够推动教育方式和手段的持续创新。

三、"运筹学"微课程翻转课堂教学模式的设计与实施

（一）"运筹学"微课程翻转课堂教学模式的设计

"运筹学"在应急管理本科人才培养方案中，是一门介绍应急管理优化技术的方法类课程，主要介绍数学规划、决策论、库存论、排队论等优化方法在应急管理减灾、准备、响应、恢复四个管理阶段的建模和计算求解，具有很强

的针对性和实践操作性。"运筹学"的教学，针对不同专业的学生有不同的要求，如针对管理类专业学生的运筹学，是为了弄清楚运筹学优化方法的用途和使用优化工具的方法，从而提升学生解决实际问题的能力。在目前应急管理专业"运筹学"教学中，存在的一些主要问题如图1所示。

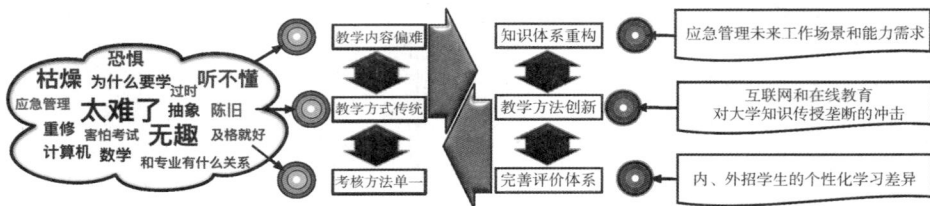

图1 "运筹学"教学面临的主要问题

首先，教学内容上，国内针对管理学专业学生的运筹学教科书相对缺乏，管理学专业运筹学教学的内容主要围绕工商管理领域各种优化方法和优化工具的应用；其次，教学形式上，传统的知识—工具（方法）—练习（作业）的运筹学教学方法，仍然是主流，但教学组织活动刻板，不能满足当代学生学习的多层次需求；最后，从教学效果来看，学生对于生疏晦涩的优化知识，掌握得非常生硬，无法与应急管理情境应用联系。

综上所述，"运筹学"课程非常适合开发微课程，也非常适合进行翻转课堂教学模式的改革。由于微信平台的广泛应用，以及通信网络的日益完善，基于前文所述的微课程翻转课堂教学模式的特征以及结合"运筹学"教学大纲的要求，本文针对应急管理专业的特色，结合本科生教学的特点和目标，提出建立基于微课程翻转课堂教学模式的应急管理专业的运筹学教学改革措施，开发基于微信平台的运筹学微课程，达成应急管理专业运筹学成熟的教学内容，教学活动整体与各组成要素之间的协同，实现教学活动有序、有柔性、可操作，使教学内容紧紧围绕应急管理丰富和深入的目标。基于微信平台的"运筹学"微课程翻转课堂教学模式设计方案，如图2所示。

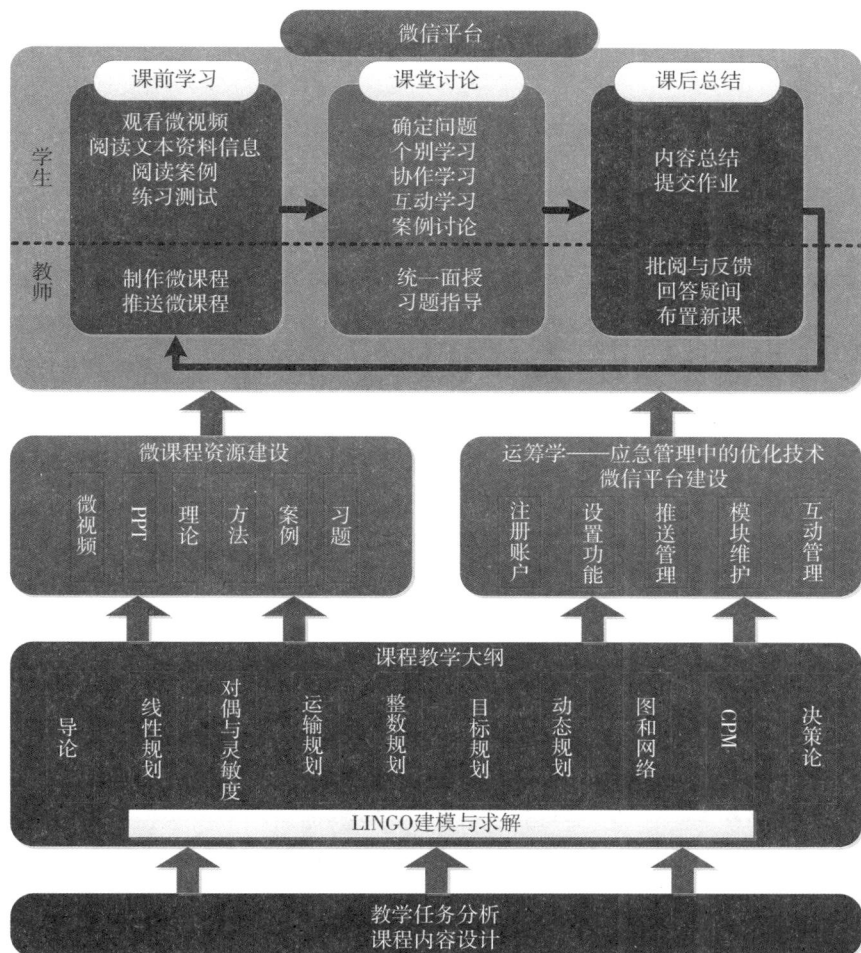

图2 "运筹学"微课程翻转课堂教学模式设计方案

从上图可以看出，"运筹学"微课程翻转课堂教学模式设计分为如下几个步骤：

步骤一：教学任务分析和课程内容设计。这是开展"运筹学"微课程翻转课堂教学模式的基础，也是形成教学大纲的前提。

步骤二：微课程推送载体——微信平台的建设。我们之所以选择微信平台，最重要的原因就是每个学生的日常生活都离不开微信，这为微课程建设创造了前提。同时，微信平台提供的公众账号服务功能已经能够基本满足微课程资源传送和呈现的需要，不必开发新的信息平台，节约微课程建设成本。

步骤三：微课程资源建设。选择合适的教学内容进行微课程设计，可供选择的内容包括运筹学的历史与发展、运筹学的基本工作原理、线性规划原理、单纯形法、对偶原理、线性规划图解法原理、运输模型、MIP 模型、目标规划模型、动态规划模型、图和网络以及决策论的基本原理，还包括各个原理在应急管理领域的应用和研究实例，作业题、参考文献和 LINGO 算例等，建立起微信平台能够推送的数据格式，并进行必要的美工设计，为微课程的持续推进建立丰富的资源基础。

步骤四：基于微课程的翻转课堂教学模式教学活动安排。我们通过对教学活动内容在课前—课堂—课后重新进行配置的方式，突出了课前微课程呈现的重要作用，同时将原本单向传授知识的课堂教学向互相交流的参与式课堂教学倾斜，重新定义教学活动的重点和创新教学秩序。

图 3 展示了一个完整的"运筹学"微课程翻转课堂教学案例的实施过程。

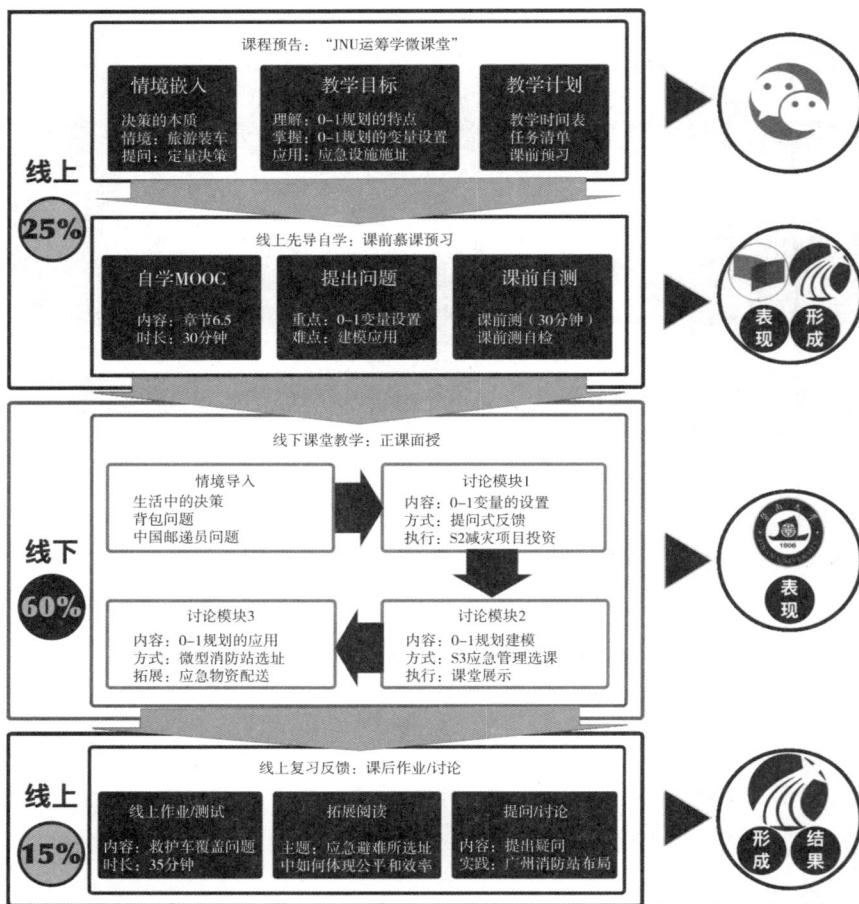

图 3　"运筹学"微课程翻转课堂教学示例

128

（二）"运筹学"微课程翻转课堂教学模式的支持资源

为了实现微课程翻转课堂教学模式，需要一些辅助资源的支持，主要包括以下三方面：

1. 教学内容方面的支持资源

这主要包括"微内容"化的知识要点，例如，重要的概念、方法、模型、计算语言等教学内容的文本、图片和视频文件。"微内容"化的相关示例，例如，基于应急管理背景的优化模型及其算例。"微内容"化的建模练习，包括作业题和参考文献。

2. 支撑平台上的支持资源

基于微信载体的微课程翻转课堂教学模式，首先就是要注册一个由任课教师管理的微信公众号，作为呈现微课程内容的载体和进行互动的工具，随着微课程建设的持续深入，还需要一个与微信平台链接的主题网页。

3. 教学理念的创新与教学活动的安排方面的支持资源

微课程不能脱离现实课堂，作为核心教学资源的微课程具有课程导入、核心知识讲解、建模过程演示、计算方法呈现等功能。微课程不仅仅是重点知识的教学，更是一套完整的教学设计和教学逻辑。微课程翻转课堂教学模式，通过线上辅导、线下互动，优化零散学习时间的学习效用，需要教学团队成员、学生反馈学习体会，在交流中不断丰富和完善微课程翻转课堂教学模式的改革实践，不断充实教学资源。

四、结论

本文紧紧围绕微课程理念来阐述应急管理本科教学过程中开展微课程翻转课堂教学模式的方案，通过总结应急管理本科教学的特征和困境，分析微课程教学模式的优势，提出了发挥微课程优势，响应学生学习需求，突破教学模式困境的教学改革思路和策略，并结合"运筹学"课程，设计了基于微课程的翻转课堂教学模式。

微课程作为一种新兴的教学资源，已经初见成效，但还缺少大量的实证研究成果证明应该如何设计、开发与实施微课程，并与具体的应用情境（如不同学科、不同教育层次、不同课程等）进行整合，但随着以微课程为代表的新型教学模式的不断创新，相信将来会有更为深入的实证研究与实践成果来解答这些疑惑。

"平急两用" 公共基础设施建设助力城市韧性发展
——"城市管理学" 课程思政教学案例①

张美莲

一、"城市管理学" 课程介绍

（一）课程性质

"城市管理学"是阐释城市管理活动的现象，揭示城市管理活动中的内在规律性，服务于城市管理实践的科学。② 课程以公共管理理论为基础，融合城市规划、社会学、经济学及环境科学等多学科视角，全面分析城市运行规律及其管理机制，旨在培养学生掌握城市管理的基本理论、核心方法及实践技能，为解决现代城市发展中的实际问题提供科学支持。城市管理学的研究范式经历了三次演变，现代市政学（城市管理学）更倾向于从行政管理学视角研究城市公共事务和公共问题的管理。③ 城市管理学首先要研究城市的性质、城市发展的规律、城市化进程及其存在的问题和政策选择。④ "城市管理学" 课程致力于回答 "谁管城市、管什么和怎么管" 等问题，课程内容涵盖了城市管理的基本理论及学科发展最新动态，新时代城市管理的主体、客体、体制、职能和城市发展战略等。具体来说包括：①城市管理的基本理论：城市概念与特性、城市化进程及其管理挑战；②城市公共政策：城市发展规划、土地利用管理、住房保障、城市基础设施建设和城市公共服务供给等；③城市治理与社会

---

① 项目信息：2023 年度第二批暨南大学 "金课" 建设项目（港澳台侨特色 "金课" 专项）；2022 年广东省课程思政改革示范项目示范课堂。

② 姜杰，张新亮，司南．城市管理学科发展的基础性问题分析 [J]．中国行政管理，2014（3）：69 – 73.

③ 王佃利，王玉龙．中国市政学研究范式：传承与演变 [J]．学习与探索，2014（5）：47 – 52.

④ 杨宏山．城市管理学 [M]．4 版．北京：中国人民大学出版社，2015.

参与：多元治理主体、社区治理与公众参与的机制及案例分析；④智慧城市与可持续发展：技术创新在城市管理中的应用与绿色发展策略；⑤城市风险与危机管理：城市应急管理体系建设与实践经验。通过本课程学习，学生将对城市管理这一实践性强、意义深远的学科形成系统化的认知，并为未来投身城市发展与治理领域奠定坚实基础。

（二）教学目标

1. 知识目标

全面深入掌握城市管理的核心概念和基础理论，理解城市管理的理论与实践发展趋势；同时熟练掌握各种研究方法，以便能够有效地分析和解决城市问题。了解和熟悉国内外城市治理的发展趋势和动向，深入研究和借鉴具有代表性的成功案例，从而汲取经验教训，提升自身的治理能力。深入理解国家的城市化战略，明确城乡协调发展的政策导向，把握生态文明建设的核心理念，以确保在城市管理过程中，能够兼顾经济发展与环境保护，实现可持续发展。

2. 能力目标

掌握城市管理的实践工具与政策分析方法，提升综合运用跨学科知识解决城市问题的能力。为此，要特别注重培养学生运用综合技能解决问题，运用科学方法和数据支持进行有效决策，这可以通过引入丰富的案例研究和精心设计的项目来实现，从而加强学生在不同学科之间进行知识整合和实际应用的能力。

3. 育人目标

为了培养学生的社会责任感，树立"以人为本"的城市治理理念，增强对城市可持续发展的责任感与创新意识，引导学生关注国家的发展需求和社会民生问题，我们需要培育学生的职业道德素养，增强学生的团队合作与公共服务意识，塑造新时代有责任感的城市管理人才。

（三）教学方法

1. 视频教学

在"城市管理学"课程思政教学背景下，课堂导入视频教学能够打破大学课程教育的时空限制，图文声像并茂，多角度调动学生的注意力和兴趣，使学生能够享受各顶尖高校优质的教育资源，有利于学生形成新的认知结构。将思政元素融入在线开放课程教学之中，借助时代发展的力量普及思政教育，有利于实现"价值"与"知识"二者的有机结合。

2. 热点问题探讨

"城市管理学"课程自带思政特征，其涉及的中国特色社会主义理论、中华优秀传统文化、社会主义核心价值观等是培养大学生立德树人的理论基础，选取代表性的城市管理热点问题进行研讨，能够激发学生强烈的学习兴趣。学生在探讨并分析热点问题时，可以提高运用城市管理理论分析社会问题的能力，同时，也能认识到社会主义制度的优越性。

3. 案例教学

围绕教学目标，选取具有思政元素并具备重要专业知识点的典型案例，从价值和知识两个维度开展案例教学。在案例教学过程中，注重提升学生运用城市管理专业知识发现问题、分析问题和解决问题的能力。同时，引导学生透过案例学习习近平新时代中国城市治理理念的先进性，帮助学生思考解决中国城市发展面临难题的破解路径和方法。

二、"城市管理学"课程思政元素

习近平总书记指出："高校思想政治工作关系高校培养什么样的人、如何培养人以及为谁培养人这个根本问题。要坚持把立德树人作为中心环节，把思想政治工作贯穿教育教学全过程，实现全程育人、全方位育人，努力开创我国高等教育事业发展新局面。"① 习近平总书记考察上海时提出的"人民城市人民建，人民城市为人民"重要理念，为我国城市治理体系和治理能力现代化提供了根本遵循。以人民为中心的发展思想在城市建设与治理中，深刻而鲜明地回应了城市发展"为了谁、依靠谁"的重大时代命题。因此，对于城市管理者来说，根据城市运行的特点和规律，积极推进城市治理现代化持续创新升级，寻找城市治理现代化的行动方案，实现城市的可持续和高质量发展至关重要。"城市管理学"课程思政就是要帮助学生了解城市发展与城市管理相关的国家战略、法律法规和相关政策，引导学生深入社会实践、关注现实问题，培育学生经世济民、诚信服务、德法兼修的职业素养。② 同时学生在了解城市化发展历程的

---

① 中国共产党新闻网. 习近平在全国高校思想政治工作会议上强调：把思想政治工作贯穿教育教学全过程 开创我国高等教育事业发展新局面［EB/OL］.（2016 - 12 - 08）. http：//dangjian. people. com. cn/gb/n1/2016/1209/c117092 - 28936962. html.

② 中国政府网. 教育部关于印发《高等学校课程思政建设指导纲要》的通知［EB/OL］.（2020 - 05 - 28）. https：//www. gov. cn/zhengce/zhengceku/2020 - 06/06/content_5517606. htm.

基础上增强历史认知，树立对中华文明的自信并强化制度认同感。

三、课程思政教学案例设计

2023 年 7 月，国务院办公厅印发《关于积极稳步推进超大特大城市"平急两用"公共基础设施建设的指导意见》，主要是大城市在建设改造偏远山区或地区的民宿、旅游酒店、医疗机构、仓储基地等设施时，提前嵌入公共卫生等突发公共事件应急功能，打造一批"平急两用"公共基础设施，进一步完善医疗应急服务体系，补齐临时安置、应急物资保障短板，推动大城市更高质量、更可持续、更为安全地发展。① 这一重要举措可有效促进超大特大城市"安全供给"发展，提升避灾防御能力，补齐公共卫生救治短板，从而更好应对突发紧急事件。

"平急两用"理念与我国近年来的"平战结合""平疫结合"理念一脉相承。广东省作为中国经济最发达的省份之一，拥有广州、深圳等超大城市，在应对突发公共事件（如新冠疫情、台风灾害）时展现出卓越的资源调配与公共基础设施应急转换能力。近年来，广东省通过强化"平急两用"公共基础设施建设，为提升城市韧性提供了典型示范。本案例基于广东实践，结合课程思政，培养学生从专业视角看待城市韧性发展的重要性，其课堂教学目标如表 1 所示。

表 1　课堂教学目标

知识目标	深入理解并掌握"平急两用"公共基础设施的基本概念，包括定义、分类以及在城市韧性建设中的关键作用	全面了解广东省在公共基础设施平急结合方面的政策实践，包括具体实施的政策内容和取得的成效	深入理解城市韧性发展的内涵，包括定义、核心要素以及在应对复杂危机时的重要性，从而认识到城市韧性建设对于城市可持续发展的重要意义

---

① 中华人民共和国中央人民政府．平急两用"项目建设由点向面快速推进［EB/OL］．（2024 - 07 - 03）．https：//www.gov.cn/lianbo/bumen/202407/content_6960782.htm.

（续上表）

能力目标	提升综合分析城市公共基础设施功能的能力，能够从多个角度评估公共基础设施的性能和作用及其在城市运行中的重要性	培养从韧性视角设计和优化公共基础设施规划方案的创新思维，能够结合城市韧性建设的要求，提出具有前瞻性和实用性的规划方案	强化结合具体案例解决实际问题的实践技能，通过分析和解决真实案例中的问题，提高解决复杂问题的能力和实际操作的技巧
育人目标	引导学生关注区域发展需求与国家战略，增强社会责任感和服务意识，使学生能够将个人发展与国家和区域的需求相结合，积极参与到国家和区域的发展中	培养学生以人民为中心的治理理念，树立专业报国的家国情怀，使学生在专业领域内追求卓越，同时以服务人民为己任，为国家发展贡献自己的力量	激发学生参与现代化城市治理的积极性与使命感，使学生认识到自己在现代化城市治理中的重要作用，从而积极参与到城市治理的实践中，为建设更加美好的城市贡献智慧和力量

本课程采取"现象—问题—讨论—理论—思政"环环相扣的教学方法，将"启、看、读、议、讲、记、练"等教学方法结合起来，使学生在学习过程中实现现象观察、理论思考、能力培养和课程思政的有机统一。具体教学过程如下：

（一）案例引入——提出问题

播放一段关于广东省在应对台风"山竹"（2018年）等突发事件的视频，展示公共基础设施的快速响应能力。

例如：广州市将大型体育场馆改造为避难场所，保障群众安全；珠三角地区将交通枢纽应急转换为物资集散地，支持医疗物资调配。

引导学生讨论："平急两用"公共基础设施在这些事件中发挥了什么作用？为什么广东省能迅速实现公共基础设施的"平急转换"？

（二）教师讲解——知识讲解

教师通过PPT讲解"平急两用"公共基础设施、城市韧性基本知识。

1. 概念

"平急两用"公共基础设施指的是既服务于城市日常运行，又能在突发事件中迅速转设为应急功能的设施。核心特点是双重功能性、快速转换性和高效协同性。

2. 功能分类

日常功能：包括交通运输、医疗服务、供水供电、通信网络等城市运行保障功能。

应急功能：转变为突发事件中的避难所、临时医疗中心、物资集散地等。

3. 相关政策

解读《深入实施以人为本的新型城镇化战略五年行动计划》①《关于积极稳步推进超大特大城市"平急两用"公共基础设施建设的指导意见》等政策文件，分析其对"平急两用"公共基础设施建设的指导作用。

4. 城市韧性的内涵与特征

城市韧性是指城市系统在突发事件或危机中快速恢复功能的能力，其关键在于公共基础设施的灵活性、适应性和协同性。

5. 广东实践经验及案例分析

《广东省"平急两用"公共基础设施建设设计指引（试行）》明确了旅游居住设施、医疗应急服务点、城郊大仓基地等四类设施的设计要求。广东省韧性城市建设行动将"平急两用"公共基础设施纳入城市规划，优先布局多功能设施。

案例1：广州天河体育中心的应急避险改造。

背景：2018年台风"山竹"期间，天河体育中心被迅速改造成大型避险场所，为超过1万人提供庇护。

实践：平时功能：体育赛事和文化活动场馆；急时功能：临时避难场所，配备应急供电、医疗和饮用水设施。

启示：合理规划公共设施的多功能设计，有助于提升应急响应能力。

案例2：珠三角区域交通枢纽的物流转换。

背景：在突发公共卫生事件中，珠三角区域机场、港口和铁路枢纽作为应急物资的集散地，保障了省内外医疗物资的快速流通。

实践：平时功能：运输与物流枢纽；急时功能：集中资源调配，优先支持应急物资供应。

启示：公共基础设施网络化布局能够显著提升城市韧性。

---

① 中国政府网．国务院关于印发《深入实施以人为本的新型城镇化战略五年行动计划》的通知［EB/OL］．（2024-11-29）．https：//www.gov.cn/zhengce/zhengceku/202407/content_6965543.htm.

（三）组织研讨——小组合作

根据平时小组合作学习的分组，以小组为单位开展研讨：如何设计既适用于平时又能在紧急情况下使用的设施，在满足日常需求的同时确保在应急状态下的公平性？如何调动民间资本投资"平急两用"公共基础设施建设的积极性？如何理解"平急两用"公共基础设施建设规划对城市韧性建设的重要意义？小组讨论结果归纳如表 2 所示。

表 2　小组讨论结果归纳

如何调动民间资本投资"平急两用"公共基础设施建设的积极性？	
完善政策支持，营造良好投资环境	（1）优化法规与规划保障。制定专项法律法规，明确"平急两用"公共基础设施建设的政策导向，确保民间资本参与的合法性与稳定性；将"平急两用"公共基础设施纳入城市总体规划，确保项目的可持续性和政策延续性 （2）税收与金融激励。对投资"平急两用"公共基础设施的企业实施税收减免、专项补贴或贷款贴息；开发绿色债券、公共基础设施投资基金等金融工具，为民间资本提供多样化投资渠道 （3）简化审批流程。建立一站式审批平台，减少企业在项目立项、审批、建设过程中的行政障碍；推行"先建后审"模式，加速项目启动
创新商业模式，提升投资回报率	（1）PPP 模式（公私合作伙伴关系）。将政府资源和社会资本相结合，明确政府与企业在建设、运营、维护中的责任分工；通过长期运营合同保障企业稳定收益，同时引入绩效考核机制，确保公共服务质量 （2）混合功能开发。推动设施日常功能与应急功能相结合，例如体育场馆平时用于赛事活动创收，急时转为避难所；引入商业功能，通过出租广告位、餐饮服务等方式增加收入来源
建立风险分担机制，增强企业信心	（1）政府风险兜底。对于建设初期风险较高的项目，政府提供资金兜底或收益补偿；设立专项风险基金，用于应对突发事件或投资失败的补偿 （2）长期合作与稳定预期。签订长期投资合同，明确政府在政策上的承诺，避免因政策调整导致企业投资受损；提供透明的成本核算与收益分配机制，让企业清楚预期回报 （3）保险支持。推出专门针对"平急两用"公共基础设施建设的保险产品，涵盖自然灾害、政策变动等潜在风险；引入再保险机制，为大型项目提供更全面的风险保障

（续上表）

强化社会宣传与企业认同	（1）提升社会认知度。广泛宣传"平急两用"公共基础设施的社会价值，通过案例展示其在"急"时的作用，提升公众对项目的认可；鼓励企业将投资此类项目视为履行社会责任，增强其参与热情 （2）建立荣誉机制。对积极参与的企业授予"社会责任贡献奖""城市韧性建设合作伙伴"等荣誉称号，增强企业品牌价值；将优秀企业纳入政府采购优先合作名单，提供后续合作机会 （3）引导公众参与。借助公众舆论力量，通过媒体宣传和公众监督，推动企业履行对"平急两用"公共基础设施的承诺；举办开放日或公众体验活动，让企业与公众建立更紧密的联系

（四）外延拓展——思政点睛

1. 爱国主义教育

（1）强调广东省在面对复杂灾害和突发事件时，依托中国特色社会主义制度实现快速动员的优势。

（2）引导学生认识中国城市发展模式的独特性与优越性，增强制度自信。

课堂提问：广东省的快速响应体现了什么制度优势？我们如何将这一经验推广到其他城市？

2. 社会责任感教育

（1）强调"平急两用"公共基础设施建设以"以人为本"为核心，突出对弱势群体的关怀。

（2）通过案例讨论城市管理者的社会责任，关注城市公共服务的均等化，引导学生思考自己的职业使命。

课堂提问：如何平衡平时效益与急时功能？在设计公共设施时，如何保障弱势群体的权益？

3. 创新意识培养

（1）分析智慧城市技术（如5G网络、无人机配送）在"平急两用"公共基础设施中的应用，激发学生探索新技术的积极性。

（2）鼓励学生思考如何通过创新手段提升设施的多功能性与高效性。

（五）课后作业——巩固提升

以课程小组为合作单元，以"我为广州市平急两用公共基础设施建设出谋划策"为议题,每组设计一个"平急两用"公共基础设施方案,并于后续课堂上进行展示汇报。

任务要求包括:选定设施类型(如交通枢纽、公共场馆等);制订平时功能与应急功能的整合方案;设计转换机制与操作流程;提出如何应用智慧技术提升效能。

各小组展示设计方案后进行集体评议,教师从专业性与可行性两个维度点评并总结。

四、课堂教学反思

本课堂采用案例教学与小组讨论相结合等方法,旨在激发学生了解"平急两用"公共基础设施建设的兴趣,在传授城市公共基础设施建设新知识的同时,借助典型案例分析,希望强化学生对公共基础设施建设的投融资体制改革以及韧性城市建设的认识,深入理解国家的战略部署以及中央经济工作会议精神。

从实际教学反馈来看,学生掌握了"平急两用"公共基础设施的理论知识,对广东省实践经验有了全面理解,并能将其应用于实际城市治理分析中。通过案例分析与小组任务,学生的系统思维、实践能力与创新意识得到有效提升。学生从中深刻认识到公共管理者的社会责任与国家治理的制度优势,增强了家国情怀与职业使命感,为未来成为有担当的城市管理人才奠定了思想基础。专业知识点与课程思政元素有机结合,较好地解决了"两张皮"问题。

课程仍存在一定的问题,本课程主要是采取课堂讲授和交流互动的方式,有较丰富的学习资料,但是后续更应带领学生适度参与实地考察和参观,切实增强学生的思想认识和行动能力,方能获得更好的课程效果与育人目的。

新文科背景下创新型人才协同培养模式改革与实践

郑石明

2021—2022 年，由笔者主持的教育部新文科研究与改革实践项目"基于大数据的新文科建设改革与人才协同培养体系研究"（项目编号：2021020019）、广东省高等教育教学改革项目"新文科背景下公共管理学科人才协同培养模式创新与实践"（项目编号：粤教高函〔2021〕29 号）与第六批"广东特支计划"教学名师（揭榜挂帅）项目"新文科通识课程体系研究与创新实践"成功获批立项。本项目通过对以上项目研究成果的系统整合，总结了近年来在新文科背景下公共管理学科教学改革和实践中的核心经验与主要成效，研究形成了一套具有推广价值的创新型人才协同培养的理论模式与实践体系。

一、项目简介

新文科是新时代人文科学和社会科学发展的新动力，其核心要义是"立足新时代，回应新需求，促进文科融合化、时代性、中国化、国际化，引领人文社科新发展，服务人的现代化新目标"①。习近平总书记在 2021 年视察清华大学时，指出要用好学科交叉融合的"催化剂"，加强基础学科培养能力，打破学科专业壁垒，对现有学科专业体系进行调整升级，瞄准科技前沿和关键领域，推进新工科、新医科、新农科、新文科（"四新"）建设，加快培养紧缺人才。为此，党的十九届五中全会提出"'十四五'时期要建设高质量教育体系"的要求和2035 年建成教育强国战略目标。2022 年 1 月，教育部、财政部、国家发展改革委联合发布《关于深入推进世界一流大学和一流学科建设的若干意见》，多次提到升级调整现有学科体系，打破学科专业壁垒，推进"四新"建设，培养哲学社会科学拔尖人才。

---

① 樊丽明．"新文科"：时代需求与建设重点［J］．中国大学教学，2020（5）：4－8.

由此可见，新文科建设早已成为党中央关注焦点，虽然各高校新文科建设如火如荼，但新文科背景下创新型人才协同培养模式的改革与实践仍处于萌芽阶段。为此，本项目通过梳理高校新文科人才协同培养建设现状及存在的问题，规划基于大数据的高校新文科人才协同培养建设路径，为改革我国文科人才培养体系、培养新文科高水平复合型人才和实现教育强国的目标作出应有的贡献。

具体而言，本项目提出信息技术与课程体系相融合，线上线下相结合创新教学模式，构建创新型人才协同培养机制，完善创新型人才培养保障机制等手段以强化公共管理人才数智素质，调动公共管理专业学生的学术创新性和主动性，提升跨学科人才培养效率，加快构建创新型人才协同培养模式，以培养符合社会需求的高层次、高质量的复合型公共管理人才。

第一，引入交叉学科课程，打破学科壁垒，构建新型学科课程体系。本项目多措并举，从问题出发，提出构建跨学科教学体系的相应措施，让公共管理学科能站在数字时代的前沿同其他学科对话，为公共管理专业学生提供多样化知识与专业选择。

第二，构建产教融合的人才协同培养体系。本项目通过多方协作，形成高校、企业、政府和社会"四位一体"，教育链、人才链和产业链"三链联结"的教育格局，构建以需求为导向的产教融合育人长效机制，切实提升了人才协同培养效能。人才协同培养机制如图1所示：

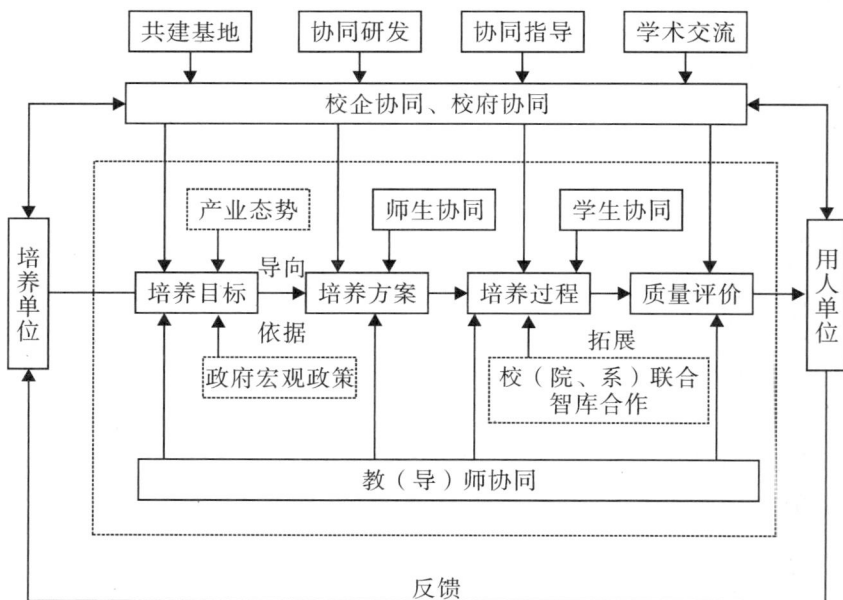

图1 人才协同培养机制

第三，优化新文科背景下公共管理学科生态。本项目通过大数据、人工智能等技术为公共管理学科生态发展提供技术支持，创新新文科背景下公共管理学科研究方法，丰富了研究成果。

第四，优化课程体系，促进理论与实践的融合，培养复合型公共管理人才。利用人工智能、大数据等新技术，提高公共管理专业学生的综合能力，培养了一批社会有用之才。

二、主要内容

通过结合大数据、信息技术以及创新教学模式，本项目从信息技术融合、课程体系建设、教学模式创新以及人才协同培养保障机制等方面进行探索与实践，着力构建新文科背景下的创新型人才协同培养机制并优化课程体系，以推动公共管理学科高质量发展。

（一）利用大数据手段推动信息技术与课程体系融合

公共管理学本身是包含管理学、政治学等多个学科的交叉学科，实现了文科各专业之间学科知识的融合交汇。然而，数字化时代下，以传统知识为基础的公共管理学人才无法满足社会发展的需要，将信息化技术融入课程体系，培养复合型的专业化时代化人才迫在眉睫。从宏观层面看，数字化时代给政府提出了新的要求与挑战，随着政务系统的建立，公众可通过微博、微信、政府网站等了解政务信息、表达自己的观点看法，数字化技术提升了政府办事效率，公众不用再跑柜台，一部手机就能解决大部分办公业务。数字政府的建设对公职人员的能力提出了更高的要求，因此公共管理跨学科人才培养模式应将提升研究生数智素质作为培养目标之一。从微观上看，各类数据处理软件，极大地提升了收集、分析数据的效率，若公共管理专业研究生能熟练掌握信息技术软件，将极大提升自身的科研能力及就业竞争力。因此，公共管理跨学科人才培养的课程体系建设要融入信息技术相关内容，提升研究生的实践操作能力，将理论与实践相结合，让研究生不会只是纸上谈兵。

同时，大数据时代下，信息的传播共享更快更便捷，教师与学生之间的关系也发生了转变，教学得到创新，由传统的以教师为中心的单向传输向以学生为中心的双向互动模式转变。以学生为中心的双向互动模式，需要借助信息化数字平台，信息化数字平台为研究生提供了海量的教学资源，研究生能通过互联网获取与学科相关的大量信息，研究生知识面得到拓展的同时，学习的主动性也得到提升。而在这种教学模式下，教师主要起引导作用，帮助研究生理解其接收的海量信息，开拓研究生思维。跨学科人才培养借助信息化数字平台，将信息技术与课程体系融合，在平台上实现学科资源共享，打破线下跨学科教学中存在的学科壁垒，由单纯的多学科协作教学真正走向跨学科人才培养。

（二）新文科建设改革与人才协同培养课程体系建设

本项目从课程内容、课程结构、课程时序等方面构建如图 2 所示的新文科建设改革与人才协同培养课程架构，致力于培养多知识结构的各类复合型、应用型、学术型、基础型人才。

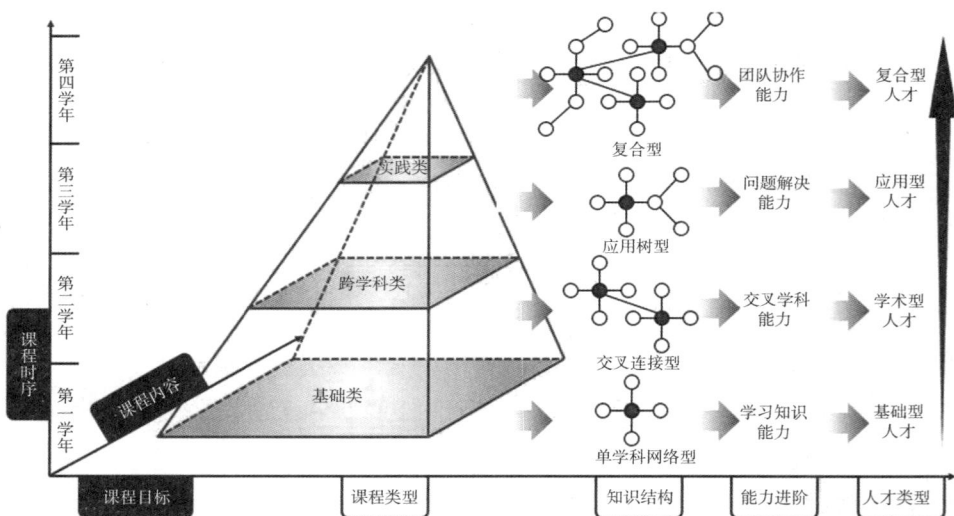

图 2 新文科建设改革与人才协同培养课程架构：内容、结构与时序

1. 新文科建设改革与人才协同培养课程内容设计

新文科建设改革与人才协同培养课程架构及其课程内容需考虑如下三方面要素：首先，需要打通学科之间的壁垒，提高学生综合能力，以适应未来社会和进一步深造发展；其次，要转变以往基于单学科的专业化人才培养思路，朝着"宽口径"的综合化教育转变，助力学生通专并用成为复合型人才；最后，重视学生的创造性思维培养，使其具备独立思考能力、复杂问题解决能力、分

析推理能力等。

2. 新文科建设改革与人才协同培养课程结构设计

课程结构，即课程体系的拓扑，对学术型、应用型、复合型等不同类型的人才培养至关重要。以往单纯基于"学科"的知识体系构建和基于"应用"的行动体系，均难以满足未来社会对跨学科、复合型、创新型人才的需求。新文科建设改革与人才协同培养课程结构设计应以能力培养为核心，将文化素质、单学科/跨学科知识和技能实践共同融合于能力培养之中。此外，还要加强课程之间的连接关系，使得课程单元之间不再割裂。针对学生跨学科经验欠缺，"自助式"教学法可能导致学科排他性这一问题，与以往国内外绝大多数院校对课程设置必/选修，并由学生自主搭配与选择课程的"自助式"不同，本项目转变现有的"自助式"方法，设计开发一系列独立主题、跨学科的"套餐式"课程及课程序列，旨在提供一种"整体知识图景"。

3. 新文科建设改革与人才协同培养课程时序设计

课程时序，即课程开设的时间和顺序，在跨学科融合的新文科课程体系设计中尤为重要。在以往的单个学科知识体系下，课程相对独立，课程之间的知识重叠现象不明显。新文科建设改革与人才协同培养的意义在于构建更适合社会需求的跨学科、复合型、创新型人才培养模式，整合人工智能、大数据等新技术，建设跨学科的新课程群，使学生能够以跨学科视角探讨新的复杂社会问题并加以解决。长期来看，大一、大二阶段以"奠定基础，人格养成"为主，课程内容包括思维训练、沟通表达和部分跨学科课程，到了大三、大四阶段，学生已经形成了对不同学科一定的自我认识。通过更深层次的跨学科教学，采取差异化的个人培养方案，课程内容包括有针对性的跨学科课程，结合实践类课程，根据社会需求培养各类人才，使得新文科建设理念真正落地。

（三）以线上线下结合创新课堂教学模式

本项目将 MOOC 的混合式教学理念应用到课程教学中，探索传统教学模式、网络互动教学模式与 MOOC 相结合的新型教学模式改革。以公共管理专业课"公共政策学"为例，探讨如何建立线上线下混合教学模式，以提升公共管理专业学生的复合型能力。"公共政策学"是一门新的交叉学科，要求理论与实践紧密结合，具有很强的延续性，对教师和学生的综合能力都相对要求较高。教学难点就在于如何把理论与中国实际国情相结合。在学生缺乏对政策制定过程的实际了解的背景下，大部分的知识和技能难以通过单纯的课堂教学使其全部掌握。因此如何使学生通过教学获得发现、分析政策问题，提出政策建议和执行具体政策的能力等，显得尤为重要。本项目针对"公共政策学"的教学特点，建立了图3所示的线上线下混合教学模式。

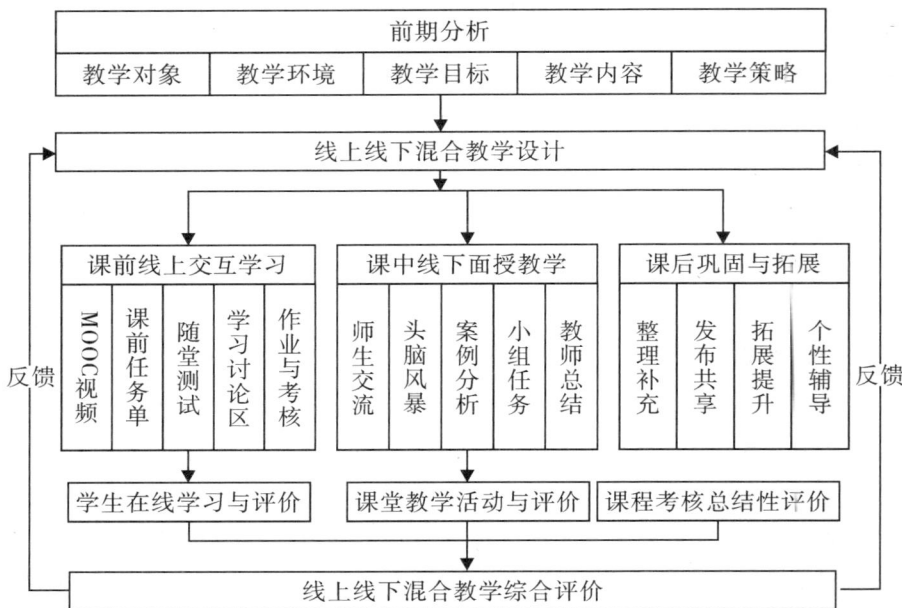

图3　"公共政策学"线上线下混合教学模式

　　为了有效实施混合教学，项目组根据知识点对教学内容进行碎片化处理，改变原来每节课45分钟的模式，采用课件、视频、微课、动画等多种学习资源来针对一个个小知识点制作相应的课件，这样研究生可以随时在手机上独立学习，遇到不懂的内容也方便重新学习。同时，碎片化的教学资源有利于教师根据教学对象和教学难点灵活组织线上、线下教学内容，有利于教师选择任务驱动、案例分析、角色模拟、翻转课堂、小组讨论等多种教学方法。我们还在每个知识点后设置相应的讨论题或测试题，方便学生相互交流和测试，了解学生对知识点的掌握情况。根据学习情况，教师可以利用零散的教学资源，自由设置和控制课程进度，从而达到"公共政策学"课程的教学目标。

（四）考核体系与教学综合评价的课程创新改革

本项目建立了与教学创新模式相匹配的课程考核体系，采用多元化、过程性的成绩评定方式，实现了课程教学考核体系的创新。课程总评成绩由线上学习成绩（30%）、课堂学习成绩（30%）和期末考试成绩（40%）构成。其中线上学习成绩评定课前线上自学情况（15%）和课后线上作业（15%），主要包括对学生课前知识自学程度、课堂参与度、课后知识掌握与运用程度等方面的评定。课前，教师通过 QQ 群上传教学资源，组织学生查看下载，同时教师根据学生自学内容在雨课堂平台上发布课前作业，考核学生自学情况。课程考核评价方法主要从学生的角度展开：首先从学生知识掌握与运用情况考核课程设计与实施的科学性，通过考查学生在课前线上预习是否充分、课堂上的表现是否积极、课后线上作业是否反映了对问题的准确理解、是否在社会实践中运用学习过的知识等方面评价教学效果。其次从学生对课程的满意程度考核课程，让学生对教师的教学态度、教学内容、教学方法、教学表达、总体效果等可量化的指标进行评分。

同时，知识能力提升是人才培养的一个重要目标，但如何监控新文科课程教学效果与知识能力提升水平仍需探索。基于此，本项目利用大数据信息技术手段，对新文科通识课程教学效果进行监控。本项目的一个难点是：根据现有的各专业培养目标及知识能力要求，结合新文科的特性，利用大数据、人工智能等手段，建立符合中国国情的新文科课程。利用已有的和不断产生的新文科通识课程需求信息，建立实时的教学效果和知识能力评估数据库，为高校提供课程实时信息和管理服务，对现有新文科通识课程进行综合评价，为后续课程进一步优化提供支持。基于大数据的新文科通识课程教学效果监控与能力评估数据库总体架构主要分为云计算服务平台、数据支撑层、应用系统层，如图 4 所示。

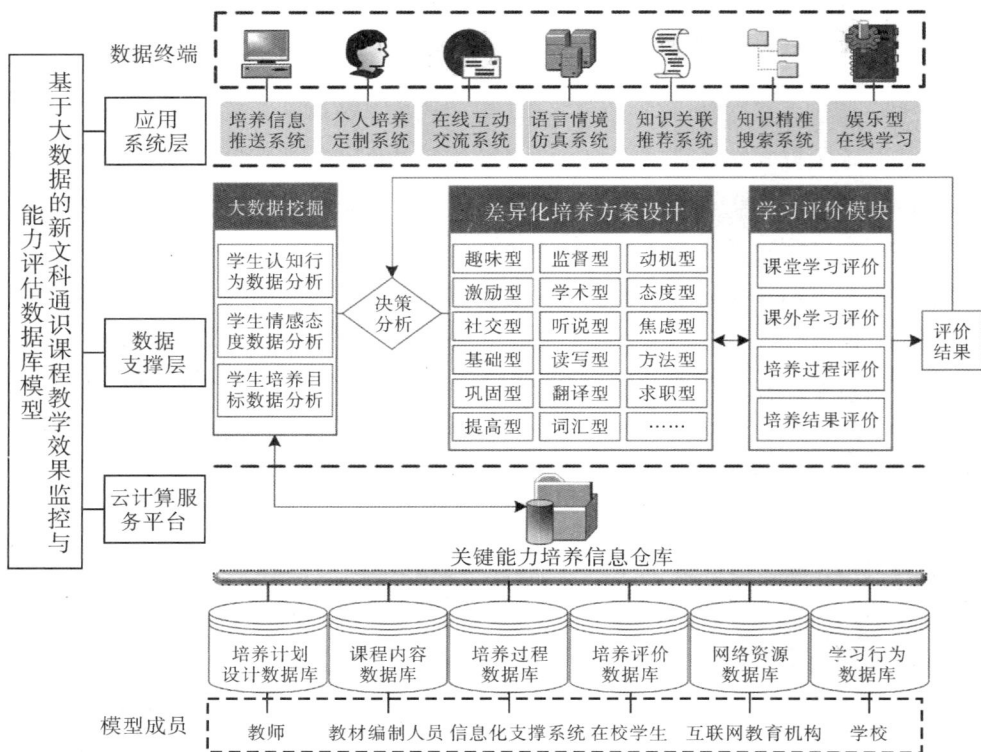

图4　基于大数据的新文科通识课程教学效果监控与能力评估数据库

（五）构建创新型公共管理人才协同培养机制

公共管理人才的培养并非通过简单的课程整合就能顺利实现，而是要实现全过程"闭环式"协同。"全过程协同"是指从公共管理人才培养模式的设定，到培养方案制订、培养过程实施，直至人才质量评价各个阶段的全面协同；"多元协同"是指包括师生、校企、政校等多元主体协同；"闭环式"协同机制是指在公共管理人才培养过程中，不只是在哪个"点"上实现多学科多主体协同，而是在整个"闭环"上实行全面协同。不论是培养的初始还是培养的延续，始终在"闭环"上运行，各协同主体正视自身的责任并严格履行。

协同培养不仅要求师生、校企、校府协同，更要求高校、政府与社会三者之间的互联互通，协同搭建校府、校企合作关键能力培养模式（如图5所示），通过加强高校、政府、社会三方协同，形成育人共同体，建立复合型人才培养体系，促进公共管理跨学科人才建设。政府应发挥其在社会中的作用，

146

加强对跨学科人才培养的宣传力度，让作为直接培养主体的高校充分认识到协同培养在跨学科人才培养模式中的必要性，调动高校跨学科人才培养模式改革积极性，同时通过宣传让社会企业主体积极参与到协同培养过程中来。高校层面，要根据社会需求的变化，调整公共管理专业学生培养方案，增强公共管理专业的吸引力、竞争力，不断探索拓展跨学科人才培养渠道，且高校应加大对信息化技术的资金支持，建立跨学科资源共享平台，为打破学科壁垒，推动跨学科建设提供技术支持。企业层面，持续强化与学校的沟通交流，参与跨学科人才培养模式建设，与高校合作，针对企业特点培养专门化人才，为企业发展筑牢人才后盾，同时校企联动，让研究生走出课堂，将理论应用到实践工作中，真正做到理论与实践相结合。协同各方，各司其职、各尽所能，通过"闭环式"协同，促使公共管理跨学科人才培养模式顺利落实，培养高质量的复合型公共管理专业学生。

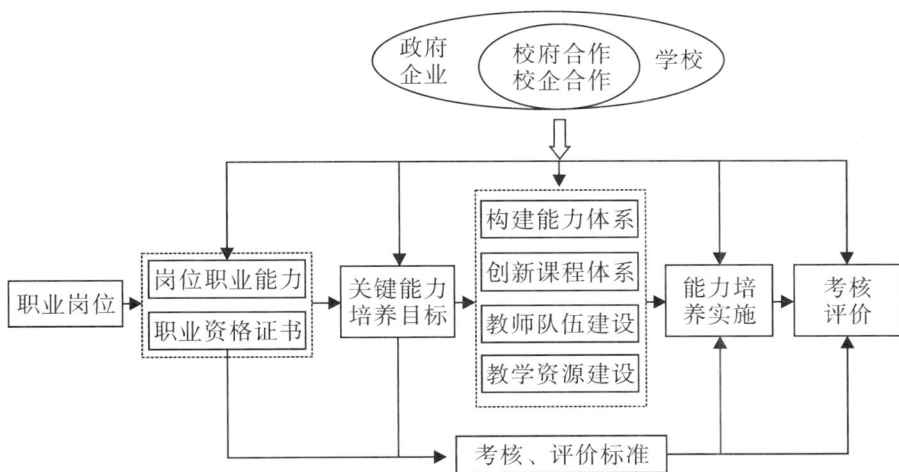

图 5　校府、校企合作关键能力培养模式

（六）完善跨学科人才协同培养保障机制

当前，我国公共管理跨学科人才协同培养还存在复合型专业教师缺乏、国家跨学科人才培养经费投入不足、跨学科人才培养制度建设不完善等问题，因此要实现公共管理跨学科人才培养模式改革，就要为跨学科人才培养提供坚实的资源保障，构建良好的跨学科人才发展环境。首先，教师资源方面，既要增强复合型教师的后备力量，又要充分调动现有教师队伍的力量。高校通过调整公共管理专业教师队伍培养体系，培养新型复合型公共管理专业教师，同时强化教师人才引进力度，吸引更多优秀教师参与到公共管理专业学生跨学科人才培养中。针对现有的公共管理专业教师群体，高校要转变他们传统的单学科教学理念，通过开展各类公共管理专业教师跨学科教学能力培训课程，培养现有教师跨学科教学思维，并鼓励教师对公共管理跨学科课程建设建言献策，提高教师参与跨学科建设的积极性与主动性，通过新教师培养与现有教师联动的方式，推动公共管理专业教师资源的可持续发展。其次，教育经费方面，国家可针对高校跨学科人才建设提供相应的项目资金支持，加大对高校跨学科人才培养体系专项资金的投入，而各高校更要做好对专项资金的统筹工作，保证资金使用的针对性和有效性，在保证各项收支平衡的基础上优先安排研究生跨学科人才培养项目经费，同时要加强对跨学科人才培养经费的管理与监督，明确每一笔资金的去向。最后，制度建设方面，一是要建立规范化的跨学科人才培养管理制度，规范跨学科人才培养建设过程中的各项工作流程，二是要建立完善的跨学科人才培养评价体系，对研究生跨学科人才培养的质量、成果、不足进行评价，根据不足持续对培养模式进行改进，保证跨学科人才培养质量。

三、项目成效

本项目以新文科背景下公共管理专业人才协同培养模式的改革与实践为核心，在人才培养、教学体系改革以及成果转化等方面取得了较为显著的成果。

（一）学术成果与荣誉奖项丰硕

在教学研究方面，项目负责人在《教育研究》《清华大学教育研究》等核心期刊发表教学论文 3 篇，撰写《新文科背景下公共管理学科人才协同培养改革研究报告》《基于大数据的公共管理研究生跨学科人才培养模式改革研究报告》等多篇研究报告，在高等教育理论方面进行了前沿理论探索，完善了新文科背景下创新型人才协同培养模式的改革与实践研究。

在教学表彰方面，自 2021 年以来，项目组荣获多个国家级和省级奖项，包括 2022 年"广东特支计划"教学名师（揭榜挂帅）、2023 年第三届全国高校教师教学创新大赛新文科正高组二等奖、2022 年度广东省学位与研究生教育学会优秀成果奖以及广东省高等教育学会优秀成果一等奖等，主讲课程"公共政策学"被评为 2023 年度广东省一流本科课程。这些荣誉彰显了项目组在教育方面获得的高度认可和评价，证明了项目组在教育创新和教学质量方面的卓越成就。

（二）人才培养质量显著提升

本项目构建了新文科背景下的创新型人才协同培养体系，显著提升了学生的综合素质与实践能力。项目实施以来，学生学术兴趣浓厚，科研能力和创新意识明显增强。学生在核心期刊发表学术论文数量逐年增加，多名学生参与了高水平学术项目和竞赛并屡获佳绩，包括"挑战杯"全国大学生课外学术科技作品竞赛、"调研中国·青年领导力公益计划"等多个全国性赛事。此外，项目培养的毕业生在政府部门、知名企业和研究机构中的就业竞争力大幅提升，逐步形成了"综合素质高、创新能力强、社会适应性好"的人才品牌形象。多位毕业生已成长为企事业单位和政府部门的核心骨干，受到了广泛好评。

（三）教师教学水平和教育质量全面提升

项目的实施促进了教师教学理念和教学方法的创新。通过引入跨学科课程设计和多元教学模式，学院教师在教学过程中更加注重师生互动和学生能力培养，理论联系实际的课堂组织形式获得师生一致好评。教师的教学能力显著提升，课程评教满意度连续保持在 90 分以上，多位教师获得省级和国家级教学奖项。此外，项目培养了一支教学与科研能力兼备的高水平教师团队，有力推动了教学改革的深化。

（四）项目成果成功转化并推广应用

本项目开发的新文科课程体系和教学改革经验具有高度的适用性与可推广性。基于项目成果，学校在多个管理类专业中推广跨学科课程模块，惠及学生数量超过 500 人／年。此外，本项目提出的创新型人才协同培养模式可作为经验推广，使各院校学生受益，也可为其他管理类专业的教学改革提供参考，为推动新文科理念的实践起到了良好的示范作用。

从"避责困境"到"勇于担责"的危机决策
——对 K 县汛期蓄水案例的管理学分析

祝　哲

新时代改革开放和社会主义现代化建设的丰富实践是理论与政策研究的"富矿",而"管理学"课程存在重专业轻"思政"、重引导轻"实践"等问题,因此,课程教学团队基于远程互动教学方式对课程进行思政改革。一方面,挖掘社会治理案例实践和分析中的思政元素,突出思政元素在社会治理过程中的引领作用;另一方面,改革改进教学方式,充分发挥多媒体网络教学优势,远程将社会治理案例关键人物请进课堂和学生互动。综合来看,思政教学改革取得了较好的效果,一方面,对学生养成良好的思想品德和行为习惯起到较好的引导作用;另一方面,对学生增强批判思维和创新能力起到较好的推动作用。

一、实践是研究的"富矿"

2020 年 8 月,习近平总书记在经济社会领域专家座谈会上指出,新时代改革开放和社会主义现代化建设的丰富实践是理论和政策研究的"富矿"。回应习近平总书记要求,一系列以中国实践为特色的会议陆续召开,比如,中国特色"研究型案例"建设研讨会在教育部学位与研究生教育发展中心顺利召开。"管理学"是根据暨南大学公共管理学院/应急管理学院本科生培养目标、学生特点和教学要求而开设的偏向应用管理实践的课程。在教学过程中,有以下两个方面需要提升:第一,从教学目标分析,重专业轻"思政",以往教学以专业案例分析为主,未能挖掘课程思政元素以实现全方位育人;第二,从教学方式分析,重引导轻"实践",以往教学以教师讲授和学生课堂讨论为主,未能充分调动现有的实践基地资源。

根据课程设计的不足,"管理学"课程团队重新设计关键课程环节,以实现挖掘思政元素全方位育人的目标。其一,挖掘社会治理案例实践和分析中的思政元素，坚持立德树人的总则，以"德育"为课堂重点目标之一，突出满足国家、行业需求，以及思政元素在社会治理过程中的引领作用。其二，改革改进教学方式，打破传统课堂"讲授的老师和沉默的学生"的教学方式，充分发挥多媒体网络教学优势，远程将社会治理案例关键人物请进课堂和学生互动，让"真人讲真事"，并让学生"假人做真事"，以角色扮演模式等实现沉浸式体验来共同讨论现实问题，训练学生实际问题解决能力和批判式思维能力。

二、"管理学"课程存在的问题和改革目标

（一）课程存在的问题

"管理学"课程是面向本科一年级学生开设的基础必修课程，立足于社会治理实践中的经典、成功、失败和重要案例，从管理学视角对实践案例进行剖析。课程讲授过程仍存在以下问题：其一，思政元素对学生的影响效果有限，虽然课程将思政元素融入案例当中讲授，但是讲授过程更加强调专业元素，思政元素并没有被单独列出，导致学生对思政元素的注意力不足，育德目标也打了折扣；其二，传统教学方式限制了本科生理解社会治理实践效果，本科二年级学生对政府社会治理实践几乎没有任何经验，传统教学方式效果并不理想，学生对课程讲授案例的理解程度非常有限。

（二）课程改革目标

针对"管理学"课程存在的问题，课程团队经过充分讨论，对课程进行改革。"管理学"课程改革的主要目标是：其一，价值引领，发挥育德功能，基层党员、政府人员甘愿为公共利益创新举措，承受自身问责风险，引导学生认识到政府决策者维护人民利益的决心；其二，传授知识，提升专业水平，学习应急决策中的管理学相关基本理论；其三，能力提升，授之以渔，提升学生运用理论分析和解决现实问题的能力，为学生顺利成长为优秀的公共管理人才铺平道路。

基于改革目标，"管理学"课程团队主要做了以下两个方面的改革：其一，改进课程内容安排，挖掘社会治理案例实践和分析中的思政元素，坚持以立德树人为总则，以"德育"为课堂重点目标之一，突出满足国家、行业需求，以及思政元素在社会治理过程中的引领作用；其二，改革改进教学方式，

打破传统课堂"讲授的老师和沉默的学生"的教学方式,充分发挥多媒体网络教学优势,远程将社会治理案例关键人物请进课堂,让"真人讲真事",并让学生"假人做真事",以角色扮演模式共同讨论现实问题,训练学生实际问题解决能力和批判式思维能力。

三、"管理学"课程改革实践

本文选取"管理学"课程改革中涉及的一个案例作为典型事件进行分析,展示课程改革的具体实施方案。

(一)教学指导思想

本课程首先基于理论教学系统,以及对于避责困境理论的理解和应用,对避责动机、善政动机、避责困境等概念进行讲解;其次,基于创新拓展系统,对 K 县打破避责困境的汛期蓄水案例进行分析,培养学生的创新能力;最后,引导学生使用避责困境理论对该案例中促进官员勇敢担责、为民谋福的因素进行分析,并通过讨论引导学生思考在应急决策中,有什么措施可以促进官员更好地维护公共利益,并提出可能的改善方案,培养学生的实践运用能力。基于三大系统构建了三大课堂,形成三个课堂联动、各有侧重、相互支撑的立体式人才培养体系。该教学模式的主要特色是:构建立体课堂培养模式,强调理论、创新及实践能力的有机融合。节选的教学设计如表1所示。

表1　教学设计(节选)

章	节	课程思政元素(实践 + 理论→育德)
第五章决策者如何推动社会治理	第一节案例实践教学	实践:打破危机避责困境——汛期蓄水 育德:现实体现勇敢担责、为民谋福的公共精神的案例
	第二节理论分析教学	案例理论一:政治学——官员决策的避责理论 案例理论二:心理学——决策的"双系统"模型 育德:理论分析勇敢担责、为民谋福的公共精神背后的驱动因素
	第三节学生思政培养	实践:官员决策的制度因素分析;官员决策的心理因素分析 育德:如何培养官员勇敢担责、为民谋福的公共精神

（二）教学目标

1. 知识维度

本课程通过对避责困境的讲解和课堂讨论，结合深度案例分析，完成"是什么""为什么"和"怎么办"三个任务：引导学生理解应急决策中的避责困境的含义和表现，掌握应急决策、避责动机、避责困境等相关理论；通过案例分析应急决策过程，总结避责困境出现的原因；通过案例分析提出打破避责困境的政策建议。

2. 能力维度

本课程通过对 K 县打破避责困境的汛期蓄水典型案例的介绍，引导学生思考实际应急决策中可能存在的避责困境，并对困境产生原因及应对方案进行课堂讨论和思考，使学生运用避责困境理论分析 K 县实际案例中打破避责困境的策略。

3. 价值维度

本课程引导学生思考在应急决策中为何官员总是瞻前顾后，甚至深陷避责困境。但是，在制度环境和专业技术的共同互动下，K 县官员又勇敢打破避责困境，承担风险，敢于创新，勇于担责，追求公共利益，使学生了解应急管理创新的困境，进一步增强对本专业的学习兴趣和责任意识，并培养学生对于基层政府部门工作人员的信心。

（三）教学实施方案

1. 实践走进课堂，"真人讲真事"的远程互动

以矿难官员瞒报案例为引子，通过视频呈现官员危机决策的避责动机，从瞒报行为处罚中，理解为什么官员在避责和善政动机冲突下往往会陷入避责困境。进一步引入 K 县基层政府汛期蓄水案例，并邀请基层政府汛期管理一线技术人员进入课堂详细讲解汛期蓄水案例的主要情况。由应急决策者实际讲述汛期蓄水案例的历史沿革、汛情情况、推动原因、阻碍因素、关键转变点和蓄水影响，可以让学生更好地沉浸在危机决策情境中，体会现实决策的困难与领导者的担当。教师和学生共同访谈基层政府官员，对案例进行深入了解。以基层政府官员讲解为主，教师在旁辅助提问、提醒，并把握整体节奏，基层政府官员主要介绍汛期蓄水案例相关的现实情境内容。访谈结束后，由学生就案例中的疑问进行补充提问，增强学生参与感和代入感。

案例介绍：汛期蓄水案例中，决策者打破了为了个人利益牺牲公共利益的避责困境。什么因素驱动决策者维护公共利益？此案例是以往危机问责制度研究无法进行充分解释的"最不可能"案例：在行政问责下，高风险决策会导致更高问责风险，但是具有自由裁量权的决策者仍然选择为 K 县公共利益勇于担责。厘清各类官员在危机相关制度环境下的决策规律是打破避责困境的必要条件。

汛期蓄水是指在雨水较多的汛期，将河道的闸门落下，把雨水留在本区域防止流向下游的行为。汛期蓄水对领导只有弊没有利，对公共利益利大于弊。蓄水会增加领导者的问责风险。汛期蓄水有利于在旱季缓解缺水状况，整体来看汛期蓄水利大于弊。汛期放水对领导只有利没有弊，对公共利益弊大于利。也就是放水可以极大降低洪涝灾害风险，如果由于蓄水减少导致旱灾加重，领导者也将免于问责风险。

在 2012 年之前，河南省 K 县并未引入汛期蓄水。为了避免问责，市里下文要求 K 县在汛期将闸门提起，K 县依据应急预案腾空库容，将水放走，为可能到来的汛情做好准备。摸索蓄水时期从 2012 年持续到 2015 年，领导在防汛抗旱会议等公开场合开始要求水利局蓄水。符合领导要求是水利局领导主要任务之一，汛期蓄水在领导要求下逐渐推进。2015 年后，市、县领导不再在公开场合提出汛期蓄水要求，但是 K 县在汛期仍然蓄水。蓄水已经成为惯例，水利局领导遵循惯例去维护公共利益，而不是因为避责的理性而做出蓄水决策。

2. 理论讲解与案例分析的沉浸式预热

政府本来可以在汛期蓄水，供旱季使用，但是由于洪涝灾害问责，导致他们在汛期将水放走，不得不在旱季用钱买水。政府陷入避责困境的原因包括：其一，问责制度，只问责洪涝灾害，视旱灾为天灾；其二，技术限制，缺乏蓄水经验，没有成熟技术；其三，组织惯例，汛期闸门高吊的惯例。

理论视角一：官员的决策动机是邀功、避责还是善政？从官员决策动机分析其危机决策过程中的勇于担责行为的制度原因。

理论视角二：个人的决策是靠直觉还是靠分析？从个人的决策过程分析其危机决策中勇于担责行为的心理原因。

3. 角色扮演案例实战，"假人做真事"的沉浸式教学

模拟危机情景，如果学生本人作为决策者，要如何进行决策，进而让学生具体分析案例，在案例分析中体会官员进行危机决策时的心理状态和环境约

束。分析问题如下：你们作为官员会勇于担责吗？你们会怎么做？你们选择了积极避责或者勇于担责，其背后的驱动因素是什么？各类主体是如何进行互动的？如果让你来制定政策，你要如何优化现有政策以促使官员勇于担责呢？

此外，请学生思考，在其他危机决策中，如何推动政府官员打破避责困境？教师给出可能的解决方式，比如政策、组织支持和技术等，并请学生寻找其他打破避责动机的案例。

4. 教师总结

总结基层官员应急决策的不易和努力，从制度角度和组织心理学角度分析促使应急决策者勇于承担责任的原因，体现政府官员维护公共利益的无私精神，教育应急管理专业本科生树立明德为公的思想。主要关注以下内容：

其一，情感引导。教师以访谈的形式将思政重点问题问出来，并引导基层政府人员回答，从而让学生更加深刻地了解基层政府在危机决策时的难处和约束，增强学生认同感和共情感。

其二，行为引导。教师在分析案例过程中需要着重体现基层政府人员为公共利益自愿承担风险的精神，并且重点体现其行为对公共利益的维护作用，从而教育学生为公共利益勇于担责。

此外，介绍与课程相关的经典著作文献，教学团队探讨避责困境研究相关论文，以及论文的问题及后续研究方向，鼓励学生参与教学团队科研工作。

四、"管理学"课程改革评价

在课程讲授时，教师会安排多次课堂提问。如果课堂讨论能够激活学生的表达欲望，教师能够看到学生对于问题的理解和新的观点，那么表明课堂教学效果较好；如果学生参与讨论不积极，或者讨论只是停留在对基本知识的复述上，无法将课堂知识和具体的现实问题进行有效对接，说明课堂教学效果较差。

教师为学生布置了课后作业，要求以小组为单位，运用应急决策避责动机理论分析官员危机瞒报案例，并提出破解策略。首先，需要学生理解课堂讲授的原理知识；其次，需要学生掌握基本的信息搜集与资料整理能力；最后，需要学生具备较强的分析能力、写作能力与表达技巧，理清避责困境产生机制，识别现实中存在的问题，并对其进行合理分析、提出优化建议，最终形成文字报告。因此，本次作业可以考查学生对课堂知识内容的理解程度，也可以考查学生的分析能力，以此考查课堂的教学效果，进而在后续的教学过程和教学环节设计上进行相应的反思、调整和改进。

此外，根据以往研究，本课程也使用 CIPP 模式对课程思政进行评价。一是背景评价（Context Evaluation），对已经确立的课程目标进行考核评价，确保思政因素得到突出体现，以实现育德为目标，从而为后续课程改进和调整提供建议。二是输入评价（Input Evaluation），指评价者从理论层面对课程的开展进行预测，多方评估"真人讲真事，假人做真事"的教学方式在各个阶段实施的难度和可能性，推测课程方案可能的完成度并设立预备应急方案。三是过程评价（Process Evaluation），指通过对课程计划实施情况进行持续不间断的检查，收集课程课题组成员的评估和学生反馈，以期对课程方案进行改进。四是结果评价（Product Evaluation），指通过测量、解释和判断课程方案的成就，确定课程方案达到的预期效果，可以考虑使用问卷调查等方法测量学生在课程实施前后的态度和行为变化，包括但不仅限于学生主动倡导并践行社会主义核心价值观，增强爱国主义精神、思想道德品质，提升服务国家服务社会服务人民的社会责任感等具体指标。

综合评价结果显示，本课程通过生动、具体的案例教学，学生主动学习的积极性明显提升，很多学生在多个场合表达了对基层政府治理的浓厚兴趣，坚定了学生立德为公的信念。在课程之后，一些学生以此为选题撰写毕业论文。

五、总结

"管理学"课程进行思政建设具有重要的意义。一方面，有助于积极引导学生养成良好的思想品德和行为习惯，通过"真人讲真事"的方式引入社会治理案例，有助于学生形成稳定的心理素质和正确的三观，自觉、自愿传承红色基因，增强文化自信，树立坚定的社会主义理想信念，立志为公共事业奋斗，立志服务人民。另一方面，现实社会治理案例的引入有助于培养学生对公共管理学实践的理解和分析能力，并在此基础上培养学生的批判思维和创新能力。本课程通过"假人做真事"的方式让学生沉浸式地理解中国社会管理实践中的问题，感受政府决策者在社会治理和风险应对过程中戴着脚镣跳舞的约束，在多方博弈的谈判过程中提升学生使用理论分析和解决现实问题的能力。

参考文献

［1］黄颖. 课程互动理论视角下英语翻译教学模式研究［J］. 黑河学院学报，2024，15（5）：98－101.

［2］罗晓俊，刘博然. 基于多元互动教学模式下的"政治学方法论"课程优化路径研究［J］. 大连大学学报，2024，45（2）：134－139.

［3］危琦. "互联网＋"视域下高校思想政治理论课互动教学模式探析［J］. 教师博览，2024（12）：7－9.

［4］余卓芮，刘钰，沈国强，等. 大数据背景下城市地理学课程互动式教学改革探索［J］. 高教学刊，2024，10（14）：148－151.

［5］周楠，姚冠新. 基于互动仪式链的高校思政课教学创新研究［J］. 江苏高教，2024（5）：106－110.

下篇 / 育人成效

以公共管理为基础、应急管理为特色，打造新时代人才培养高地——暨南大学公共管理学院/应急管理学院人才培养机制创新实践

张梦娇　陈贵梧

一、建立以公共管理为基础、应急管理为特色的人才培养体系

暨南大学公共管理学院/应急管理学院（以下简称"学院"）下设行政管理系和应急管理系，设有行政管理、应急管理两个本科专业。2020 年，行政管理专业入选国家级一流专业；2021 年应急管理专业入选本领域唯一省级一流专业。根据软科中国大学专业排名，2023 年暨南大学行政管理专业为 A 类，全国排名第 31 名；应急管理专业为 A + 。学院拥有行政管理、应急管理、社会保障、教育经济与管理、公共政策等 5 个学术学位硕士点和公共管理专业硕士（MPA）学位点，2018 年共建政治学一级学科博士学位点，2024 年获批公共管理一级学科博士学位点，建立了"本科—硕士—博士"完整的人才培养体系，已成为培养高层次、高素质公共管理人才的重要基地。

学院按照以公共管理为基础、应急管理为特色，二者融合发展的思路，培养提笔能写、张口能说、遇事能办的能说、会写、懂协调的现代复合型、创新型高素质人才。近年来，围绕这一人才培养目标，学院秉持知识与能力并重、理论与实践统一的"二元融合"教育理念，以国家级规划教材、国家级精品课程、自主编撰特色教材为抓手，推动教师教育意识和教学方法创新，积极鼓励教师申报科研项目、参与教学竞赛，精品课程体系建设和教材体系建设应用成效显著。

二、革新课程体系、优化教学内容

（一）基础课程的夯实与创新

学院注重基础教育课程的建设，不断深化教育教学改革，蔡立辉教授负责的"政府绩效评估"获批国家级一流本科课程、国家精品课程、国家级精品资源共享课程，"公共管理学"获国家级一流本科课程认定；李伟权教授负责的"行政职业能力提升"获批国家级精品在线开放课程；戴胜利教授负责的"品三国，论领导艺术"获第二批国家级一流本科课程认定；胡涤非教授负责的"政治学"获广东省线下一流课程认定；郑石明教授负责的"公共政策学"获广东省线下一流课程认定；周大鹏老师负责的"运筹学"获线上线下混合式一流课程认定。

教研室优化了行政管理与应急管理专业的基础课程，在依托国家级、省级一流课程建设的基础上，设置涵盖政策分析、社会风险与应急管理、社会组织与社会治理等模块的课程，确保学生在基础理论方面扎实过硬。同时，针对社会需求，设置专业领域应急管理、应急技术与管理，交叉学科知识群，新增了应急管理大数据分析与应用、R语言数据分析与处理等内容，使学生能够掌握现代技术工具。

（二）专业课程的前沿化设计

学院在专业课程设计中注重跨学科整合与实践导向，例如"风险管理方法与技术"课程结合物联网、人工智能等前沿技术，学生通过模拟智慧城市的灾害预警系统设计，理解信息技术在应急管理中的应用。"城市应急管理"课程选取国内外典型危机案例进行应对策略分析，培养学生全球视野下的应急能力。"应急管理大数据分析与应用"课程以理论与实践操作相结合的方式深入地讲解大数据分析的基本知识和实现的基本技术，在内容设计上既包括详尽的大数据理论，也包括应急管理领域的典型大数据分析和应用案例。

（三）案例课程的特色化创新

案例教学是课程体系优化的重要方向。学院开设"社会治理创新案例""应急管理案例分析""商业计划书案例""应急管理国际比较"等课程，以国内外公共管理与应急管理的经典案例为蓝本，通过课堂分组讨论与课后独立研究，学生不仅掌握了理论知识，也提升了实际应用能力。

（四）选修课程的个性化设置

学院充分考虑学生的兴趣差异与职业规划，提供多样化的选修课程，例如"养老与医疗保障""应急管理法制""全球治理""公益创业""灾后恢复与重建""智能传播与媒体应对"等。特别是"粤港澳大湾区区域协作与治理"课程，涵盖政策协作、文化融合、经济协调等内容，深受学生欢迎，成为培养区域治理人才的特色课程。

（五）教材资源的开发与共享

院内专家编制了国内首批应急管理教材（见图1），其成为国内应急管理、公共事业管理专业教学主要教材，还编写了多部精品教材，"公共管理学""政府绩效评估"入选"十一五""十二五"普通高等教育本科国家级规划教材，学院还通过在线平台与兄弟院校共享教材，推动了区域内教学资源的开放与优化。

图1　国内首批应急管理教材

三、探索多元化的分类培养模式

（一）内外招学生的多样化培养路径

学院通过学术分流与融合，为不同背景的学生设计个性化培养方案，促进了跨文化视角的交流。内招模式注重综合素质考察，选拔具备学习潜力的优秀学生。外招模式针对港澳台学生和国际生，通过文化融合课程与项目实践，提升教学效果。学院积极拓展境外学术交流与合作，形成中外合作项目研究、"公共安全与全球治理"国际学术论坛、学生交流、教师互访、公务员培训等国际学术研究和人才培养交流项目的品牌。学院曾先后与伊利诺伊大学消防学院、加州大学河滨分校签订了合作协议，进一步拓宽本科生培养国际化渠道。学院非常重视学生国际化视野的培养，强化"走出去"，派近百名学生出国（境）学习，参访雪城大学等高校（见图2）。

图2　优秀本科生美东访学团参访雪城大学

推荐优秀应届本科毕业生（内招生）免试攻读研究生（以下简称"推免"）是激励在校学生勤奋学习、积极创新、全面发展的有效措施，是培养拔尖创新人才的重要保证。根据教育部相关文件要求及《暨南大学关于印发优秀应届本科毕业生（内招生）免试攻读研究生推荐工作实施办法（试行）》（暨教〔2021〕50号）的精神，结合学院工作实际，学院制定了《公共管理学院/应急管理学院推荐应届优秀本科毕业生免初试攻读硕士研究生工作实施细则》，以进一步规范和加强推免工作，确保推免招生公平公正。

（二）学术与实践导向的双轨制培养

学院针对学术型与实践型学生分别设计培养路径，学术型学生通过导师指导和研究项目，培养学术研究能力。实践型学生重点参与校企合作项目，同时学院与共建实习基地协作开展公共管理实训活动。学生参与消防技能学习、院前急救、水上救援、化工厂火灾情境下的居民撤离方案制订及地震逃生与救援技能学习等实际操作，在真实场景中完成了多次演练与实地调研（见图3），这使他们进一步将所学理论知识实用化、具体化。

图3　公共管理实训活动现场照片

（三）协作机制与成果展示平台

学生通过共同参与跨学科项目，提升了合作能力与整体学习效率。例如，第三届"寻是杯"全国大学生公共管理决策模拟大赛（华南赛区）中，学院胡涤非教授、张美莲副教授指导的"公共管理方案设计与决策演练沙盘对抗"项目，学术型学生负责理论框架设计，实践型学生参与数据收集与政策建议撰写，最终完成了一份高质量的公共治理规划方案，荣获一等奖；首届"赛孚杯"全国大学生青年应急使命模拟演练大赛中，学院唐攀教授、洪凯副教授指导的"暨中生智"队精心备赛，开展了多次演练，最终荣获特等奖。获奖团队风采如图4所示。

图4　获奖团队风采

学院注重学生学术科研品牌建设，积极动员、组织师生参加大学生"挑战杯"、创新创业大赛、攀登计划等申报工作，培养学生学以致用的意识，提高学生专业知识和实战技能。学生在"挑战杯"竞赛中多次斩获佳绩（见图5），获第十四届"挑战杯"全国大学生课外学术科技作品竞赛一等奖、第十七届"挑战杯"全国大学生

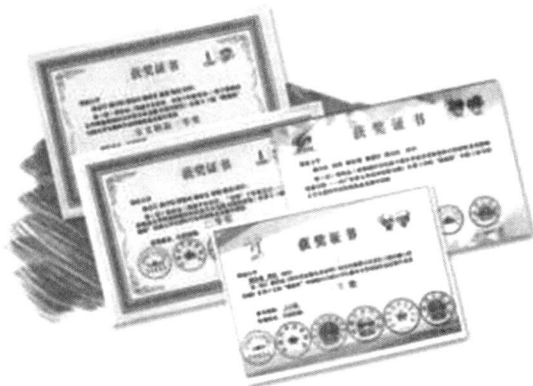

图5　"挑战杯"国家级奖项证书

课外学术科技作品竞赛二等奖、第十三届"挑战杯"全国大学生课外学术科技作品竞赛二等奖，以及第十六届"挑战杯"全国大学生课外学术科技作品竞赛二等奖。在第十四届、第十五届、第十六届、第十七届"挑战杯"广东省赛中共获特等奖 3 项，一等奖 3 项，二等奖 2 项；大学生创新创业训练计划近五年获批国家级项目 10 项、省级项目 11 项、校级项目 36 项，在校内外的实践创新项目方面取得了非常好的效果。

四、创新教学场景和模式：从课堂到虚拟教研室

（一）情景模拟教学的深度实践

情景模拟教学作为一种主动式学习方法，在公共管理与应急管理课程中得到了广泛应用。学院借助桌面推演与虚拟仿真实验室，特别设计了多种危机情境，例如模拟应对突发险情、地震灾害等。

例如在"应急管理实践技能提升"课堂中，引入应急管理实训平台模拟体验（见图6），学生被分组模拟政府、媒体、公众等不同角色。在模拟过程中，学生需要快速判断信息真伪，制定应对策略，并协调各方资源，通过防台防汛与地震沙盘对抗，不仅提升了学生的应急处置与指挥水平，还锻炼了沟通能力与团队协作能力。

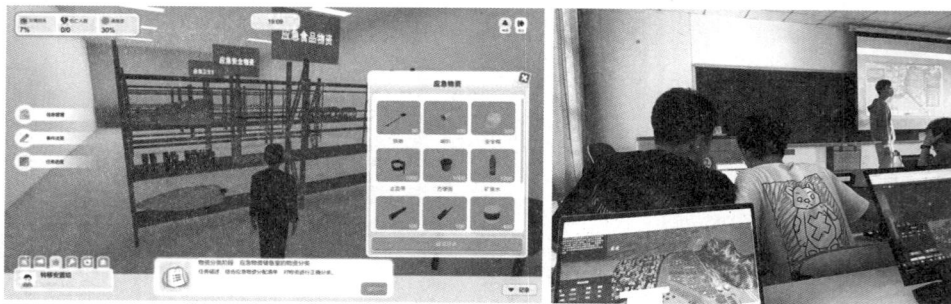

图6 "应急管理实践技能提升"课堂情景模拟教学现场

（二）合作式教学和问题导向教学的探索与应用

合作式教学是采用以学生间的交流与合作为基础，以学生为中心的"合

166

作式"创新型教学方法，其注重培养学生实际问题的解决能力与合作交际能力，与问题导向教学的教学目的不谋而合，混合教学的课堂教学改革经验对于方法类课程具有重要的参考价值和借鉴意义。

学院的"统计学""公共经济学""社会科学研究方法"等课程以实践应用为导向，解决方法类课程中理论学习与实践操作脱节的问题；以学生为中心，提高学生参与教学的积极性和获得感，解决传统教学方法中教与学脱节的问题；以全纳教学为理念，引入合作式教学方法，解决方法类课程教学效果两极分化的问题，获批校级质量工程项目。

（三）线上线下混合教学的推广与成效

学院大力推进线上线下混合教学模式，通过现代教育技术为教学提供支持。目前学院有"公共管理学""市政学""应急管理概论""行政法学""公共经济学"等 8 个校级在线开放课程建设项目，均以培养方案中的专业课程为依托，将理论部分制作成 MOOC 视频，学生可以提前学习。课堂时间更多用于案例研讨和互动讨论。

这种模式显著提高了课堂效率和学生参与度。以"运筹学"课程为例，利用"微信公众号＋MOOC＋学习通的线上＋课堂线下"的资源，时间全过程控制的封闭教学，逐步实现线上教学从 MOOC 精品课程到自健开放资源，延展学习空间，该课程被评为省级一流课程，连续两次在教学评价中在院内排第一，深受学生喜爱。

（四）虚拟教研室的建立与共享机制

为进一步提升教学质量，学院在省级教学团队、省级专业综合改革试点、教师发展分中心、教学研究示范中心的基础上成立了"公共管理虚拟教研室"和"管理学原理虚拟教研室"，依托华南、华中、西部多所高校，聚合国内各高校公共管理学科带头人及学术骨干的综合优势，借助现代信息技术，探索"智能＋"时代新型教学团队的建设路径。

虚拟教研室充分运用信息技术，探索突破时空限制、高效便捷、形式多样、"线上＋线下"结合的教师教研模式，形成基层教学组织建设管理的新思路、新方法、新范式，充分调动教师的教学活力；学院依托虚拟教研室，推动教师加强对专业建设、课程实施、教学内容、教学方法、教学手段、教学评价等方面的研究探索，提升教师教学研究意识，凝练和推广研究成果；虚拟教研室成员在充分研究交流的基础上，协同共建人才培养方案、教学大纲、知识图谱、教学视频、电子课件、习题试题、教学案例、实验项目、实训项目、数据集等教学资源，形成优质共享的教学资源库；虚拟教研室还组织开展常态化教师培训，发挥教学团队、教学名师、一流课程的示范引领作用，推广成熟有效的人才培养模式、课程实施方案，促进一线教师教学发展。

五、全面强化实践环节：从南村读书社到湾区观察

（一）校内学术活动的多样化开展

学院通过多层次的学术活动，培养学生的思辨能力与理论素养。例如，"南村读书社"定期邀请学术专家与学生交流公共管理的前沿理论，讨论主题涵盖治理现代化、应急技术创新等，吸引了众多学生参与。"石牌研究会"更注重提升学生的学术表达与写作能力，学生通过参与主题论文研究分享，将研究会论文转化为可正式发表的期刊文章，不仅提升了逻辑分析能力，还积累了丰富的学术成果。

（二）校外实践基地的建设与成效

学院结合粤港澳社会治理的实际需求，设立了"暨南大学应急管理研究中心""暨南大学大数据与社会治理研究中心"等研究机构，并通过专题论坛与研讨会，促进学生参与区域公共事务。学院先后与行业内 42 个单位签署基地合作协议，围绕建设目标，基地建设取得了长足进展，实践教学条件不断改善，合作机制畅通优化，成功获批校级、省级实践教学基地立项。以员村大学生社会实践教学基地为例，通过实习工作室、实习合作管理机制、主要实习平台和教学实习场地的建设，实现高质量合作。一是顶岗实习与社会调查。30多名学生顶岗实习，并以员村为例，撰写社会治理、基层治理相关毕业论文；学生团队调研成果获得"挑战杯"广东省大学生课外学术科技作品竞赛一等奖、广东大学生社会治理调研大赛一等奖。二是"城市管理学""公益创业""政府绩效评估""公共政策学""社区建设与管理"等课程进行现场实践教学，300 多名学生参与学习，并取得较好效果。

（三）"湾区观察"计划的实施与推广

"湾区观察"是学院瞄准"一带一路"倡议、粤港澳大湾区建设重大战

略，以及新时代广东高质量发展需求，倾力打造的教学科研实践基地、高端智库服务和政策咨询平台，旨在为广东在推进中国式现代化建设中走在前列提供决策支持和智力支撑。基于长期持续、深入细致、系统全面的调查研究，其成果可应用于学生毕业论文、案例大赛、学术论文、咨政报告、湾区高峰论坛、湾区数据库等，成为连接教学、研究与治理实践的桥梁，为粤港澳大湾区乃至国家区域治理和发展贡献智慧与力量。

六、畅通师生沟通机制与健全师资队伍建设

（一）师生沟通机制的建立与优化

随着教学质量的不断提升和学生个性化需求的多样化，建立师生沟通机制显得尤为重要。在当前的教学体系下，学院不仅关注学生的学术表现，还特别注重学生心理健康、社会适应能力等综合素质的发展。因此，学院通过多种渠道和方法加强师生之间的沟通，促进学生的全面发展。

首先，学院在师生沟通方面的最大创新在于定期的督导检查制度。每学期，学院都安排专业的教学督导员对教师的课堂进行检查和评价，旨在及时发现教学过程中的问题并提供改进建议。这一制度的实施，不仅保证了教学质量，还能够根据学生的学习反馈及时调整课程内容和教学方法，确保教学体系的灵活性和适应性。通过对反馈信息的深入分析，督导员能够提供专业的意见，帮助教师改进课堂互动、作业设计等方面的问题，使得每堂课都能更加贴近学生的需求。

其次，学院定期举办教学研讨会及教学沟通例会。教学研讨会通过主题讲座、教学竞赛等多种形式，为教师讨论教学难题、分享教学经验提供重要平台，不仅提升了教师的教育教学水平，还增强了教学内容与实际需求之间的契合度，进一步强化教师队伍。教学沟通例会为学院师生搭建了面对面沟通的平台，主要就日常教学情况、学生毕业就业、学生心理健康等事宜进行摸查，拉近了师生间的距离，加强了师生间的交流，是学院落实立德树人根本任务的一项重要举措，为教师顺利开展教学、学生有效进行学习保驾护航。

最后，学院特别强调本科生导师制的建设。学院积极鼓励学生结合自身研究兴趣和教师研究方向与院内教师进行结对。通过定期交流，导师帮助学生规划学术发展、解决学习中的困惑，并提供职业发展建议。在导师的指导下，许

多学生不仅提高了学术水平，还得到了更多的实践机会。例如，2021 级的本科生在导师的建议下，参与了校外的公共事务研究项目，最后在学术会议上发表了自己的研究成果，得到了广泛认可。通过这种一对一的指导，学生不仅能够获得学术上的帮助，还能在职业发展的道路上得到导师的帮助和支持。

（二）师资队伍建设的创新举措

学院师资力量雄厚，学科背景多元化。截至 2025 年 4 月，学院有专任教师 50 人，其中教授 21 人、副教授 20 人、讲师 9 人，博士生导师 13 人，硕士生导师 41 人，形成了一支老中青相结合的以中青年为主、结构合理、富有生机和活力的师资队伍。在公共管理与应急管理学科建设中，师资队伍的质量直接影响着人才培养的效果。学院为了提升教学质量，在师资队伍建设方面采取了多项创新措施，推动教师队伍的多元化与国际化。

1. 教学竞赛与教学名师

学院以赛促教，通过每年一次的院内教学竞赛，鼓励教师在教学设计、课堂教学等方面进行创新，不仅为教师提供了展示平台，也激励他们不断探索和改进教学方法。通过这类竞赛，教师能够相互学习，取长补短，提升教学水平。近年来学院在教学竞赛方面取得良好成绩，在各级教学竞赛中屡创新高，如祝哲副教授获广东省青年教师教学大赛三等奖，唐攀教授获广东省青年教师教学大赛一等奖，林慕华教授获全国高校教师教学创新大赛二等奖（见图 7）。另外，学院教师揭榜一项省级教学名师计划。

图 7　林慕华教授获第三届全国高校教师教学创新大赛二等奖

2. 国际化师资培养与交流

为了提升教师的全球视野，学院建立了丰富的国际交流平台。教师可以参加各类国际学术会议、讲座和工作坊，拓宽学术视野，提高科研水平。学院鼓励教师赴欧美及亚洲地区的著名高校进行学术交流（见图8），参与国际公共管理领域的研讨会和专题讲座，吸收国际前沿的学术成果。通过这种国际化的交流，教师能够更加全面地了解全球公共管理的最新发展动态，从而将这些新知识带回课堂，提升学生的全球视野。

图8　学院教师赴美国伊利诺伊大学交流

3. 教师科研与教学并重

学院注重教师在教学与科研之间的平衡发展。除了日常的教学任务外，鼓励教师积极参与科研项目，尤其是公共管理与应急管理领域的基础研究和应用研究。例如，资助教师开展相关的课题研究，并提供科研支持平台，使教师能够在教学之余参与到学术研究中，做到教学和科研的相互促进。这一机制的推动，进一步激发了教师的科研热情，也提升了教学内容的前沿性和创新性。

（三）校内外教师的协同合作

学院鼓励校内外专家共同参与课程建设，推动教学内容的多学科融合与创新。首先，教师之间通过虚拟教研室平台，分享教学资源和案例。这一平台汇集了教师的课堂讲义、教学视频和教学案例，形成了一个具有凝聚力的教学资源库。教师可以随时访问这些资源，互相借鉴，提升自身的教学水平，其次，院外专家和学者的参与，使得学校能够及时了解公共管理和应急管理学科的发展动态，确保课程内容的及时更新，通过与行业专家合作，课程内容更加贴近社会需求，既能满足学术深度，又能增强实践性。

学院还鼓励教师进行跨学科合作，开展联合教学。为了加强课程内容的专业性和实践性，学院开展集体备课会（见图9），邀请了来自中山大学、华中师范大学、华南理工大学等多所高校的行业专家与学术界知名学者，共同参与课程的设计与更新，融入多方智慧进行专业课程的团队教学。这种跨学科的教学模式，提升了课程质量，为学生提供更为全面的知识体系、更广阔的学术视野和更丰富的实践机会，不仅提升了学生的综合能力，还促进了不同学科之间的融合与创新。

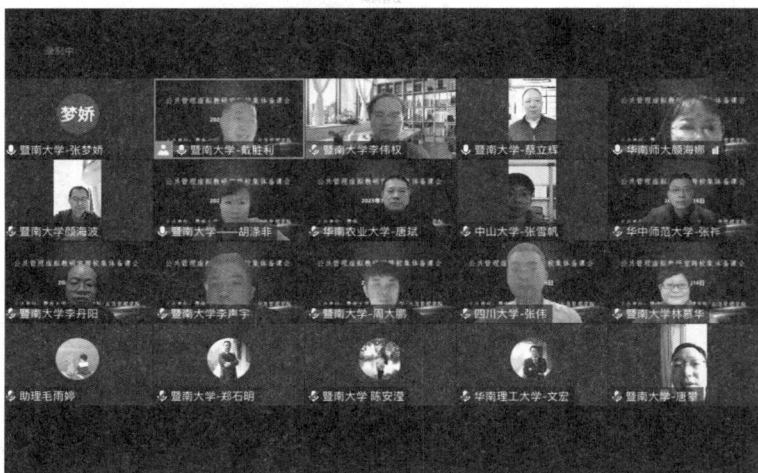

图9　集体备课会交流场景

七、未来发展方向：教学、科研与社会实践的有机融合

随着社会需求的不断变化和教育模式的不断更新，暨南大学公共管理学院/应急管理学院未来将继续深化教育改革，推动教学、科研与社会实践的有机融合。未来的发展方向主要包括：第一，跨学科融合与创新，随着社会问题日益复杂，跨学科的研究与教育将成为未来发展的趋势。学院将加强与其他学

科的合作，共同开展研究，探索社会治理、公共事务等方面的创新解决方案。第二，国际化教育与全球视野，学院将进一步推动国际化教育，培养具备全球视野的公共管理与应急管理人才。通过国际化的学术交流与合作，学生能够更好地适应全球化社会的需求。第三，科技驱动下的教育创新，随着信息技术的迅猛发展，学院将进一步推动教学数字化、智能化，利用人工智能、大数据等技术手段提升教学效果和学生的实践能力。通过不断优化教学机制、创新培养模式，学院将培养出更多适应未来社会需求的高素质人才，为公共管理领域的发展贡献力量。

在探索中前进：暨南大学应急管理
创新人才培养模式构建

唐　攀　程建新

一、构建应急管理创新人才培养模式的背景与动因

　　经济社会的加速转型，与新型城市化、新型工业化快速发展相叠加，导致2000年以来我国各类突发事件时有发生，公共安全风险形势非常严峻，成为全面建设小康社会和向往美好生活的重要挑战，引起了党和政府的高度重视。党的十八大以来，以习近平同志为核心的党中央将应急管理工作作为治国理政的重要组成部分，建立了综合管理与分类管理相结合的应急管理体系。2014年4月15日，习近平总书记主持召开中央国家安全委员会第一次会议，强调"要准确把握国家安全形势变化新特点新趋势，坚持总体国家安全观，走出一条中国特色国家安全道路"。党的十九大报告中55次提到"安全"，习近平总书记多次强调"平安是老百姓解决温饱后的第一需求，是极重要的民生，也是最基本的发展环境"，并进一步强调"各级党委和政府要把公共安全作为重要民生工作抓紧抓好，把公共安全工作放到经济社会发展大局中谋划，加快构建全方位、立体化的公共安全网，切实承担起促一方发展、保一方平安的政治责任"，"防范和化解重大风险"。2018年，组建应急管理部的国家机构改革，是我国在进一步健全和完善应急管理体制机制、推进突发事件应急体系建设方面所取得的重大进展，对于促进我国应急管理事业改革发展具有重要的里程碑意义。

　　然而，应急管理事业改革发展的基础是培养应急管理创新人才。百年树人，大量合格、符合实际需求、具有创新意识和能力的应急管理人才进入各级政府和企事业单位的应急管理工作岗位，才能践行应急管理的使命。面对经济社会发展对应急管理创新人才的迫切需求，高等院校面临新的人才培养任务，

必须回答培养什么样的应急管理人才、怎样培养合格的应急管理创新人才等问题，通过人才培养为构筑我国公共安全网和中华民族伟大复兴作出教育行业应有的贡献。

"筚路蓝缕，以启山林。"暨南大学作为地处我国改革开放前沿和粤港澳大湾区的华侨最高学府，深刻认识到经济社会发展对应急管理创新人才的迫切需求，在国内高等院校率先探索应急管理创新人才培养模式。2008年，开始招收应急管理专业的本科生，开应急管理人才培养的先河；2009年，在国务院原侨办和广东省人民政府的支持下，整合全校相关资源，成立了国内第一个应急管理学院；2011年，开始招收应急管理专业的硕士研究生，并在管理科学与工程博士点下设"应急管理工程"博士培养方向，建立了完整的应急管理人才培养体系。同时，暨南大学应急管理研究中心获批成为广东省人文社科重点研究基地，充分挖掘校外各级政府、企业和社会组织应急管理实践资源，以及粤港澳大湾区和海外应急管理科研资源，并将其导入应急管理人才培养的各个环节，提升人才培养的质量。截至2024年，暨南大学已经招收了16届应急管理专业本科生和13届硕士研究生，形成了比较完整的应急管理创新人才培养模式。本成果系统总结了过去十年来暨南大学探索和构建应急管理创新人才培养模式的实践，对当前国内如雨后春笋般成立的应急管理创新人才培养单位具有较好的借鉴意义。

二、成果的基本框架与内涵

针对以往应急管理创新人才培养普遍存在的知识和能力、理论和实践、教学内容和教学方法与时代脱节，以及创新"基因"未能植入到人才培养全过程等问题，暨南大学结合总体国家安全观的时代需求和移动互联网、大数据、云计算等新技术的时代特征，探索和构建了新时代我国应急管理创新人才培养模式：以国家战略需求和创新思维为引领，以知识与能力并重、理论与实践统一的"二元融合"为原则，以"四位一体"为平台，以"三进三结合、两转化"（学生进实验室、进课题组、进科研团队，教学与科研结合、课程与课题结合、教学团队与科研团队结合，科研成果向社会转化——服务党委政府和社会、科研成果向人才培养转化——全面提升学生的创新能力）为手段。这是一个全方位、全过程的应急管理创新人才培养模式，这个培养模式是在10个省级教改项目、长达10年探索的基础上形成的。实践表明这个培养模式育人效果显著，能够构建知识体系、增强能力要素、提升素质内涵、塑造思维模式，最终满足各级政府与企事业单位的应急管理创新人才需求。

（一）注重国家战略需求和创新思维的引领

自"非典"事件之后，现代意义上的应急管理在我国得到应用和发展，并且经历了工作理念从直接救灾转为全面应急管理、工作重心从灾害修复转为灾前防范，再到新时代我国应急管理是全面应急管理、要遵循总体国家安全观要求的发展过程，正如习近平总书记所指出的："坚持以防为主、防抗救相结合，坚持常态减灾和非常态救灾相统一，努力实现从注重灾后救助向注重灾前预防转变，从应对单一灾种向综合减灾转变，从减少灾害损失向减轻灾害风险转变。"强化做好应急管理工作，是各级党委和政府促一方发展、保一方平安的政治责任，是坚持以人民为中心执政理念的集中体现。这就要求应急管理人才的培养必须紧跟我国应急管理工作的形势和发展变化，把国家战略需求和创新思维具体落实到人才培养体系的各个环节之中。具体表现为：

首先，重点解决课程教学内容和教学方法与时代脱节的创新人才培养中的短板问题。为开阔教师的视野和提高教师对国家需求的整体把握，以及提升教师创新教育理念，学院通过资深"带"年轻、"引"进海外博士和聘任实践导师、"培"训年轻教师、"研"讨教学心得的方式，打造15个具有创新教育理念的专业教学团队。同时，借助"四位一体"人才培养协作平台的丰富资源，组建四个实践导师团队，并以实践导师为纽带将应急管理实践中需要解决的难点、焦点问题带进学校课堂，为创新人才培养提供实际的案例教学，为学生提供咨询帮扶服务，以此实现校外资源的整合转化。为强化专业教师团队和实践导师团队的协同效应，由成果负责人牵头，各专业教师团队和实践导师团队负责人参与，组成创新人才培养协调小组，定期针对实践创新项目、论坛、课程开发等展开专题研讨。借助这种"两队一协"的协同组织模式，以双团队、双课堂等形式凸显课程教学、学生实践活动的协同效应。

其次，以能力培养和提升为导向，全面实现"二元融合"。为了使知识与能力并重、理论与实践统一的"二元融合"原则得到全面实施，学院重点推行了"三进三结合、两转化"的措施，强调学生进实验室、进课题组、进科研团队，强调教学与科研结合、课程与课题结合、教学团队与科研团队结合，强化科研成果向社会转化——服务党委政府和社会，科研成果向人才培养转化——全面提升学生的创新能力。为保障"三进三结合、两转化"的全面实施，应急管理本科专业在确立"知识—能力—素质—思维"培养目标框架基础上，通过培养目标实现矩阵来优化课程体系和课程内容，全部学科平台课和专业课都嵌入了批判性思维、问题解决、统计分析和沟通协作能力培养目标。同时，借助与之相匹配的课程评价矩阵，凸显"三进三结合、两转化"在人才培养体系中的重要性，推动教师教学方法创新。最终形成了"培养目标的课程嵌入—课程体系及课程内容优化—教学方法变革—课程考核与自我评估"闭环反馈机制，有效提升了教师创新教育意识和能力，将创新思维培养理念融入人才培养全过程，以真正激发学生的学习兴趣，训练学生的创新思维，启发学生的创新意识，进而达到知识与能力并重、理论与实践统一。

再次，构建科学合理的应急管理创新人才知识体系。应急管理创新人才必须了解行业、业务和生产经营过程的特点，能够分析和理解突发事件及风险的特征与规律，才能有效地开展应急管理活动。传统的安全科学与工程、灾害学和消防工程等相关学科培养的人才不能满足实际应急管理工作的需求，公共管理等学科缺乏对突发事件这一管理对象的针对性，现有的人才培养模式也不能胜任实际工作。暨南大学应急管理创新人才培养，确定了应急管理创新人才的职业定位是从事政府部门和企事业单位的风险预防与减缓、应急准备、应急响应、事件恢复的管理活动；确定了应急管理创新人才的知识体系包括：认识与理解特定行业与领域的知识，分析公共安全风险、突发事件情景、突发事件短期影响和中长期影响的知识，突发事件全生命周期管理活动的知识，是典型的跨学科、复合型知识体系。在构建学生完整的应急管理知识体系的基础上，还应该着力提升学生的能力要素，训练学生思维模式，丰富学生素质内涵。这些工作指导了应急管理创新人才培养方案的编制。暨南大学编制了国内首个应急管理创新人才培养方案，并进行了三次修订，跟踪每一位毕业生的职业发展情况和用人单位的反馈情况，评估与调整培养方案的核心要素。利用培养方案引领培养体系建设，指导人才培养链条上工作的开展。

最后，依托多元化的协同平台培养学生的自主创新能力和创新实践能力。暨南大学应急管理创新人才培养依托案例竞赛和社会调研论文竞赛、读书会、论坛、"挑战杯"等学科竞赛平台，打造"论文＋读书＋论坛＋竞赛"四位一体的学生创新服务平台，培养学生的自主创新能力。同时，借助"政产学"融合方式，与广州市人民政府应急办、广东省人民政府应急办合作创建"暨南大学大数据与社会治理研究中心"；与广东电信合作，并由广东电信投入建设"暨南大学政务大数据实验室"以及其他教学实习实践基地；建立广东省人文社科重点研究基地——暨南大学应急管理研究中心等。通过整合一系列平台，打造"创新基地＋项目基地＋实习实践基地"三位一体的学生能力服务平台，培养学生的创新实战能力。

（二）知识与能力并重、理论与实践统一的"二元融合"培养体系

应急管理知识体系具有跨学科特征，社会对应急管理创新人才具有较高的实践性要求。为此，暨南大学创立了知识与能力并重、理论与实践统一的"二元融合"应急管理创新人才培养体系，适应国家经济社会发展对应急管理人才的要求。在知识和理论层面，暨南大学以构建应急管理知识体系为核心，以课程体系、课程、课堂三个层面的教学过程为载体，开展传道、授业、解惑，并向能力要素、素质内涵和思维模式延伸。每位教师负责打造精彩课堂，创新教学方法与教学技巧，着力提高课堂质量；教学团队负责编制教学大纲、编写教材，通过团队内多名教师知识要素的优化组合，努力上好一门课；本科教学指导委员会和应急管理系负责编制课程体系方案，包括通识教育必修课、基础教育必修课和选修课、专业必修课，以及"应急管理理论与方法""应急管理实务研究""行业应急管理""行政职业能力提升""创新创业"等多个模块，提升课程体系的合理性，并组织不同教学团队进行研讨，做好课程与课程之间的衔接。通过十年建设，暨南大学组建了 15 个应急管理专业课程教学团队，两门课程被评定为国家级精品课程，应急管理课程体系日趋完善。

在能力和实践层面，暨南大学始终将学生的实践能力培养放在十分重要的位置，通过多形式、多渠道将应急管理实践资源导入人才培养环节。暨南大学公共管理学院/应急管理学院与政府、企业和社会组织广泛联系，建立校外教学实习基地，聘请校外实习实践导师，为应急管理人才培养提供实际的案例教学，以提升应急管理专业本科生的行业知识与领域知识。为强化专业教师和实习实践导师之间的合作，每个校外教学实习基地同时配备专业教师和实习实践导师对学生进行指导，规范实习实践过程，共同成立实习实践管理团队，规范实习内容设计、实习学生管理、实习工作考核，并定期针对校外教学实习等展开专题研讨，不断提高校外教学实习基地的水平。截至 2024 年年底，暨南大学已经建立了 16 个应急管理校外教学实习基地。

（三）多方协同、要素整合的全培养方案

应急管理专业作为暨南大学的特色专业，在学校的高度重视下，以学生的

全方位成长为核心，强化应急管理全培养方案的制订，通过优化培养环节和完善培养流程，将内涵式学科建设和专业发展寓于流程之中。首先，围绕学校的"三三三"制教学管理体系，重视并大力开展专业内涵建设，聚焦"教师""课程""学生"三大要素，运用和关注"教师教学绩效测评系统""教风学风分级预警与处置系统""课堂教学辅助系统"三大系统，积极参与"教学核心团队""课程建设与管理中心""卓越未来创新人才教育计划"三大平台建设，大力开发和培育精品课程。其次，强化教学资源的导入，将粤港澳大湾区各级政府、企业和社会单位实践部门成员邀请进课堂，实现专业教师团队与实习实践导师团队的有机结合。最后，强化过程监督和教学质量控制，通过院系领导检查、教学指导委员会听课和查阅教学档案、教师自评自查、学生评价，多方协同，全景式地评价教师的教学工作，加强评估反馈，不断提升教学质量。

同时，在以课堂教学作为知识体系构建的基础上，暨南大学高度重视学生能力、思维和素质的提升，以解决问题为导向，探索多种类型的教学方式，开展形式多样的教学活动。学院在设计 24 门应急管理专业课程基础上，重点推行案例大赛、三下乡社会调研、"挑战杯"、专业实习相互衔接，以及案例式、问题式、演练式、慕课法等教学形式和方法。学院通过以上教学过程的实施，全面提升"知识—能力—素质—思维"的塑造；通过培养目标实现矩阵来优化课程体系和课程内容，全部学科平台课和专业课都嵌入了批判性思维、问题解决、数理分析和沟通协作的能力培养目标。

三、成果实施的保障措施

（一）健全管理体制，强化制度保障，加大资源投入

为了更好地组织实施应急管理创新人才培养模式，暨南大学设立了应急管理教学指导委员会，对应急管理创新人才培养体系建设中涉及的问题进行专业化决策，统一配置资源，并代表公共管理学院/应急管理学院与各方面建设主体进行协调。为保证应急管理创新人才培养项目的顺利实施，学院建立了一系列的教学管理、教学质量监控制度，实现对课堂、课程、课程模块、课程体系等全面的规范化管理；建立实习实践的管理制度，对校外实习予以规范；在资金保障、人才引进名额等方面全面向应急管理专业建设倾斜，强化资源投入。

（二）打造专业化的教师团队，提升教师的教学水平

应急管理是新兴学科，与灾害学、安全科学与工程、消防工程不同，是以公共安全风险和突发事件作为管理对象的管理学科分支。作为最早开发应急管理专业的学校，在开办专业之初，我们缺乏一支完整的教师队伍。如何建立一支科研水平高、教学能力强、具有跨学科背景的应急管理教师队伍，用最优秀的人培养人，用"懂应急的人"使学生经过四年培养能够"搞应急"，是建设应急管理专业的核心任务。暨南大学公共管理学院/应急管理学院通过"引""培"并举和校内整合，打造12个教学理论先进、教学技能突出的应急管理教学团队。10年来，"引"进海内外优秀博士毕业生，包括美国、日本、中国香港等地的优秀博士毕业生；"培"养现有教师对应急管理工作的研究兴趣，通过资深"带"年轻、"培"训年轻教师、"派"遣教师出国进修、"研"讨教学心得等逐步打造了一支稳定的应急管理教师队伍。依托粤港澳大湾区各级政府和企事业单位应急管理实习实践部门，整合校外资源，通过聘请应急管理实习实践导师，形成实习实践导师团队。公共管理学院/应急管理学院作为专业建设的主体，通过课程讲座、应急管理实习指导、本科生导师制度导入校外实习实践导师资源，形成专业教师团队与实习实践导师团队的协同效应。

（三）以"知识、能力、素质、思维"的全面提升，不断优化培养过程

首先，将应急管理学科知识体系的构建作为基础，通过设置基础课程、专业基础课程和专业选修课程，实现完整的知识体系的塑造，在全国高校率先开办了"应急管理概论""应急决策理论与方法""灾害恢复与重建""应急指挥与协调"等多门应急管理专业基础课程，夯实学生应急管理知识体系的基础。其次，将能力要素的培养作为教学过程的核心，通过开设"社会科学研究方法"等方法类课程，着力提升学生的调查研究和实证分析能力，在教学过程中注重开展案例教学，并通过举办案例大赛，提升学生分析问题的能力；强化实习实践过程的培养，使学生形成从事全过程应急管理事务的实践能力和管理沟通及组织协调能力。最后，通过课堂教学、校外实习等环节，开展案例大赛，鼓励学生参加大学生创新创业大赛、"挑战杯"等，使学生具备解决问题的思维和从事实践工作的素质。

（四）以课程和课堂为中心，推动创新教学方法的全面实施

课堂是学生接受教育的核心场所，高质量的课堂在整个培养过程中具有极

其重要的位置。为改变传统以教师为中心的"满堂灌"的授课方式，暨南大学公共管理学院／应急管理学院以"精彩课堂"建设为核心，探索教学方法，提升课堂质量。首先，教师通过案例分析、小组讨论、演练式教学等多种方式，真正让学生从知识的被动接受者变为课程的重要参与者，让他们在整个教学过程中学会质疑、提问、寻找漏洞、检验证据、组织辩论、转换视角等，提升学生的能力，训练学生的思维。其次，教师以课堂为载体，导入不同类型的资源，通过实验室教学、应急管理干部进课堂分享等多种方式，拓宽学生的知识面，实现校内资源和校外资源的整合。最后，学院通过院领导、系主任、资深教师听课，学生评价课程，教师自我评估等方式，强化课程和课堂的全面质量控制，不断优化课程内容，通过课程考核与评估反馈实现闭环管理，不断推动课程与课堂水平的提升。

四、成果实施的效果

一是创新思维导向的教育理念全面渗透，涌现一批新开设的专业课程、教材、案例，学生培养质量得到显著提升，培养模式得到国内知名高校同行专家的一致好评。

学院打造了 8 个专业教师团队和 2 个校外创业导师团队，新增专业课 40 门、国家级精品课程 3 门，编写教材与译作 15 部，12 位教师到海外研修。此外，通过实施协同育人培养模式，人才培养质量同样得到很大的提升，三分之一的学生能够进入中央政府、粤港澳大湾区各级政府应急管理部门，以及地铁、机场、应急管理专业咨询机构等单位工作。应急管理专业毕业生受到了用人单位的一致好评，普遍反映本专业学生好用、能用。

国内外应急管理教育行业的同行多次来暨南大学交流参观，学习暨南大学应急管理专业建设的经验，也给出了高度评价：理念先进、实施体系完整、立足点高、创新性强；在理论上有创新，在实践上有拓展，受益面广，成效显著，有社会影响；在解决理论知识传授与实践能力培养有效融合问题上，探索出一套行之有效的培养模式；在整合校内资源与校外资源，并将其有效导入培养过程中探索出一套行之有效的办法。暨南大学应急管理专业成果居国内领先水平，具有重要的理论和实践意义，并具有重要的推广价值。

二是构建应急管理专业课程体系和教材体系，并在国内高校产生了巨大影响，发挥了首家开办应急管理专业建设高校的辐射示范作用。

暨南大学应急管理专业目前已开设 25 门应急管理专业课程，形成了具有特色的应急管理专业课程体系。系统组织编写和翻译了全国首套应急管理教材体系，受到其他高校相关专业的热烈欢迎。两门课程获评国家级精品课程。

三是学生应急管理知识结构完整，素质过硬，问题解决能力强，受到了应急管理实践单位和聘用单位的一致好评。

截至 2024 年年底，暨南大学应急管理专业邀请应急管理干部进课堂 30 余场，受众学生达 1500 人次，带动应急管理学习和创新氛围的形成；组织 30 多个团队参加大学生创新创业大赛、"挑战杯"等比赛活动，获得国家与省部级等各类奖项。

气候治理，公管行动：第十七届"挑战杯"全国大学生课外学术科技作品竞赛成果

黄淑芳　林禹津　李　芳　吴　涵　张钰琪

2022 年 3 月，由郑石明教授指导的 2020 级行政管理专业硕士研究生黄淑芳等学生的作品"解释气候治理行动逻辑：广东碳排放权交易政策试点何以有效？"荣获第十七届"挑战杯"全国大学生课外学术科技作品竞赛二等奖。

备赛期间，学校团委与学院领导及教师给予了高度重视与全力支持，全程参与并指导团队作品的打磨与优化。学院团委积极整合校内外资源，邀请多名专家，通过线上和线下相结合的方式，从项目选题、项目培育、项目展示、项目答辩等方面进行了全面系统的培训和辅导，为团队的优异表现奠定了坚实的学术基础。

长期以来，学院秉承"厚德惟新，善治天下"的院训，立足科研育人，注重学生全面发展。学院以科技创新为抓手，秉承科研带动学习理念，激发学生创新潜能。学院通过实施一系列提升学生科研促进学习的计划，如开展学科前沿讲座、组织学术沙龙、举办学术会议等，不仅营造了浓厚的学术氛围，更激发了学生的科研热情与创新潜能，为培养具备深厚理论功底、敏锐问题意识及卓越创新能力的高素质行政管理人才奠定了坚实的基础。此次竞赛佳绩，正是对学院科研育人理念与实践成效的有力证明。

一、项目简介

（一）团队简介

项目名称：解释气候治理行动逻辑：广东碳排放权交易政策试点何以有效？

指导老师：郑石明教授。

团队成员：2020 级行政管理专业硕士研究生黄淑芳、林禹津、李芳，2019 级行政管理专业本科生吴涵、张钰琪。

（二）所获奖项

2021 年 7 月获第十六届"挑战杯"广东大学生课外学术科技作品竞赛二等奖。

2022 年 3 月获第十七届"挑战杯"全国大学生课外学术科技作品竞赛二等奖。

（三）作品简介

应对气候变化是全球共同面对的治理难题。中国作为世界上最大的能源消耗国，碳排放总量居世界首位，其减排行动对缓解气候变化和推动全球气候治理有举足轻重的作用。碳排放权交易政策是气候变化治理体系的重要组成部分，其成效关乎中国能否如期实现 2030 年"碳达峰"与 2060 年"碳中和"的国家自主贡献目标。广东作为全国首批碳排放权交易试点省份，已成为中国第一、世界第三的碳交易市场，其试点建设具有典型性和示范性。本项目对广东试点进行了长达一年的大样本深度调研，采用社会网络分析方法（SNA）对访谈资料及政策文本进行可视化分析，识别各政策子网络。研究发现，多层治理的政策社群、省市共建的府际网络、合作互惠的专业网络和积极响应的生产者网络是广东碳交易试点成功运转的重要动因；多样化政策工具耦合促进各政策子网络的联结互动，是广东碳排放权交易政策绩效提升的重要因素。

本文认为，考察广东省碳交易试点建设典型案例，可视化分析多层治理的政策社群、省市共建的府际网络、积极响应的生产者网络和合作互惠的专业网络，对推动全国碳交易市场的发展具有重要意义。总结多层治理和省市共建模式、政策工具的多样化组合和政策缓冲区的设置等广东碳交易试点经验，对实现中国"双碳"目标，兑现国际承诺，助力"十四五"规划和 2035 年远景目标的实现，推动人类命运共同体的构建具有重大现实价值。

二、主要内容

（一）选题依据

进入 21 世纪，气候变化加剧生态系统失衡，导致生态灾害频发，气候危机深刻威胁人类的生存和可持续发展。作为世界第一碳排放大国，中国的减排行动对缓解全球气候变化有重要意义，也是构建人类命运共同体的必然选择。从哥本哈根世界气候大会到《巴黎协定》，中国积极参与全球气候变化治理。2020 年 9 月 22 日，国家主席习近平在第七十五届联合国大会一般性辩论上郑重承诺，中国将提高国家自主贡献力度，力争在 2030 年前实现"碳达峰"，2060 年前实现"碳中和"。随后，习近平主席在多个国际国内重要会议上重申中国如期实现"双碳"目标的决心，为全球气候治理注入强大的政治推动力。中国"十四五"规划提出更强有力的控排目标，不断推动经济社会向低碳方向加速转型。

2021 年 2 月，全国碳交易市场正式启动，标志着中国进入"十四五"碳达峰关键期和碳中和窗口期。5 月 26 日，中央碳达峰碳中和工作领导小组召开第一次全体会议，兼顾国内和国外两个维度，加强中国"双碳"工作的顶层设计。为有序推进"双碳"工作，广东"十四五"规划配套提出建设"美丽广东"的发展目标，以"碳达峰"为牵引，不断深化市场机制的控排作用。广东作为全国首批碳交易试点省份，交易量及交易额均居全国七个试点碳交易市场首位，配额规模居全国第一、全球第三（仅次于欧盟和韩国）。经过十年探索，广东逐步建成法规体系健全、监管有效、市场主体参与度高的区域碳交易市场。广东试点的成功经验对全国碳交易市场的建设有重要示范意义。

为探究和解释广东气候治理的行动逻辑，本项目的研究问题是：碳排放权交易政策究竟何以有效？碳交易政策体系的运作机制何在？在政策过程中，政策网络如何发挥作用？各子网络如何联络和互动并对政策效果产生影响？本项目深入调查广东省碳交易政策试点发展过程，通过分析试点建设中子网络的多重互动，剖析碳交易试点的运作逻辑，探究影响碳交易政策试点效果的相关因素及其作用机制，从政策网络的视角解读广东碳排放权交易行之有效的关键因素。本项目总结广东经验，为全国碳交易市场的发展提供重要借鉴，助力"碳达峰"及"碳中和"远景目标的实现。

（二）研究思路与调查过程

1. 研究思路

广东的碳排放权交易政策究竟何以有效？为回答此核心研究问题，本项目收集大量政策文本和调研材料并进行梳理，将研究问题、研究方法、研究步骤等进行有机组合，拟定研究思路指导研究实施，确保获得预期成果。

首先，本项目通过访谈相关主体获得大量真实一手材料。其次，采用案例研究法清晰展现广东碳交易市场建设和发展脉络，对政策主体的行动情境及互动过程加以梳理，呈现广东碳交易试点的基本运作逻辑。再次，对政策文本进行收集和编码获得广东碳交易政策体系形成的关键性时间节点；对政策文本进行社会网络分析，归纳出政策参与者行为类型，为多部门参与情景下的政策过程提供基本分析单元，厘清政策过程中的网络和权力关系。最后，以案例分析为基础，与政策主体的访谈相互印证，结合政策网络理论的具体观点，为广东碳交易政策网络的构建提供可靠数据，使研究发现和结论更具解释力。

2. 调查过程

本项目调查过程分为三步：调查准备、调研实施、报告撰写。研究小组充分查阅并学习有关文献资料，确定调查对象并制订详细调研方案，对相关主体进行深度访谈以获取丰富的一手材料，在此基础上撰写调查报告。

研究小组在调查开始前收集并阅读大量文献资料，最终选定具有重要参考意义的广东碳交易市场为研究主题，选择多类政策主体作为调查对象。经过收集资料数据、查看政府公开信息、翻阅企业访谈记录等大量前期准备，本项目针对政府工作人员、控排企业职工、专家学者等不同访谈对象分别设计访谈提纲，并拟订详细的调研方案，包括背景、时间、地点、方式、目标以及进度安排等，为调研的有序开展提供基础。

实地调研是调查工作的中心环节。首先，本项目采用访谈法对广东碳交易政策主体进行深度访谈，获取一手访谈资料并整理成稿；其次，选取试点建设中的关键事件与案例，走访相关部门与单位，调查事件发生的具体情节与发展脉络，形成有价值的案例资料和补充信息；最后，结合大量政策文本，对实地调查过程中获得的资料和数据等进行系统性梳理、综合分析与思考。

撰写报告是对调研活动的正式书面表达。首先，研究小组提出研究问题：广东碳排放权交易政策试点究竟何以有效？并对访谈资料进行系统性梳理，真实呈现广东试点建设中关键事件和政策主体行动特征；其次，采用社会网络分析方法进行可视化分析，对试点中四类政策工具的使用途径及意义做出详细归纳；最后，在对广东试点政策网络进行剖析的基础上，总结广东的成功模式，为全国碳交易市场的建设提供有价值的参考范例。

（三）研究方法

1. 实地访谈

为深入了解广东碳交易试点的建设和发展，研究小组对政府人员及控排企业进行了深入访谈。访谈对象包括制定政策的核心成员，如省直属领导小组、相关主管部门等负责人，以及广东韶钢松山股份有限公司、广州恒运综合能源销售有限公司等代表性企业的负责人。这些访谈不仅提供了宝贵的感性资料，还揭示了政策探索过程中的挑战与解决方案，以及企业参与碳交易的实际情况，为深入研究广东碳交易政策体系奠定了基础。

2. 案例研究

本项目通过案例研究辨识了政策试点的相关行动者，梳理了政策行动者的互动过程，并解释了特定情境下政策行动者的行为选择。案例研究不仅帮助厘清了政策运行涉及的主体，还通过情节和因果机制的展示，揭示了政策行动者之间的相互作用，为理解政策转变和触发因素提供了重要视角。

3. 社会网络分析

本项目采用基于政策文本分析的社会网络分析方法，将政策行动者之间的关系构建为 1 - 模网络和 2 - 模网络，运用 Gephi 0.9.2 软件进行可视化分析。本项目通过分析政策文本，按照年份和发文顺序编码，划分政策试点过程，构建政策与政策行动者的 2 - 模网络及政策行动者的 1 - 模网络，并计算网络特征量。这不仅为案例撰写提供了关键时间节点，还呈现了不同政策子网络，以作为基本分析单元。结合可视化结果、网络特征量和具体案例，识别了网络关系的主次和政策子网络中的权力核心，为获得创新性研究发现和结论提供了有力支持。

（四）广东碳排放权交易政策试点建设与发展

建设碳交易市场是响应党的号召、推动生态文明建设和践行新发展理念的重要举措。在众多试点地区中，广东省碳交易市场表现尤为突出，广东碳交易市场的发展可以概括为四个关键阶段：广东试点逐步落地、首个履约年的探索、探索试点发展之道与试点机制成熟运行。

1. 政府牵头：广东试点逐步落地

在试点逐步落地阶段，广东省政府起到了主导作用，各层级部门紧密联动，为碳交易的落地奠定了坚实基础。通过赴国外考察、国内调研和借鉴先进经验，广东省制订了详细的实施方案，并成立了专门的工作小组。随着碳排放权交易的正式启动，广东碳交易试点正式落地。

2. 曲折起步：首个履约年的探索

首个履约年的探索阶段充满了挑战。政府、行业协会、相关企业和专家等各方共同努力，共建碳配额体系，确保碳交易的顺利进行。控排企业的积极参与为市场注入了活力，但同时也面临了一些企业不配合问题。政府积极与企业沟通，协商解决方案，确保了履约工作的顺利进行。

3. 各方联动：探索试点发展之道

在共同探索试点建设与完善阶段，政府采取了"刚柔并济"的策略。一方面，坚持部分配额有偿发放，倒逼企业转型升级；另一方面，完善配额分配机制，确保公平合理。同时，创新碳交易方式，破解企业融资难题，探索碳普惠模式，彰显广东特色。这些措施有效推动了碳交易市场的健康发展。

企业的转型也在这一阶段发挥了重要作用。通过绿色转型提高减排能力，盘活碳资产促进效益增长，企业不仅降低了碳排放，还实现了经济效益的提升。专家的智慧力量也为碳交易市场的发展提供了有力支持，通过授课培训和专题研讨等形式，共谋低碳发展新思路。

4. 稳扎稳打：试点机制成熟运行

经过多年的努力，广东碳交易试点进入了成熟运行期。政策主体积极参与协同治理，共同探索发展之道，使得碳交易市场体系完善、运作有序、控排有效。然而，对于政府各部门之间、不同层级政府之间以及政府与其他政策主体之间的互动关系和政策工具与方法的使用，仍需进一步深入研究和探索。

总的来说，广东碳排放权交易政策的试点建设与发展取得了显著成效，为全国碳交易市场的推广和完善提供了宝贵经验。未来，广东将继续深化碳交易市场建设，推动绿色低碳发展，为生态文明建设做出更大贡献。

（五）广东碳排放权交易政策网络及其行动逻辑

1. 广东碳排放权交易政策的社会网络分析

本项目采用社会网络分析方法，对2011—2020年广东省碳排放权交易政策进行内容分析和可视化呈现。本项目对51个广东碳交易政策文本进行内容分析，将质性资料转化为编码数据，运用Gephi 0.9.2软件对政策网络进行可视化呈现。社会网络图显示，省发改委、省生态环境厅等政策主体承担相对较大的政策设计和政策运行压力。

政策行动者关系网络方面，政策主体出于私利动机，为实现政策目的不同程度地参与政策过程，联合、集结或博弈对抗呈现出复杂多变的关系特征，构成了不同类型的子网络。借鉴罗茨模式，本项目将政策网络分为政策社群、府际网络、生产者网络、专业网络和公众网络。Ucinet 6 计算的网络特征显示，行动者之间联系紧密，合作活跃。政策社群和府际网络交织紧密，主导政策进程，体现多层政府低碳治理目标的一致性与执行协调。

2. 碳排放权交易政策子网络类型与行动

（1）政策社群：多层治理发挥协调效应。广东建立了多层级碳交易管理体制，从领导小组到专责协调小组，再到市级发展改革部门，形成有序的管理架构。多层治理形式确保了统筹领导、组织协调、政策落实和基层实施的高效运行，充分发挥了各部门的配合效应。

（2）府际网络：省市共建创新试点模式。广东创新提出"省市共建碳交易"模式，即"省管配额，地方管排放"。省级政府负责碳交易机制设计和市场建设，市级政府负责控排企业监管。这一模式调动了地方政府的积极性，加强了重点用能单位的管控，有效压缩了地方政府的博弈空间。

（3）生产者网络：从被动接受到主动参与。随着碳交易体系的完善，试点企业从被动接受转变为主动参与政策制定。企业通过参与政策更新、利用政策利好因素（如技术创新、增值服务机会），实现了从"烧钱"到"抢碳备碳"的转变，提升了政策执行效果。

（4）专业网络：积极发挥智库力量。官方智库、大学智库和民间智库等专业网络在广东碳交易政策制定中发挥重要作用。智库组织和专家群体通过研究、预测和提出建议，为政策制定与实施提供重要参考，推动短期政策与中长期战略相结合。

（5）政策工具：选择由单一到多维。广东碳交易试点采用多种政策工具组合，包括管制型、市场型、引导型和自愿型。政府根据不同主体和情境，灵活运用政策工具"组合拳"，形成了复杂多元的试点网络，为各政策子网络的耦合提供了工具保障。这种多维度的政策工具选择，体现了广东碳交易试点的创新性和灵活性。

（六）结论与对策建议

1. 结论

广东在试点建设过程中，配套使用多种政策工具，形成多元一体的政策网络，搭建合理有效的碳交易市场架构，并在此基础上创新省市共建碳交易的管理体制。

（1）政策子网络间的有效互动缓解博弈压力。不同政策网络的利益妥协

189

与协调合作为广东试点的顺利运行奠定了坚实基础。政策社群层面，省发改委作为核心，引领省市二级管理架构紧密协作；府际网络方面，广东模式通过"省市共建、省管配额、地方管排放"的方式，有效激发了地方政府的积极性，减少了博弈空间，充分利用了地方资源；生产者网络层面，碳排放权交易政策的执行带来了外溢效应，促进了低碳专利的增长，改变了企业的态度，使碳配额被企业视为资产，并提供产业升级的契机；专业网络方面，专家智库深入分析问题并提出解决方案。这些多元主体在政策执行中的互动，形成了多层次、多维度的政策网络，打破了传统的单中心政府模式。多层级的管理体制、省市共建模式以及子网络的融合，是广东碳交易体系成功的关键。

（2）政策工具的组合使用促进多元政策主体耦合。广东采用了一套多维度的政策工具组合，以管制型工具建立外部约束，市场型工具提供激励，引导型工具作为外部支持，自愿型工具激发内在动力。针对多元主体的特性，广东丰富了政策工具类型，促进了政策网络的融合，形成了互联共通的碳排放治理体系。

（3）政策缓冲区的设置消解政策执行阻力。广东通过设定过渡期和缓冲区，为企业提供了适应变化的时间和空间，帮助企业逐步调整资源结构，接受碳配额概念，并将其视为"碳资产"，为更严格的控排挑战做好准备。

2. 对策建议

（1）突破碳交易省际界限，推动全国碳市场建设。为克服省际界限带来的交易障碍，广东积极配合国家，从以下几个方面推动试点市场向全国统一市场过渡：加强碳排放权交易专业人才的培养，扩大培训规模，提升政策主体的全国市场适应能力；制定长远发展战略，结合广东实际情况，规划中长期碳交易市场发展蓝图，围绕"双碳"目标，统筹减排目标与配额总量；妥善处理配额存量问题，保护企业利益，研究平稳过渡方案；强化数据核查责任，确保数据质量，为全国碳市场提供准确可靠的数据支持。

（2）加快碳金融产品创新，促进碳交易产品多样化。为满足"双碳"目标下的大规模绿色低碳投资需求，广东应加快碳金融产品创新，促进交易产品多样化：扩大绿色低碳融资的行业覆盖范围，创新金融产品和服务；发行多样化的绿色债券，提高融资效率；开发碳基金、碳信托等新型碳金融产品，丰富市场选择；发展林业碳汇金融配套服务，利用林业资源促进碳汇开发。

（3）提升低碳技术创新能力，打造绿色发展经济体系。构建绿色发展经济体系，提升低碳技术创新能力至关重要。广东应鼓励高校和科研机构成立低碳技术研究中心，加强科研与市场的对接；能源行业应提高化石能源效率，探索清洁高效能源体系；新经济形态企业应积极参与绿色经济构建，完成技术升级；政府应明确政策导向，设立阶段性目标，推动绿色技术升级，总结推广试点经验，给予政策支持，并逐步将更多行业纳入碳交易体系，同时积极参与国际碳交易市场标准制定。

在摸索中成长，在指导中突破：
大学生课外学术竞赛指导经历

王子成

一、在竞赛中起步，在摸索中指导

指导学生课外学术竞赛是一项富有挑战性但也充满成就感的工作。这项工作不仅需要教师具备学术指导能力，还需要在实践中不断探索和积累经验。作为一名初入职场的青年教师，我的这段经历开始于大学生创新创业训练计划，从最初的懵懂到逐渐摸索出一些规律与心得，其中不仅有学生成长的故事，也有我个人在教学、科研中自我发展的历程。

（一）初次尝试：从"家得意——数字化家具体验系统"开始

2014 年年底，行政管理专业的李友林同学找到我，提出希望我能指导他们的大创项目"家得意——数字化家具体验系统"。这是一个创业训练项目，主打数字化家具体验，希望利用互联网技术为消费者提供全新的家具选购方式。他们的目标是冲击"互联网＋"大学生创新创业大赛。这一请求对我来说既是挑战，也是机遇。那时，我刚刚入职一年，还处于学术生涯的起步阶段，忙于申报课题、发表论文，希望早日晋升副教授。对于课外学术竞赛的指导，我毫无经验可言。

尽管心里有些忐忑，我还是接受了这个任务。一方面，我无法忽视学生的热情，特别是李友林同学的创业热情。他不仅在学业上努力，还在学校创业实验园里兼职，这种实践精神让我备受感染。另一方面，作为一名研究经济学、就业和创业的教师，我觉得参与这类项目也能帮助我将理论与实践相结合。

在指导过程中，我主要帮助团队完善商业计划书，尤其是市场分析部分，这是整个商业计划书的核心之一，关系到项目能否成功落地。我强调团队需要明确项目的市场定位和差异化优势，找到目标用户群体的痛点，并设计出具备竞争力的解决方案。同时，我也提出了具体的投资和财务分析建议，要求团队以数据为支撑，梳理出项目的资金需求和盈利模式。这不仅让他们的商业计划更具说服力，能够征服评委，也为后续与潜在投资人的沟通奠定基础。在此基础上，我还建议团队通过实际运营获取数据，用以支撑盈利计划，增强项目的可行性。这个建议在当时让团队面临不小的挑战，因为实际运营意味着需要付出更多的时间和精力，但也正是这个过程让他们逐步发现了计划书中理论与实践之间的差距。

然而，项目的推进并非一帆风顺。由于团队成员主要是高年级学生，学业压力和时间安排成为制约他们发展的主要瓶颈。在创业训练结项后，团队没能进一步冲击创业大赛，而是选择将项目搁置。这种遗憾在团队负责人李友林同学身上体现得尤为明显。尽管他在项目中展现了极大的热情和能力，最终还是选择了更为稳妥的职业赛道，暂时搁置了他的创业梦想。这让我深刻感受到，学生创业不仅需要创新的想法和清晰的规划，更需要时间和外部资源的有力支持。

尽管结果有些遗憾，但这次经历给我个人的教学实践带来了重要启发。我意识到，在学生创新创业项目中，教师不仅是知识和理论的提供者，更需要成为他们实践中的引路人。在项目推进过程中，学生往往会遇到各种实际困难，包括资源匮乏、团队协作问题以及心理上的挫败感等。教师要帮助他们及时调整方向，找到更合适的解决方案，让他们在挑战中成长。同时，我也认识到，虽然创业项目结果未能达到预期，但在这个过程中，团队成员获得的经验与成长显然更为重要。这样的经历也让我更加意识到，需要在创业竞赛中发挥更主动的作用，不仅要帮助学生完成既定目标，还要鼓励他们以长远的视角看待创业，将其视为提升综合素质和能力的宝贵机会。

（二）再接再厉：从"优服——社会工作服务平台"到小挑铜奖

2015 年，2013 级行政管理专业的彭飞同学找到我，希望我能指导他们参加创业竞赛的项目"优服——社会工作服务平台"。这个项目的创意源于他们对社会工作的深入观察，旨在通过开发一款 App 来解决社会工作服务的供需偏差问题。团队成员包括曾欣、郑开元等同学，他们在项目早期已经完成了公司名称、Logo 的设计和初步的创业计划，甚至对项目的市场定位和社会价值有了明确的认识。这种在创业初期的清晰规划与组织能力，让我对这个团队充满信心，也对他们的项目充满期待。

这个项目让我眼前一亮，不仅因为它切合社会需求，还因为团队展现出的强大执行力。他们敏锐地捕捉到了社会工作领域的痛点，并尝试用技术手段进行解决。当时，社会工作这一领域在广东逐渐受到重视，但其在发展过程中仍面临资源匹配效率低、服务覆盖面不足的问题。而彭飞他们的项目瞄准了这一问题，试图通过智能匹配技术和用户友好型设计，为供需双方搭建一个高效对接的平台。比如，用户可以通过 App 快速找到适合自己需求的社会工作服务，而服务提供方也能通过平台精准定位目标用户群体。这种基于现实问题的创新，既体现了团队对社会现状的敏锐洞察，也展现了他们在项目设计上的实际应用能力。

作为指导老师，我深感自己责任重大。创业竞赛不同于普通的学术竞赛，它需要学生具备综合能力：从创意构想到计划实施，从团队协作到市场推广，每一个环节都需要严密的逻辑和扎实的执行力。在辅导过程中，我首先从商业计划书入手，帮助他们完善内容结构，特别是在市场调研方面。我建议团队补充更多关于社会工作服务现状的数据，并进行更细致的市场细分分析，比如用户画像、服务需求种类以及地域差异性。这些数据不仅为项目提供了理论支撑，也增强了团队在评审环节中的说服力。此外，我还协助他们优化了财务模型，包括成本结构、收益预期以及风险评估，确保项目在创业竞赛中能够展现出可行性和专业性。

在多轮的辅导和调整中，团队逐渐成熟起来。我还特别强调了路演的重要性，这不仅是一种展示，更是对自身思维和表达能力的检验。为此，团队进行了多次模拟路演，从演讲内容的逻辑到表达方式的细节都不断进行了打磨，并积极吸收每一次反馈。团队的努力没有白费。2016 年 6 月，"优服——社会工作服务平台"项目成功晋级"挑战杯·创青春"广东大学生创业大赛的决赛圈，并最终获得了小挑铜奖。这是当时我们学院在创业类项目上取得的最好成绩，也是我个人在指导课外竞赛中一次重要的突破。这个成绩不仅是对团队付出的肯定，也是对我们在项目准备过程中严谨态度的一次验证。

通过这个项目，我对创业竞赛有了更深的理解：创业想法和项目论证固然重要，但项目的持续推进和落地执行更为关键。在创业的道路上，仅有创意是不够的，执行力才是将创意转化为现实的关键所在。就拿"优服——社会工作服务平台"这个项目来说，团队从一开始就注重实际问题的解决方案，并通过不断优化方案、验证计划，逐步将想法落地。同时，我也意识到，创业竞赛与传统的学术竞赛有很大的不同，它的周期往往较长，通常需要几批学生接力完成才能真正取得突破。这不仅考验团队的耐力和合作能力，也需要指导老师具备足够的耐心和经验。特别是在服务类项目中，稳定的运营基础显得尤为重要。服务类项目不同于技术研发类项目，它往往需要与用户建立深厚的信任关系。而信任的建立，离不开初期用户和口碑的积累。项目能够取得初步成功，正是因为团队从一开始就注重用户需求的反馈，并以用户体验为核心进行设计。

创业竞赛为学生提供了一个宝贵的平台，它不仅是理论知识的延伸，更是培养学生综合能力的良好契机。"优服——社会工作服务平台"的成功，不仅是一次创业实践的小小胜利，更是一堂生动的教育课。从团队最初的创意构想到最终站上领奖台的那一刻，见证了学生从稚嫩到成熟的蜕变，同时也让我重新认识了自己作为教师的角色。

（三）总结与反思：从困惑到成长

从 2014 年第一次指导学生课外学术竞赛，到 2016 年获得"挑战杯·创青春"小挑铜奖，我在指导学生课外学术竞赛的路上从懵懂无知逐渐走向成熟。这一路的经历让我意识到，指导学生课外学术竞赛不仅仅是学术上的任务，更是一项跨学科、跨领域的实践。这种实践不仅提升了学生的能力，也让我从中收获了宝贵的经验与反思。以下从学术与实践的结合、团队稳定性的保障和教师角色的多元化三个方面，深入探讨我在指导学生创业项目中的心得与体会。

1. 学术与实践相结合的重要性

在指导学生创业项目的过程中，我逐渐意识到，面对真实的市场环境，学生还需要具备更多的实践经验、市场洞察力和资源整合能力。例如，在指导"挑战杯·创青春"广东大学生创业大赛时，我发现学生团队提出的初期方案虽然在理论上无懈可击，但缺乏对市场需求的深度分析，导致项目的实际可行性不足。面对这种情况，我帮助学生深入调研目标用户，分析市场痛点，并结合行业趋势调整方案。这样的指导不仅让学生认识到理论和实践的差距，也让他们学会在实践中优化理论。

通过这样的经历，我深刻体会到教师的职责不仅是教授知识，更是搭建理论与实践之间的桥梁。在后续的指导过程中，我会考虑邀请行业专家来校开讲座，为学生提供前沿的市场信息。同时，我也鼓励学生走出校园，参与行业展会、企业调研等活动。这些实践机会让学生将书本知识与实际应用相结合，逐步形成完整的创业思维。这不仅提升了学生团队的竞争力，也帮助他们更好地理解创业的本质，增强了他们的信心和实战能力。

2. 持续推进和团队稳定性

创业项目的周期性特点决定了它需要长期的投入和精心的打磨，然而大学生团队往往面临时间和人员流动的双重挑战。在"家得意——数字化家具体验系统"项目的指导经历中，我看到一个具有潜力的项目团队，由于核心成员先后毕业离开，使其陷入停滞。这样的情况并不少见，尤其在毕业季，团队的高流动性成为项目持续推进的主要障碍。为了解决这一问题，后续的创业项目需要建立一种"接力模式"，通过吸纳不同年级的学生参与项目，实现团队的可持续发展。在创业项目中，我们安排大二的学生作为储备队员，从大三学生手中接过项目。他们不仅延续了前期的研究成果，还可能提出新的改进方案。这种模式让项目始终保持活力，同时也为学生提供了一个难得的学习与成长平台。

此外，我逐渐意识到，项目的成功离不开清晰的规划和团队协作管理。在指导中，我引入项目管理的理念，通过制定时间表、明确责任分工以及定期汇报等方式，让团队成员在各自的岗位上充分发挥作用。通过这样的实践，学生学会了如何在复杂的团队环境中协调合作，也提升了他们的责任感和执行力。

3. 教师角色的多元化

在指导学生创业项目的过程中，我逐渐意识到，教师的角色不仅是知识的传递者，更是学生创新创业道路上的伙伴和引领者。我们需要站在学生的立场，理解他们的想法，帮助他们实现目标，同时也要通过这些实践经历丰富自己的学术和教学视野。在指导"优服"和"家得意"项目的过程中，我深刻体会到，我们需要成为学生的支持者、资源整合者，甚至是在关键时刻推动团队前进的引领者。在"优服"项目的推进过程中，学生对平台的盈利模式产生了分歧。一部分成员希望将服务免费开放，通过广告盈利；另一部分成员则倾向于收费模式。为了帮助团队找到平衡点，我组织了一次模拟商业谈判，让学生以不同角色的视角提出意见，以此来解决团队内部的分歧，也让学生学会了从不同利益方的角度思考问题。在"家得意"项目中，我的角色更像是一位技术与市场的"翻译者"。学生团队在开发过程中热衷于技术创新，但忽视了市场的实际需求。我多次引导他们从消费者的视角思考问题，并引导他们了解消费者对家具购买的实际关注点。这种实践让学生认识到，技术创新只有与市场需求相结合，才能真正创造价值。

二、在指导中总结，在探索中突破

（一）学术竞赛探索中实现突破

学术竞赛与创业竞赛有着本质的不同。在创业竞赛中，参赛者需要具备较强的市场敏感度、商业逻辑和实际运营能力，而学术竞赛更强调问题意识、研究方法的严谨性以及理论与实践的结合。在参与课外学术竞赛的过程中，我愈加深刻体会到选题的重要性、规划的必要性和团队合作的关键作用。一次成功的竞赛经历，不仅是团队成员综合能力的体现，更是长时间学术积累与深度思考的结晶。

2014年，我首次接触到农民工住房问题的研究。这一主题缘于我多年对农民工市民化问题的持续关注，其让我意识到，农民工住房不仅是一个社会热点，也是一个具有深远学术意义和实际影响的研究方向。同年，我迎来了我的第一位全日制社会保障专业研究生——郭沐蓉。她的加入成为研究这一问题的起点，也为我日后指导"挑战杯"竞赛取得优异成绩奠定了重要基础。

郭沐蓉在学术研究上展现出了出色的潜力。她对问题的敏感度和深入思考能力使得我们的合作颇具成效。从2014年起，她便开始系统地跟踪农民工住房问题，包括相关文献的梳理和数据的收集。这一过程虽然琐碎，但极其重要。学术研究的价值很大程度上取决于数据的真实可靠和文献的翔实全面，而这些早期的积累，为后续研究的深入开展铺平了道路。

随着研究的推进，我们逐渐发现，农民工住房问题不仅仅是简单的社会现象，且深刻影响着城市化进程和社会的公平与稳定。到研究生二年级时，郭沐蓉在研究方向上进一步聚焦，将"住房实现模式对农民工城市融入的影响"作为主要关注点。这一选题不仅抓住了学术前沿，还具备强烈的现实针对性。选题是至关重要的一步，一个好的选题不仅要切中社会热点，还需具备学术创新性。研究以此为突破口，从农民工的住房实现模式出发，探索其与城市融入之间的内在关系。这一思路的确立，为团队在学术竞赛中脱颖而出奠定了坚实基础。

在研究选题明确之后，科学的规划和合理的分工显得尤为重要。郭沐蓉带领周易等师弟师妹分阶段开展研究，从政策分析到实地调研，再到数据处理，每一步都经过精心设计。比如，在实地调研环节，团队深入多地，与农民工、社区居民及相关政策制定者进行了广泛交流，获取了大量一手资料。这种扎实的调研不仅增强了研究的真实性，也使团队对问题的理解更加全面。

通过严密的研究和持续的努力，团队取得了突破性的成果。2017年7月，他们在第十四届"挑战杯"广东大学生课外学术科技作品竞赛中获得特等奖。同年11月，他们又在第十五届"挑战杯"全国大学生课外学术科技作品竞赛中斩获一等奖。这些荣誉不仅是对团队努力的肯定，也体现了整个指导过程中的深思熟虑和实践中的探索。

这些成绩的背后，其实蕴含着许多不为人知的挑战。竞赛期间，我们遭遇过数据不足、时间紧迫等困难。比如，在研究模型的构建过程中，关于如何量化"城市融入"的指标，团队内部曾有过较大分歧。最终，我们通过多次讨论和请教，利用因子分析法和模糊集理论相结合，将城市融入划分为经济融入、社会适应、心理认同和文化接纳四个维度，从而建立了更加完善的分析框架。这不仅提升了研究的说服力，也为后续竞赛取得好成绩奠定了坚实基础。

在整个过程中，我作为指导老师的角色也在不断调整。从选题的把控到研究框架的设计，再到竞赛方案的打磨，我既是方向的指引者，也是学生的支持者。我深知，学术竞赛的意义并不局限于结果，更在于学生在这一过程中获得的成长。

（二）经验总结：选题切合热点，规划决定成败

1. 选题切合热点：学术与实践相结合

选题是学术研究的起点，直接决定了研究的深度和广度。"挑战杯"竞赛要求学术研究具有前沿性和现实意义，而新型城镇化背景下农民工的城市融入问题无疑是一个具有重大实践意义的学术热点。在城镇化快速推进的过程中，农民工融入城市的过程不仅仅是经济层面的适应，更包括社会、文化、心理的多维融入，而住房问题是其中的核心议题。

指导过程中，我深知选题的重要性。在与学生讨论选题时，我始终强调要从社会需求出发，将学术研究与现实问题相结合。郭沐蓉团队选择"住房实现模式对农民工城市融入的影响"作为研究方向，不仅是对社会热点的精准把握，也是对学术前沿的积极探索。这一选题切中了政策制定者、学术研究者以及普通民众的共同关切，为团队在学术竞赛中脱颖而出奠定了良好的基础。

2. 提早谋划：有条不紊地规划与执行

学术竞赛的成功绝非一朝一夕之功，而是长时间积累与持续努力的结果。

从郭沐蓉 2014 年开始关注农民工住房问题，到 2017 年"挑战杯"竞赛获奖，整个过程跨度长达三年。其中的每一步，既有对研究方向的深耕细作，也有对竞赛要求的精细化准备。

提早谋划是取得成功的重要因素。"挑战杯"竞赛有明确的规范和流程，需要参赛团队从选题、调研、分析到写作、路演，都按照既定的时间节点稳步推进。在指导过程中，我与团队制订了详细的计划，为文献梳理、实地调研、数据清理、计量分析和政策重构等各个环节都限定时点，保证按节点完成，之后就是打磨路演和答辩环节。通过严格的时间管理和任务分工，团队得以在竞赛中从容应对各种挑战。

3. 团队合作：整合力量实现目标

学术竞赛并不是个人的战斗，而是一个团队的合作过程。从调研设计到数据搜集，从报告撰写到路演答辩，每一个环节都离不开团队成员的默契配合。在郭沐蓉团队中，成员不多，但是每个人都有明确的职责分工：负责数据搜集和整理，负责文献查阅和写作，负责个案分析等。作为指导老师，我在团队合作中扮演了重要的协调角色。通过召开团队会议，我帮助学生梳理研究思路，解决技术难题，同时也在团队内建立了相互信任和支持的良好氛围。这种融洽的团队文化不仅有助于竞赛的顺利进行，也让学生在合作中学到了宝贵的经验。

（三）从学术竞赛到科研创新：探索与突破的持续积累

"挑战杯"竞赛的成功不仅是对我们研究能力的肯定，也是对科研探索的一次激励。学术竞赛是学生创新能力和科研潜力的展示平台，更是促进理论研究与实践结合的重要契机。在探索的过程中，我逐渐认识到，科研创新需要在理论和实践之间找到平衡点，而学术竞赛正是这样一个培养创新能力的试验场。

在"挑战杯"竞赛之后，我进一步深化了对农民工住房问题的研究，结合新型城镇化的政策背景，提出了系统化的住房支持模式。这些研究成果不仅丰富了学术理论，也为政策制定者提供了有益的参考。与此同时，我开始鼓励更多学生参与学术竞赛，培养他们的问题意识和创新能力。通过多年的努力，我带领的团队在"挑战杯"、"互联网＋"大学生创新创业大赛等学术竞赛中取得了一系列成绩，形成了"以学术促实践，以竞赛促成长"的良性循环。

三、在前进中内卷，在内卷中前行

（一）初心与实践：学术竞赛的新起点与再突破

2017 年，我所带团队在"挑战杯"全国竞赛中获得了一等奖，这标志着一次意义深远的学术之旅的开始。随后的几年，我更加深度参与到指导学生课外学术竞赛的工作中，不断推动学生参与更多的创新项目和学术活动。回顾这些年来的实践，每一个项目的落地和每一份成果的取得，都在不断加深着我对"在内卷中如何突围"的理解与思考。

我们指导的学生团队完成了一系列具有社会价值和学术意义的大创项目。例如，2019 年的省级大创项目"政府购买服务方式能否真正实现老有所养——基于广州市石牌家综的调查分析"，尝试从政府政策切入，以微观视角探讨民生问题。这不仅是对养老模式的一次深度调研，也是一堂生动的实践课程。2024 年的省级大创项目"以支点撬动区域管辖：全域治理的运行机制与创新模式——以广州市广州塔景区为例"，从城市治理的角度，探讨复杂空间中资源整合与协调的机制。这些项目聚焦社会热点，兼具理论深度与实践意义，帮助学生在"内卷"的学术竞争中探索出更为明确的方向。

尤其值得一提的是，我指导的研究生团队项目"老有所乐如何可为？孝养文化、社会保障与农村老年人生活幸福感——以粤东地区 L、G 镇为例"还获批 2019 年广东大学生科技创新培育专项资金项目（"攀登计划"专项资金）。在这个项目中，我们以细致的田野调查为基础，探讨农村老龄化背景下养老保障的创新路径。深度分析孝养文化与社会保障的交汇点，这一研究既是对传统文化的传承，也是对当代社会问题的回应。

（二）从学术竞赛到科研结合：内卷与突围的实践

在指导学生课外学术竞赛方面，我们也投入了大量精力，试图在学术实践中寻找突破点。比如，2021 年指导完成的"在迷茫中奔跑：外卖员职业风险与职业伤害保障研究"获得了"挑战杯"特等奖。这项研究聚焦新兴职业群体，以外卖员为研究对象，通过数据分析与实地调研揭示了他们在职业发展中面临的挑战，特别是职业风险与健康保障的薄弱环节。同年完成的另一项目"谋生之计，劬劳之痛：自雇农民工健康状况与健康保障调查"也获得了三等奖。两项研究从不同视角剖析了社会保障体系的漏洞，为未来政策设计提供了切实依据。

2023 年，我们指导的"晚岁身何托：农村养老服务分层分类供给体系及优化路径"在第十七届"挑战杯"竞赛中荣获一等奖。这一项目不仅延续了我们对养老问题的关注，更是在理论和实践的结合上有了更进一步的创新。通过对农村养老服务体系进行分层分类的梳理，我们提出了优化供给的具体路径，使研究成果具有较强的实践指导价值。

在这些项目的指导过程中，我有以下几点心得：

1. 选题为王

无论是学术竞赛还是科研项目，选题始终是决定成败的关键。在我所指导的多个学术竞赛项目中，选题的精准性和前瞻性一直是我们取得成功的基础。一个具有社会价值且富有研究潜力的选题，不仅能够激发学生的兴趣，更能为团队提供创新的突破点，帮助他们在竞争中占据优势。例如，在 2021 年指导学生完成的"在迷茫中奔跑：外卖员职业风险与职业伤害保障研究"中，对外卖员这一新兴职业群体的研究，既紧扣了社会现实，又填补了学术领域中的空白。这一研究聚焦外卖员面临的职业风险与健康保障问题，这些问题不仅关乎劳动者的权益保障，更影响到城市劳动力的整体安全性与健康水平，具有极高的社会价值。类似地，我们长期关注社会保障、养老服务与城市治理等领域问题，这些问题贴近现实，既能提供丰富的学术研究素材，又与当前社会发展方向息息相关，具有深远的学术与实践意义。正是通过精准的选题，我们才能在"挑战杯"等学术竞赛中获得优异成绩，为学生的学术生涯奠定坚实的基础。

2. 科研与学术竞赛的结合

过去，学生的调研活动往往局限于数据收集和案例分析，许多研究项目难以突破现有成果的桎梏，往往缺乏创新性和实用性。然而，我们将教师的科研方向与学生的竞赛选题有机结合后，这一问题得到了有效改善。通过将教师的科研资源和课题成果引入竞赛项目，我们不仅提高了研究的深度和质量，也实现了学术价值与社会价值的有机统一。例如，在"谋生之计，劬劳之痛：自雇农民工健康状况与健康保障调查"项目中，我们充分利用了我在社会保障领域的科研积累，结合学生的实际调研工作，使研究成果更具实证性和深度。通过数据分析、实地调研与政策解读，我们对自雇农民工群体的健康保障现状进行了全面的揭示，为未来的政策设计提供了有价值的参考。

这种结合不仅提升了学术研究的质量，也使学生在学术实践中获得了更多的经验和能力。这表明，教师的科研工作与学生的学术竞赛相互促进，为研究提供了更为坚实的基础。

3. 学科交叉与新工具的引入

面对"内卷化"严重的学术竞赛环境，单一学科的研究方法往往难以实现创新，因此学科交叉成为突破瓶颈的重要途径。在指导学生时，我始终强调跨学科合作的重要性，鼓励学生结合社会学、经济学、技术学等领域的理论与方法，推动学术研究向更深层次、更广领域拓展。例如，在"晚岁身何托：农村养老服务分层分类供给体系及优化路径"项目中，我们将社会保障学与老龄学、城乡规划等学科相结合，全面分析农村地区养老服务的供需关系，提出分层分类供给体系，旨在为政策制定提供实际的优化路径。此外，我还鼓励学生在研究中引入新工具，尤其是在社会研究领域，新的数据分析工具和技术的应用可以极大提升研究的时效性和创新性。例如，利用人工智能技术进行大数据分析，可以帮助我们快速识别社会问题的关键因素，从而为学术研究提供更多维度的视角。通过学科交叉与新工具的引入，我们能够在学术竞赛中实现更具竞争力的创新成果。

4. 团队建设与提前规划

学术竞赛和科研项目的成功离不开一个稳定而高效的团队。在指导学生参与课外学术竞赛时，我特别重视团队成员的选择与协作。在"在迷茫中奔跑：外卖员职业风险与职业伤害保障研究"和"谋生之计，劬劳之痛：自雇农民工健康状况与健康保障调查"项目中，团队成员的角色分工明确，既有擅长数据分析的成员，也有具备理论研究基础的成员，这种互补性的团队配置大大提高了研究效率和质量。此外，团队的协作精神和良好的沟通机制也是成功的关键。在项目的初期，我就强调了每个成员的责任与任务，并对研究的每一个环节进行了精细规划，包括选题、调研、数据分析、论文撰写等，每一环节都确保团队成员紧密配合，以使项目顺利推进。尤其在"晚岁身何托：农村养老服务分层分类供给体系及优化路径"项目中，我们提前规划了研究的阶段性目标和具体时间安排，确保了项目按时完成并高质量地呈现成果。在学科评估和一流专业建设的大背景下，课外学术竞赛逐渐成为高校教学质量的重要衡量标准，因此只有有意识地提前布局，才能在激烈的竞争中占据主动地位。在团队建设中，我鼓励学生培养解决问题的能力，强调创新思维与团队协作的有机结合，确保了竞赛项目的最终成功。

（三）内卷中的前行：应对策略与启示

尽管内卷带来了诸多挑战，但它也倒逼我们探索新的路径，寻找突破口。在指导学生过程中，我尝试采取以下策略来应对内卷化的困境：

1. 聚焦社会需求，创新选题方向

在项目选题时，我始终关注社会现实问题，并结合学生的兴趣和能力，选择具有潜在学术价值和社会影响力的主题。比如，外卖员职业风险、农村养老服务等选题，不仅贴近社会热点，也为研究提供了丰富的素材。

2. 推动学科交叉与技术融合

在内卷环境中，单一学科的研究方法已难以满足竞赛要求。为此，我鼓励学生尝试跨学科合作，并积极引入 AI、大数据等技术工具，以增强研究的创新性和深度。

3. 构建团队文化，提升协作效率

一个优秀的团队是成功的基石。在项目实施过程中，我注重团队成员的分工协作，并通过定期讨论和反思提升团队的整体效率。此外，我还注重培养学生的学术兴趣和研究能力，使他们在完成项目的同时收获成长。

4. 合理分配资源，强化过程管理

为应对资源有限的挑战，我尝试在项目早期进行充分规划，并在资源分配上做到精细化管理。例如，通过合理安排调研时间和经费使用，提高资源的利用效率。

四、在期待中前进，在前行中成就

指导学生参与学术竞赛是一项富有挑战但也充满成就感的工作。在这一过程中，我深刻体会到，作为指导老师，不仅要传授知识，还要引导学生学会思考问题、解决问题。这一过程是一种双向的学习与成长：通过与学生共同探讨、实践，我也在不断反思自己的研究重点和研究思路，提升自身的学术水平与实践能力。

指导学术竞赛要求教师时刻保持对学术前沿的敏感性，积极跟踪学科领域的新发展，及时更新自身的知识储备。学术竞赛的研究课题往往是当前社会中的热点问题，这要求指导老师不仅要掌握传统的学科知识，还要了解和研究各类社会现象，思考如何将学术研究与现实问题紧密联系。这不仅是对学生的要求，也是对教师的挑战。如何将学科理论运用到具体的社会问题中，如何借助新兴工具和方法为学术研究提供新的视角，成为我在指导过程中不断探索的重要方向。

同时，学术竞赛的指导也需要注重学生实践能力的培养。学术研究不仅仅是桌面上的理论推演，更是面对现实问题时的分析和解决。尤其是在当前的学术竞赛环境中，学生的实践能力与创新能力尤为重要。通过调研、数据分析、团队协作等实际操作，学生能够将所学知识转化为实践成果，在实践中锻炼解决问题的能力。以我指导的"在迷茫中奔跑：外卖员职业风险与职业伤害保障研究"项目为例，学生通过大量的实地调研和数据收集，揭示了外卖员群体的社会保障空白，最终提出了切实可行的政策建议。这一过程中，学生不仅锻炼了数据分析和实地调研能力，还学会了如何将学术研究与社会需求结合，为社会政策提供有价值的参考。

未来，我希望能进一步探索多学科交叉研究的方法，将社会保障、城镇化、乡村振兴等重点领域与人工智能、数据科学等新兴学科相结合，拓宽学生的研究视野，为学生提供更多元的研究方向。学科交叉可以帮助学生突破传统学科框架的局限，从更广阔的视角去思考和解决复杂的社会问题。例如，结合AI技术与社会保障研究，不仅可以为传统的社会保障政策提供数据支持，还能为新兴领域提供创新性的解决方案。此外，跨学科的研究方法也能够培养学生的综合素质，提升他们应对复杂问题的能力。

我也计划继续深化对学术竞赛指导模式的研究，并通过总结经验、分享案例，为更多教师提供参考和借鉴。学术竞赛的成功不仅仅依赖于选题的创新与团队的协作，教学方法和指导模式的优化同样至关重要。通过反思与总结，我们可以探索出更为高效的指导模式，将更多的优秀经验与其他学科领域共享，进一步提高教师学术竞赛指导水平。这不仅能帮助学生更好地应对竞赛，也能推动高校教育教学方法的创新和发展。

总结而言，指导学生参加学术竞赛既是一次知识的升华，也是一次自我成长的过程。通过与学生的互动与合作，我不断反思和调整自己的指导策略，在探索中获得突破。我深信，教育的意义不仅仅在于知识的传授，更在于培养学生的思维方式和解决问题的能力。而这种培养，正是在学术竞赛这一平台上得到了充分的体现。

展望未来，尽管学术竞赛和科研活动的内卷化问题仍在持续，但我们有理由相信，通过合理规划与创新实践，完全可以在内卷中找到前行的方向。学术竞赛并非简单的竞争，它是知识积累、思维碰撞和社会实践的有机结合，是激发学生创新精神的温床。未来，我计划进一步优化指导模式，探索更多学术与实践相结合的路径，帮助学生在这一过程中获得更深刻的学术素养和社会责任感。通过这些努力，我相信我们的学术竞赛将不仅仅是一个竞技场，而是一个推动学术创新与社会发展的重要平台，将为未来培养更多具有创新精神和实践能力的优秀人才。

南村读书社：知识的汇聚与思想的碰撞之旅

张佳玲　谢芷蕾　郑淳丹　陈贵梧

一、南村读书社简介

暨南大学公共管理学院/应急管理学院南村读书社（以下简称"南村读书社"，社徽如图 1 所示）最初由时任副院长胡辉华教授提议创办，于 2016

图1　南村读书社社徽

年在暨南大学南校区正式成立，至 2024 年已成立至第八届。南村读书社是学院本科生群体的一个综合与多元交流学习平台，它充分利用学院的各种优质资源向学院本科生开展各类与读书相关的活动，如读书分享会、读书报告会和征文比赛等。我们通过访谈初创人员、查找文献资料与新闻报道，已较全面地收集了南村读书社的相关信息，并进行了归纳与整合。在此，本文将围绕南村读书社的成立初衷、发展历程、成果与展望三个方面对其进行详细介绍。通过这一系统性的梳理，本文旨在为后续南村读书社的组织发展、活动策划及影响力提升提供经验与指导。

二、成立初衷

南村读书社的创办，源自胡辉华老师对时代需求的深刻洞察与对教育本质的执着追求。胡老师在本科阶段便发现，周围的学生普遍缺乏读书的习惯。由于自身的教学经历，他深刻体会到，仅仅依靠课堂上教师的教学，很难真正提高学生的思维能力，"读书作为学习的另外一种方式和课堂教学不一样。你在读书的过程中，可以一边读一边想"。

基于这样的认识，胡老师在指导学生的过程中，开始着重强调读书的重要性。他亲自为学生开出书单，并要求他们定期提交读书报告。通过这些努力，学生不仅在读书的过程中收获了知识，而且逐渐提高了思维能力和写作能力。

渐渐地，胡老师萌生出创办读书会的想法。他希望通过这样一个充满学术氛围的平台，吸引更多的人参与读书、爱上读书，也方便学生共同探讨知识、碰撞思想。同时，胡老师希望通过南村读书社鼓励学生多读书、多思考，以培养出真正"开口能说，提笔能写，遇事能做"的公管人。这就是胡老师创办南村读书社的最大初衷。

胡老师表示（见图2），他期望南村读书社能够成为一个有活力的社团，产生更大的影响力，让学生的思维能力、写作能力和表达能力等得到锻炼与提升，早日成为具有真正公共管理素质的人才。

图 2　胡辉华老师接受采访

三、发展历程

（一）组织发展概况

在 2018 年之前，公共管理学院/应急管理学院学生都在南校区就读，因暨南大学南校区坐落于新滘和南村之间，"南村"一词朗朗上口、富有韵味，故胡老师与其他师生共同为该社团取名为南村读书社，成立初期成员合照如图 3 所示。

南村读书社一直以来

图 3　南村读书社成立初期成员合照

都由行政部、活动部和宣编部三个部门组成。行政部主要负责后勤工作、财务管理、书库管理和人力资源管理。后勤工作包括管理常备物资、制作文书、记录会议以及协助活动准备等工作；财务管理包括购买与报销物资、收集发票、整理物资清单和计算活动预算等工作；书库管理包括收集与统计捐书书目、管理书籍出借等工作；人力资源管理包括考核社团成员绩效和考勤等工作。

活动部主要负责活动策划、活动举办的前期与后期工作，以及活动归档。活动策划包括撰写活动目的、明确活动内容和活动要求等工作；活动举办的前后期工作包括联系老师、建立选手群、确认活动开展时间、制作签到表等工作；活动归档包括整理和存档评审结果、签到表、照片等工作。

宣编部主要负责活动采编和活动宣传。活动采编包括拍摄活动现场、撰写新闻稿、制作微信公众号推文（包括招新、活动预告、选手招募、活动回顾等推文）、设计海报和剪辑招新视频等工作。活动宣传包括撰写宣传文案、利用新媒体平台转发活动信息和分发宣传海报等工作。

截至 2024 年，南村读书社已累计创办八届，也经历了八次换届会议，在这八届成员的共同努力下，该社团部门分工清晰、成员合作高效，连续八年成功举办了读书报告会和读书分享会等各种学术活动，获得学院教师和学生的一致好评。表 1 为南村读书社历任社长名单。

表 1　南村读书社历任社长一览

成立届数	社长
第一届	向东
第二届	向东、邓世康
第三届	施子璇、黎佩君（副社长）
第四届	陈怡欣、周文倩（副社长）
第五届	周灵芳
第六届	李若雨
第七届	苏莉
第八届	谢芷蕾、郑淳丹（副社长）

（二）活动开展情况

南村读书社自成立以来，每学期定期举办活动，吸引了学院大量不同年级的本科生加入，并邀请学院优秀教师分享阅读书目，以及接受众多公共管理和应急管理领域的专家学者进行学术指导。学生的积极参与为南村读书社带来了新鲜血液和活力，教师的分享确保了讨论的深度和广度，专家学者的加入则为南村读书社提供了专业的视角和独到的见解。各位师生、专家的参与不仅丰富了南村读书社的活动内容，而且共同促进了跨学科、跨领域的交流与合作。表 2 为南村读书社历年举办的活动汇总。

表 2　南村读书社历年活动汇总

年份	活动类型	活动期数	分享嘉宾/邀请教师	分享者所属单位	分享主题/书目
2017	读书报告会	1	张宝龙、李济翔	暨南大学公共管理学院/应急管理学院学生	《探索现代社会的起源》
2017	名师大讲堂	1	白锐	暨南大学公共管理学院/应急管理学院教授	"书中自有怕与爱：读书思考与书评"
2017	读书报告会	2	黄曦、吴志锴	暨南大学公共管理学院/应急管理学院学生	《乡土中国》
2017	"力航杯"读书心得征文比赛	1	孙家佳、胡辉华、钟国浩	暨南大学公共管理学院/应急管理学院教授；广州力航培训有限公司负责人	"阅读筑梦，读书心得"
2017	读书报告会	3	吴远星、杨华杰	暨南大学公共管理学院/应急管理学院学生	《稀缺：我们是如何陷入贫穷与忙碌的》
2017	晨读训练营	1	暨南大学公共管理学院/应急管理学院学生	暨南大学公共管理学院/应急管理学院学生	
2018	"力航杯"读书心得征文比赛	2	暨南大学公共管理学院/应急管理学院学生	暨南大学公共管理学院/应急管理学院学生	"悦读·筑梦"
2018	读书报告会	4	庄丽贤、黎佩君、梁夜桑、张宝龙、邓世康、何钰妍	暨南大学公共管理学院/应急管理学院学生	《一九八四》

（续上表）

年份	活动类型	活动期数	分享嘉宾/邀请老师	分享者所属单位	分享主题/书目
2018	公共管理论坛	1	蔡立辉	暨南大学公共管理学院/应急管理学院教授	"全球化与逆全球化背景下公共管理的学科取向"
2018	公共管理论坛	2	龚斌	武汉理工大学、广东海事局	"从随机漫步到黑天鹅——风险研究与管理"
2018	公共管理论坛	3	李伟权	暨南大学公共管理学院/应急管理学院教授	"区块链技术在公共服务与公共管理中的应用与创新"
2018	晨读训练营	2	暨南大学公共管理学院/应急管理学院学生	暨南大学公共管理学院/应急管理学院学生	
2018	读书交流会	1	白锐	暨南大学公共管理学院/应急管理学院教授	"学会阅读，品味人生"
2018	公共管理论坛	4	于君磊	暨南大学公共管理学院/应急管理学院教授	"论文，到底应该怎么读"
2018	公共管理论坛	5	洪艾阳	密歇根大学学者	"境外慈善事业在中国活动的本土化：福特基金会的案例"
2018	公共管理论坛	6	庞素琳	暨南大学公共管理学院/应急管理学院教授	"大学生安全管理与巴拿赫'一键求教'应用"
2019	"力航杯"读书心得征文比赛	3	暨南大学公共管理学院/应急管理学院学生	暨南大学公共管理学院/应急管理学院学生	"力航杯"
2019	晨读训练营	3	暨南大学公共管理学院/应急管理学院学生	暨南大学公共管理学院/应急管理学院学生	

（续上表）

年份	活动类型	活动期数	分享嘉宾／邀请老师	分享者所属单位	分享主题／书目
2019	读书报告会	5	吴远星、杜立鹏	暨南大学公共管理学院／应急管理学院学生	《小镇喧嚣》
2019	公共管理论坛	7	唐攀	暨南大学公共管理学院／应急管理学院教授	"城市应急联动与指挥"
2019	晨读训练营	4	暨南大学公共管理学院／应急管理学院学生	暨南大学公共管理学院／应急管理学院学生	
2019	论文训练营	1	陈贵梧	暨南大学公共管理学院／应急管理学院教授	"如何进行论文选题与撰写：simple but not easy"
2019	辩论赛	1	暨南大学公共管理学院／应急管理学院学生	暨南大学公共管理学院／应急管理学院学生	
2019	论文训练营	2	于君磊	暨南大学公共管理学院／应急管理学院教授	"如何做文献综述——重新审视 review"
2019	辩论赛	2	暨南大学公共管理学院／应急管理学院学生	暨南大学公共管理学院／应急管理学院学生	社会进步主要是由精英／大众推动；学者更应该融入社会／书斋
2019	读书报告会	6	翁镇豪、庄丽贤	暨南大学公共管理学院／应急管理学院学生	《使民主运转起来》
2019	论文训练营	3	胡辉华	暨南大学公共管理学院／应急管理学院教授	"如何做质性研究"
2019	读书会	1	李晓晓；陶卓钊	暨南大学公共管理学院／应急管理学院学生；中山大学政治与公共事务管理学院政治传播学硕士	《乌合之众》

211

（续上表）

年份	活动类型	活动期数	分享嘉宾/邀请老师	分享者所属单位	分享主题/书目
2019	论文训练营	4	林文亿	暨南大学公共管理学院/应急管理学院教授	"如何进行定量研究"
2020	"力航杯"读书心得征文比赛	4	暨南大学公共管理学院学生	暨南大学公共管理学院/应急管理学院学生	"力航杯"
2020	读书报告会	7	张新丽、李敏佳、田锦画、王露寒	暨南大学公共管理学院/应急管理学院学生	《鼠疫》
2020	读书报告会	8	李闯、周文倩、彭宇琳	暨南大学公共管理学院/应急管理学院学生	《习近平的七年知青岁月》
2020	"挥笔尽书香"征文比赛	1	暨南大学公共管理学院/应急管理学院学生	暨南大学公共管理学院/应急管理学院学生	"挥笔尽书香"
2020	"力航杯"读书心得征文比赛	5	廖泽舜、何晓雯、潘烨欣、陈怡欣	暨南大学公共管理学院/应急管理学院学生	"力航杯"
2020	名师大讲堂	2	王磊	暨南大学公共管理学院/应急管理学院教授	"阅读技巧分享会"
2020	读书报告会	9	暨南大学公共管理学院/应急管理学院学生	暨南大学公共管理学院/应急管理学院学生	《使民主运转起来》
2020	诗歌投稿	1	暨南大学公共管理学院/应急管理学院学生	暨南大学公共管理学院/应急管理学院学生	"为你写诗，再见2020"
2021	诗歌投稿	2	暨南大学公共管理学院/应急管理学院学生	暨南大学公共管理学院/应急管理学院学生	"为你写诗，你好2021"
2021	"力航杯"读书心得征文比赛	6	暨南大学公共管理学院/应急管理学院学生	暨南大学公共管理学院/应急管理学院学生	《乡土中国》《共产党宣言》《公共事物的治理之道》等

（续上表）

年份	活动类型	活动期数	分享嘉宾/邀请老师	分享者所属单位	分享主题/书目
2021	书社自习室	1	暨南大学公共管理学院/应急管理学院学生	暨南大学公共管理学院/应急管理学院学生	"读书＋电影打卡""晨读打卡""学习打卡"
2021	经典品读活动	1	个人投稿、本科生党支部"1＋3＋1"小组或班级、自由组队	暨南大学公共管理学院/应急管理学院学生	《中国共产党党史》
2021	"启航之路"学术竞赛工作坊	1	李阅、杜立鹏	暨南大学公共管理学院/应急管理学院学生	"挑战杯"经验分享
2021	辩论赛	3	暨南大学公共管理学院/应急管理学院学生	暨南大学公共管理学院/应急管理学院学生	"如何正确面对人生中的障碍""平凡生活中的温情与感动""青年如何担负起时代使命"
2021	"启航之路"学术竞赛工作坊	2	郑薇	暨南大学公共管理学院/应急管理学院学生	大赛经验分享
2021	演讲比赛预热培训讲座	1	孙朝阳	暨南大学公共管理学院/应急管理学院教授	演讲经验分享
2021	"大创"动员宣讲会	1	林文亿、魏紫妍	暨南大学公共管理学院/应急管理学院教授、学生	"大创"动员
2022	"力航杯"读书心得征文比赛	7	暨南大学公共管理学院/应急管理学院学生	暨南大学公共管理学院/应急管理学院学生	《乡土中国》《共产党宣言》《公共事物的治理之道》等

（续上表）

年份	活动类型	活动期数	分享嘉宾/邀请老师	分享者所属单位	分享主题/书目
2023	读书报告会	10	马绍枫、谭童、罗嘉怡、方泽欣、陈思洁、兰婷	暨南大学公共管理学院/应急管理学院学生	《自杀论》《新教伦理与资本主义精神》《卓有成效的管理者》《集体行动的逻辑》《公共事务的管理之道》
2023	演讲比赛预热培训讲座	2	祖晴	中国儿童戏剧研究会理事	演讲经验分享
2023	读书分享会	1	王子成	暨南大学公共管理学院/应急管理学院教授	《向心城市》
2024	读书报告会	11	朱火云	暨南大学公共管理学院/应急管理学院教授	《福利资本主义的三个世界》
2024	读书报告会	12	陈贵梧	暨南大学公共管理学院/应急管理学院教授	《叫魂》《自杀论》《娱乐至死》等

南村读书社举办的活动类型主要有三类：主题分享会、读书分享会和读书报告会，下面将对每种活动结合实践案例详细进行介绍。

1. 读书分享会

读书分享会主要分为线上书籍阅读与线下茶话会分享两个环节。书籍阅读环节让参与活动的学生在指定时间内完成教师推荐书籍的阅读。茶话会分享环节则邀请推荐书籍的教师与完成阅读的学生参加茶话会，由教师主导进行阅读分享。

读书分享会通过邀请学院教师分享他们的阅读心得体会，以实现知识的共享与传播。

在第一届读书分享会中，王子成教授用简明易懂的话语将《向心城市》的核心概括为两个章节（见图4），即"就业、居住与通勤"和"活力、宜居与和谐"，声情并茂地为我们展示了当代中国城市的发展方向，带学生走近都市天际线的幕后，丰富了学生的经济知识、城市常识和人文知识，为普及向心城市规律、激发学生社会热情提供了宝贵的帮助。

图4 《向心城市》读书分享会

2. 读书报告会

读书报告会是学生以教师给出的书单为基础进行阅读，并制作读书报告PPT在报告会上进行汇报，教师给予点评与指导。读书报告会旨在鼓励学生围绕教师指定的特定书目进行自由交流，以培养学生的批判性思维和团队协作能力。迄今为止，读书报告会已经举办了12届，参与人数超千人，是南村读书社最受欢迎的品牌活动。

在第十届读书报告会中学生各展风采（见图5），分享了《自杀论》《新教伦理与资本主义精神》和《卓有成效的管理者》等书籍，这些书籍都是在公共管理领域中被充分认可的，足以看出学生对所讲的图书都进行过认真深刻地阅读。

3. 主题分享会

主题分享会以茶话会的形式轮流邀请阅读相关主题的学生进行读书交流和分享或进行书籍推荐。在分享过

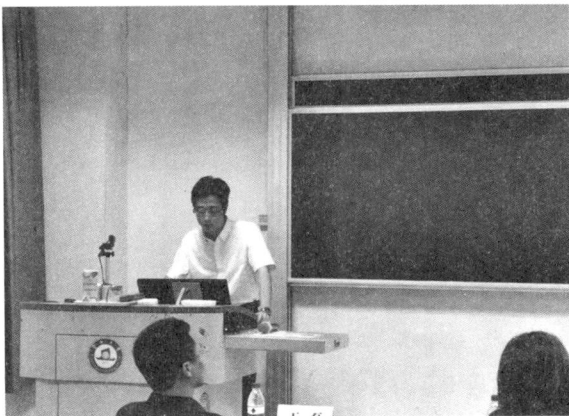

图5 第十届读书报告会学生展示画面

程中，主题分享会要求学生阅读量大、知识体系完整，挑战性强，在分享过程中，每位同学互相交流关于同一主题的不同想法并在汇报完成后进行师生互动问答。

4. 其他活动

在以上南村读书社的各类活动中，该社团邀请了各位专家学者进行指导和分享。他们不仅带来了前沿的学术观点和实践经验，还为学生提供了宝贵的行业发展视野。除了以上品牌活动外，南村读书社还举办了培训讲座、名师大讲堂、辩论赛等。

孙朝阳老师分享"演讲的十二个技巧"（见图6），丰富了学生的演讲知识；王磊老师告诉我们如何读好一本书（见图7），即多读、精读，用各个专业的内容和角度来理解和观察；辩论赛中让学生根据所学的行政管理和应急管理知识，结合实际案例辩论社会进步主要是由精英还是大众推动（见图8）。这种实战化的学习方式不仅提高了学生的辩论思考能力，还让他们在实践中深化了对理论知识的理解和应用。

图6　孙朝阳老师分享演讲知识

图7　王磊老师与学生交流书籍

图8　辩论赛现场

5．活动总结

在南村读书社的活动过程中，我们始终强调理论与实践的紧密结合。为了加深学生对理论知识的理解，社团会定期组织读书报告会（见图9）或者读书分享会，选取国内外典型的公共管理和应急管理相关书籍或者文献进行深入剖析。通过深入剖析，学生不仅能够直观地看到理论知识在实际工作中的应用，还能够从中发现理论的不足之处，从而激发他们进一步探索和创新的动力。

图9　读书报告会参会人员合影

（三）书籍选择概要

好的书籍能给学生带来不同的思考感悟（见图10）。有学生在读完《娱乐至死》后，对媒介的力量有了更为深刻的认识；有学生在《自杀论》中学会了社会学研究的方法；有学生从《福利资本主义的三个世界》中学习作者的逻辑思维能力和思考角度多样化⋯⋯

图10　学术委员张宝龙同学在介绍书目

南村读书社在选择分享、汇报或征文的书籍时，主要从以下五个方面进行考虑：

1. 书籍的专业相关性与学术价值

南村读书社的活动旨在服务公共管理学院/应急管理学院内的广大学子，我们选择了与公共管理、应急管理等专业紧密相关的书籍。这些书籍涵盖了公共管理、应急管理的基本理论和方法，也包括了相关领域内的最新研究成果和前沿动态。我们旨在帮助学生在理论学习与实践探索之间架起一座桥梁，深化他们对专业知识的理解，拓宽他们的学术视野。

2. 学生的具体情况与个性化需求

针对新生学科基础相对薄弱的情况，我们特别挑选了易于理解且富有启发性的书籍，如《苏菲的世界》，旨在帮助他们快速建立学科基础。同时，考虑到学生身处高等学府，我们精选了教育类经典著作，如《爱弥儿》，以引导他们思考教育的本质与价值。此外，结合学院学科和学术研究的特色，我们还推荐了有助于掌握科学研究方法的书籍，如《街角社会》，以助力学生在学术的道路上走得更远。

3. 中国情景融入与文学爱好兼顾

为了使学生更好地了解中国国情和社会现实，我们特意挑选了如《乡土中国》等反映中国社会变迁与文化传承的书籍。同时，为了满足文学爱好者的阅读需求，书单中还包含了经典文学作品，如《围城》，以丰富学生的精神世界，培养他们的审美情趣。

4. 社会热门公共讨论与学科实践结合

针对学科与实际社会的紧密联系，我们选择了反映当下社会热门公共讨论的书籍，如《人类简史》。这些书籍不仅能够帮助学生了解社会热点和前沿话题，还能引导他们将所学知识应用于实际问题的分析与解决中，从而培养他们的实践能力和创新思维。

5. 系统学习与学生能力提升

在南村读书社的活动中，学生深入学习了《公共管理学》《应急管理学》等经典著作，以及《政府绩效管理》《公共政策分析》等前沿教材。这些书籍不仅帮助学生构建了系统的知识体系，还显著提升了他们的思维能力、分析能力和解决问题的能力。通过系统学习，学生对公共管理、应急管理的基本理论有了更深入的理解，对相关政策法规、管理流程等也有了更清晰的认识。这样的学习经历无疑为他们的学术研究和职业发展奠定了坚实的基础（见图11）。

图 11　陈贵梧老师点评读书分享会

（四）思维碰撞盛宴

南村读书社不仅是阅读社团，还是知识分享平台。通过活动过程中的交流与互动，学院学生互相分享不同的观点和见解，从而产生思维的碰撞和新的思维火花，在此过程中还能提升多维度思考能力。

在南村读书社的各类活动中，往往采用一个大主题下各个小组参赛的模式，小组成员一般有 1～4 人。这种模式不仅可以促进组内成员间的讨论，还能激发组与组之间的思维碰撞。在《福利资本主义的三个世界》读书报告会中，学生提出了许多富有洞察力的观点，有的从宏观角度出发，肯定艾斯平 - 安德森对福利国家的定义，但也提出对福利国家分类的质疑；有的从微观角度出发介绍福利资本主义世界的历史和形成。同时，组与组之间的关注点也各有不同，有的小组关注不同国家实践对社会结构产生的影响，有的小组关注福利国家的分类和实际运行效果。通过组内与组外的交流互动（见图 12），学生不仅深化了对《福利资本主义的三个世界》这本书的理解，也拓宽了学术视野和思维边界，共同铸就了一场充满智慧与思考的思维盛宴。

图 12　读书报告会汇报组

四、成果与展望

(一) 阅读园地：知识与能力双提升

首先，南村读书社自成立以来，在促进学生知识与能力提升方面取得了显著成效。一方面，南村读书社定期邀请校内外专家学者举行讲座和演讲，激发学生对学术研究的兴趣和热情。另一方面，南村读书社为教师提供了一个与学生深入交流的平台，加强师生间的交流，促进教学相长。

其次，在活动形式上，读书报告会（见图 13）、读书分享会和征文比赛等活动得到了学生的广泛好评，通过定期的阅读、讨论与分享，学生不仅在专业知识领域得到了深化和拓展，还在发现问题、分析问题和解决问题的能力上实现了质的飞跃。

图 13　读书报告会参会人员大合影

（二）成长社区：未来展望与发展方向

为了不断改进南村读书社活动的质量和效果，社团收集学生的反馈意见和建议。读书分享会的学生认为书籍的选择应该内容丰富且具有实践意义，建议增加一些关于实践案例和前沿技术的书籍。对于读书报告会，评委老师们也提出了反馈意见，一是应当明晰读书报告与读后感的区别，规范读书报告格式，避免偏题。二是选定一本书作为读书报告的内容，促进学生在阅读之后进行交流和讨论。同时，有学生希望拓宽活动形式，建立更加完善的线上交流平台，增加晨读、打卡活动等。

学生的反馈和建议对于改进南村读书社的活动具有重要意义。南村读书社未来的发展将聚焦于打造一个更加互动、多元和具有实践导向的知识交流平台。南村读书社将通过丰富活动内容，引入前沿技术和实践案例，以及建立线上交流平台，更好地满足学生的多样化需求。同时，南村读书社将进一步加强师生间的互动，教师不仅在学术上进行启发，也在职业发展和人生规划上提供指导，助力学生的全面发展。南村读书社通过不断完善反馈机制，及时调整活动内容，确保活动始终与学生的需求保持同步。最终，南村读书社将致力于培养学生的阅读习惯、自主学习能力和全球视野，使自身成为一个促进知识共享、思维碰撞和个人成长的社群。

五、总结

南村读书社在过去的八年里，通过举办一系列丰富多彩的读书活动，成功地培养了一批又一批对公共管理领域充满热情的学子。这些活动不仅丰富了学生的校园生活，也极大地提升了他们的学术素养和实践能力。展望未来，南村读书社将继续倾听学生的声音，深入了解他们的需求和期望，不断调整和优化活动内容，以确保每一次的活动都能给学生带来新的启发和收获。可以相信，通过这些努力，南村读书社将继续激发学生的阅读热情，培养他们的学术探索精神，为他们的未来发展打下坚实的基础，助力他们早日成为一名"开口能说，提笔能写，遇事能做"的公管人。

致力于培养"能说，会写，懂协调"的公管人
——石牌研究会的成长之路

彭宇琳　　胡辉华

一、石牌研究会简介

暨南大学公共管理学院/应急管理学院石牌研究会（以下简称"石牌研究会"，会徽如图 1 所示）由学院胡辉华教授倡导提出，正式成立于 2018 年，至 2024 年已成立至第七届。

石牌研究会是学院研究生群体的第一个学术类社团，致力于加强教师与硕士研究生之间的交流，碰撞出更多学术火花，培养"开口能说，提笔能写，遇事能做"的公管人，同时在学院打造独特的学术文化，并将

图1　石牌研究会会徽

这份文化传承下去。本文通过与创始人深入访谈，以及收集学院留存的文献资料的有效信息，并进行概括和提炼，围绕石牌研究会的发展历程、实践形式和未来发展，介绍该学术社团的具体实践和经验。

二、成立缘由

下面将围绕石牌研究会的成立缘由进行阐述。内容涉及胡辉华教授的办会初衷、石牌研究会的制度化进程、石牌研究会的活动目的三部分。

石牌研究会与南村读书社同根同源，分别于 2018 年和 2016 年正式成立。在 2018 年以前，学院本科学生都在南校区就读，应师生的学术需求，学院正

式创办"读书社"。在命名过程中，师生考虑以地点命名。南校区位于广州新造和南村之间，胡辉华教授与师生共同讨论，认为与"新造"相比，以"南村"为前缀，更有读书的意境，读书社因而得名。

2018年，为了对本科生和研究生进行更具针对性的读书指导，学院为研究生创办了读书研究会，并按惯例以石牌校区所在的石牌村为前缀，定名"石牌研究会"（见图2）。自此学院有了面向本科生的南村读书社和面向研究生的石牌研究会。

图2 第一届石牌研究会活动

（一）以书促学：读书应是大学的第二课堂

学生如果不读书，那还叫学生吗？这是石牌研究会的创始人胡辉华教授经常对学生强调的一句话。石牌研究会由胡辉华教授发起，是学院最具学术性的社团。而研究会缘何发起？这与胡辉华教授的求学经历和教学经验息息相关。

在胡辉华教授的求学历程中，读书给予了他深度思考的能力，从而使他弥补了课堂上知识的缺漏。他曾表示"通过听课的途径，我好像收获不大，反而是在课后通过自己读书，能够明显地感受到自己的思维能力，看待问题的眼光，都得到了提升"。在学生时代，胡辉华教授就察觉到了课堂教学的有限性，并通过读书的方式进行查漏补缺，从而使自己的思维能力得到锻炼。而从学生到教师的角色转变，教学中的经验让他进一步下定了创办南村读书社和石牌研究会的决心。

2004 年，暨南大学开始实行本科生导师制度，彼时的胡辉华教授正在行政管理系任教。他在教学的时候就发现，授课并不能完全地阐释所有的知识。对于课堂授课的不足，他这样解释：一堂课上，教师讲了很多内容，但学生只是在吸收（教师对于知识的解释）。学生可能来不及想通一个知识点，就要跟着教师的思维继续走。在教师将一个知识点讲透彻的前提下，学生能够理解已是不易，那么，学生自主的思维能力在课堂上就很难得到锻炼。

在这段访谈中，胡辉华教授主要强调"课堂不能提高学生的思维能力"。他认为，课堂授课固然重要，但在过程中，学习并不能给予学生更多的思考以及提高自己思维能力的机会。学生上课是一个"接受知识的单向过程"，在教学中，教师把自己理解过的知识对学生进行解释，方便学生更好地理解，这确实是课堂教学的长处。但倘若长期如此，学生的思维能力可能会减弱，甚至丧失殆尽。现如今，课堂中就有学生只带一部手机，随意地听听课，也不做任何笔记的情况，这种状态下的听课效果让胡辉华教授十分担忧。

课堂教学上的不足让胡辉华教授进一步思考，是否能用读书作为"第二课堂"与传统课堂教学相辅相成。在担任导师时，他对学生提出了"加强读书"的要求——开一个读书书单，让学生去读书，定期提交读书报告。这一学习计划提出后，在他指导下的本科生的思维能力、写作能力有了较大提升。同时，在指导研究生论文写作和答辩的过程中，胡辉华教授发现，学生的论文质量不尽如人意，胡辉华教授将这个现象归纳为书读得少，因而决定增加读书的人数范围，从本科生拓展到研究生。自此，一个小范围的读书会就开始运行了。

（二）制度建立：摸索中诞生的读书社团

在胡辉华教授的倡导下，学院本科生、研究生的读书氛围愈发浓厚。参与读书会的对象从他指导的学生，发展为整个行政管理专业的学生。读书会有了较为固定的组织，也形成了一些正式制度。每两周行政管理专业的硕士研究生都会聚集在一起，开展读书报告，分享自己的读书心得和体会。胡辉华教授作为主持人，点评学生的读书报告。据胡辉华教授回忆，最多时约有 30 个人一起讨论，他们在头脑风暴的思维碰撞中不断提升自己的思维意识和学术经验。

在担任了行政职务后，胡辉华教授进一步寻求将读书会创办成一个有影响力的正式组织的机会，以便吸引更多学生参与到读书的行列中来。胡辉华教授先是在课堂上探索读书的"制度化"规则。自 2005 年起，学院的学生都要上一门由胡辉华教授主讲的"社会学"必修课，因此二年级的学生都会在课上阅读迪尔凯姆的书。但由于一学期读四本这样的专著对于学生来说难度较大，胡辉华教授便对书单进行了修改，最终变为阅读一本《自杀论》。在二十年如一日的授课中，胡辉华教授摸索出了读书报告的规范写法。这种写法既能让学生在阅读过程中真正去思考，提升自己的思维能力，又能将读书这一过程制度化，让学生真正地读有所获、读有所用。这一制度化的读书程序也为南村读书社和石牌研究会的活动做了铺垫。2016 年，为鼓励学院在校生读书、提升专业素养，广州市力航公司校友捐款 20 万元，为学院筹建读书会提供资金支持。在获得经济补助和学院师生的大力支持下，石牌研究会正式开始筹办（见图 3）。

图 3　第一届石牌研究会会员大会

2018 年，在学院研究生的强烈建议下，第一届石牌研究会在石牌校区正式成立。胡辉华教授作为指导老师，2018 级行政管理专业研究生陈鑫高担任第一届会长。读书会的各项活动也正式形成制度。

第一届石牌研究会理事会成员明确了石牌研究会的组织架构（见图 4），并沿用至今。

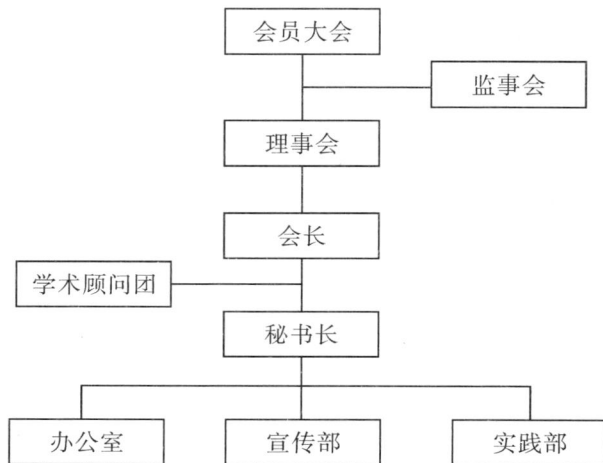

图 4　石牌研究会组织架构

截至 2024 年，石牌研究会已经累计创办七届，历任会长如表 1 所示。在这七届成员的共同努力下以及学院老师和同学们的大力支持下，石牌研究会举办了学术讲座、学术论文工作坊、学术沙龙等各类形式的活动，涵盖"本—硕—博"三级，这些活动在丰富学生课余生活的同时，也增添了学院的学术氛围和读书精神，受到学院师生的一致好评。

表 1　石牌研究会历任会长一览

成立届数	会长
第一届	陈鑫高
第二届	张旭
第三届	李芳
第四届	陈梦苗
第五届	李裕媛
第六届	彭宇琳
第七届	章梦婷

（三）以书育人：石牌研究会创立的根本目的

石牌研究会的主要活动形式有读书分享会、读书报告会和学术沙龙三类，主要培养研究生的写作能力、演讲能力和综合素质。胡辉华教授希望通过这种

"读书—思考—写作—演讲"的方式培养硕士、博士研究生的学术能力和综合素养，他强调不仅要会读书，还要会阐述自己的观点："我希望南村读书社、石牌研究会举办的这些活动，能提高学生的两种核心能力，一种是思维能力，另一种是写作能力。这也是我经常说的，公共管理领域的学生，要张口能说，提笔能写，遇事能做。这就是我创办社团的最根本动机。"

三、实践形式

本部分主要介绍石牌研究会主办的"开卷有益"系列专题学术讲座以及研究生学术沙龙品牌活动。

（一）"开卷有益"系列专题学术讲座

自 2017 年至 2024 年 11 月，石牌研究会共举办 35 次"开卷有益"系列专题学术讲座（见表 2），其中包括读书分享会、读书报告会和学术论文工作坊三种形式。

表 2　"开卷有益"系列专题学术讲座开展情况

期数	分享者	单位	分享书籍
1	庄礼伟	暨南大学国际关系学院	《想象的共同体——民族主义的起源与散布》
2	刘文静	暨南大学法学院	《政治与行政》
3	闫庆霞	暨南大学法学院	《发条橙》
4	吴昱	暨南大学社会科学部	《庚子勤王与晚清政局》
5	胡涤非	暨南大学公共管理学院/应急管理学院	《独自打保龄：美国社区的衰落与复兴》
6	颜昌武	暨南大学公共管理学院/应急管理学院	《行政国家：美国公共行政的政治理论研究》
7	褚蓥	华南师范大学公共管理学院	《容忍与自由》
8	杨君	暨南大学公共管理学院/应急管理学院	《稀缺》
9	胡辉华	暨南大学公共管理学院/应急管理学院	《天下的当代性：世界秩序的实践与想象》

（续上表）

期数	分享者	单位	分享书籍
10	唐攀	暨南大学公共管理学院/应急管理学院	《网络化治理：公共部门的新形态》
11	白锐	暨南大学公共管理学院/应急管理学院	《论摄影》
12	颜昌武	暨南大学公共管理学院/应急管理学院	《基层官僚：公职人员的困境》
13	胡辉华	暨南大学公共管理学院/应急管理学院	《新教伦理与资本主义精神》
14	庞素琳	暨南大学公共管理学院/应急管理学院	学术讲座《大学生安全管理与巴拿赫"一键求救"应用》
15	Nicholas S. Brasovan、白锐	暨南大学公共管理学院/应急管理学院	学术讲座《康德的政治哲学及其国家治理意涵》
16	颜昌武	暨南大学公共管理学院/应急管理学院	《行政学研究》
17	唐攀	暨南大学公共管理学院/应急管理学院	《网络化治理：公共部门的新形态》
18	周云帆	暨南大学公共管理学院/应急管理学院	《法官能为民主做什么》
19	白锐	暨南大学公共管理学院/应急管理学院	《社会契约论》
20	胡辉华	暨南大学公共管理学院/应急管理学院	《制度如何思考》
21	郭忠华、胡辉华	中山大学、暨南大学公共管理学院/应急管理学院	学术讲座《社会科学的知识模式与知识之树》
22	胡辉华、胡涤非、王子成	暨南大学公共管理学院/应急管理学院	第一期学术论文工作坊
23	白锐	暨南大学公共管理学院/应急管理学院	*How to Read a Book*

（续上表）

期数	分享者	单位	分享书籍
24	王磊	暨南大学公共管理学院/应急管理学院	学术讲座《学术生活的个体经验——论文写作与读书方法的分享》
25	胡辉华	暨南大学公共管理学院/应急管理学院	《叫魂：1768年中国妖术大恐慌》
26	黄扬	中山大学	第二期学术论文工作坊
27	王子成	暨南大学公共管理学院/应急管理学院	学术讲座《研究生如何写好定量研究论文》
28	郑石明	暨南大学公共管理学院/应急管理学院	学术讲座《如何提升公共管理研究设计与论文写作能力？》
29	胡辉华	暨南大学公共管理学院/应急管理学院	《社会科学的观念及其与哲学的关系》
30	白锐	暨南大学公共管理学院/应急管理学院	《理想国》
31	李声宇	暨南大学公共管理学院/应急管理学院	《议程、备选方案与公共政策》
32	唐攀	暨南大学公共管理学院/应急管理学院	《公共服务的制度建构》
33	陈贵梧	暨南大学公共管理学院/应急管理学院	《公共事务的治理之道》《转型中的地方政府：官员激励与伦理》
34	杨泽森	暨南大学公共管理学院/应急管理学院	《地方化博弈：中国高铁建设的政治经济学》
35	程建新	暨南大学公共管理学院/应急管理学院	《红天鹅：中国独特的治理和制度创新》

下面将结合实践案例对每种活动详细介绍。

1. 读书报告会

读书报告会由学生作主讲人，一般为两人同讲一本书。在报告过程中，每位学生对书籍的理解与认识会有差异，并且在汇报完成后，就书中存有疑惑的地方进行深入交流和讨论（见图5和图6）。

图 5　第三期读书报告会讨论现场

图 6　第三期读书报告会参会人员合影留念

其他学生也会对主讲人提出的问题畅谈自己的看法，读书报告会学术氛围浓郁，学生在观点没有对错的认知下踊跃发言。胡辉华教授作为参会教师，会对探讨中出现的学术偏差及时作出纠正，也积极参与到学术探讨中，并碰撞出学术火花。

2. 读书分享会

读书分享会是石牌研究会"开卷有益"系列最重要的一项活动，涵盖"本—硕—博"三级学制的学生，参与人数已超过千人。每学期石牌研究会都根据书单邀请校内外知名教授作为主讲嘉宾，为学生分享学术专著，答疑解惑，带来读书分享的盛宴。

学院白锐老师曾多次做客石牌研究会，分享 *How to Read a Book*、《理想国》等学生广为喜爱的书籍（见图7和图8）。在读书分享会上，白锐老师经常勉励学生要养成读书的习惯、勤做读书报告，他主张书评写作应该成为本科和研究生学习的重要内容，高质量的阅读是个人启蒙必不可少的一环。

图7　第十四期读书分享会白锐老师与同学交流读书感悟

图8　第二十二期读书分享会嘉宾白锐老师

学院陈贵梧教授也是石牌研究会的"常驻嘉宾"，曾多次支持和参与研究会举办的读书分享会（见图9）。陈贵梧老师分享《转型中的地方政府：官员

激励与治理》《公共事务的治理之道》 等国内外公共管理学名著，并结合现实
情况与学生深入交流，答疑解惑。陈贵梧教授强调，在读书的时候要有批判性
思考的意识，要时刻谨记读书的目标是理解和对话。

图 9　第十八期读书分享会嘉宾陈贵梧教授

3. 学术论文工作坊

石牌研究会学术论文工作坊主要服务于研究生群体（见图 10），为其提供
一个打磨论文的平台。工作坊主要由学生作为分享人进行论文展示，由学生观
众和教师嘉宾进行讨论与点评。通过自我梳理，同门交流与师生讨论的层层递
进，论文分享人可以拓展写作过程中的思路，从而提高写作水平。学术论文工
作坊在学院研究生群体中广受好评。

图 10　学术论文工作坊活动照片

学术论文工作坊对于学生进行论文写作有着积极的重要意义。论文需要不断打磨、听取他人的意见，发现自己知识与思想上的盲点，在此基础上多读书、多读论文，提高自己的论文写作能力和学术水平。学术论文工作坊旨在鼓励学生积极写作，互相帮助，在学术道路上慢慢成熟。

（二）研究生学术沙龙品牌活动

2024 年，为强化学院"本—硕—博"全链条人才培养模式，提升学院学生学术科研素养水平，在学院副院长胡涤非教授牵头下，石牌研究会协助学院创办研究生学术沙龙品牌活动（见图 11）。

图 11　第三期研究生学术沙龙论文交流

这个活动旨在为师生提供深入交流与学术探讨的平台，鼓励研究生在多读、多思的基础上，通过讨论和交流来完善自己的学术研究。

活动案例：第一期研究生学术沙龙（见图 12）

时间：2024 年 4 月 12 日

地点：惠全楼 519

主持人：暨南大学胡涤非教授、暨南大学博士研究生胡沁

嘉宾：南京大学郭忠华教授、华南师范大学颜海娜教授、暨南大学颜昌武教授

233

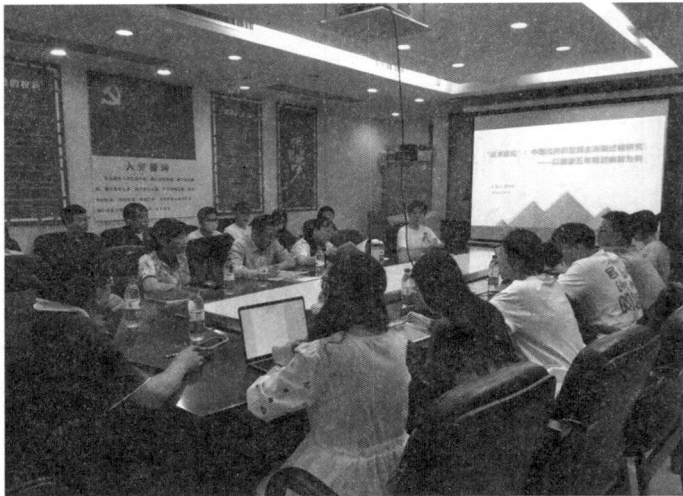

图12　第一期研究生学术沙龙活动研讨

　　曾林妙以《"征求意见"：中国式共识型民主决策过程研究——以国家五年规划编制为例》为题，从研究背景、问题提出、思路方法和研究内容四个方面进行了详细汇报。三位教授针对研究的理论背景、问题设定精准性及理论创新点等方面提出了宝贵建议，为研究的进一步深化提供了方向。

　　杨斌围绕《科层治理与乡镇责任重构——来自茶镇的考察》进行报告。他通过实际案例分析，讨论了科层治理与乡镇责任重构的现实问题。三位教授对案例选取、文章结构、理论框架以及文献对话等方面进行了深入点评，提出了富有建设性的意见。

　　目前，石牌研究会协助学院举办的三期研究生学术沙龙已经孕育出超过三篇高质量论文，分别作为博士毕业论文，以及被高质量期刊收录。学术沙龙研学气息浓厚，受到学院师生高度评价。

四、未来发展

　　本部分主要围绕石牌研究会的未来发展进行梳理。截至2024年，石牌研究会已经举办七届，形成了较为成熟的活动模式。但受到环境影响，未来的发展过程仍面临挑战。

（一）现实挑战：学生参与活动的积极性逐渐降低

基于学院学生对活动的参与情况的数据分析，以及参与过程中的感受，胡辉华教授认为，学生对读书愈发不感兴趣。阅读并非低成本高收益的活动，而是一种人生习惯、价值选择，需要花费时间成本来"啃书"，对于现在的学生来说是一件"苦差事"。在未来大家对读书活动的积极性可能越来越低。

而对于物质激励鼓励参与的方式，胡辉华教授同样表示担忧。"按理说我为南村读书社、石牌研究会拉来了大笔赞助，想提供资源激励或是劳务报酬，甚至买一些书籍供大家看，都是没有问题的。物质基础很有保障，但这是外在的东西，内在的动力问题解决不了，研究会就很难再突破壮大。"

读书难以和功利性的事务联系在一起，因为其原本就是通过阅读来取得精神上的收获，从而有满足感和愉悦感。而如今大量的电子游戏和短视频刺激着学生的感官，这种"奶瓶乐"的愉悦方式相比读书来得更快，石牌研究会创办的活动也难以提起学生的阅读兴趣，这种困境在近几年越发明显。

当前，学院师生正在积极讨论，希望寻求多种方式，通过南村读书社、石牌研究会的社团途径，将读书治学的氛围重新培养起来，让学生提升自己的思维能力和学术素养。

（二）内在赋能：石牌研究会寻求破局的发展方向

对于石牌研究会的未来发展，胡辉华教授认为，确定社团的"定位"、从内部"赋能"，可能是未来社团发展的重要方向。一个学术社团的发展，不是看它招揽了多少人，而在于活动的质量。

创办南村读书社和石牌研究会，本身就是为了使学院学生的思维能力、写作能力和表达能力有所提高，以弥补课堂教学的不足。

胡辉华教授认为，南村读书社和石牌研究会的创办目的永远是让学生通过读书提高自己的思维能力，通过多读书、读好书，把读书这个行为变成一种习惯、一种生活方式，这对于学生的未来发展十分重要。

（三）因材施教：将社团活动与发展紧密结合

对于书单和活动的确定，石牌研究会将根据研究生学段的专业学习进行选择。胡辉华教授表示，未来提供的书单，以及创办的活动，都会结合不同课程和专业进行针对性设置。例如《自杀论》在社会科学界具有非常重要的地位，因为它是第一本用实证研究的方法进行写作的专著。在未来的读书分享会、读书报告会上，将围绕两方面选取书籍：一是学生感兴趣的书籍。通过讲解有吸引力、有意义的书籍，并尽可能做到通俗易懂，让学生拾起阅读的兴趣，从而进一步提升阅读的效果。二是高质量的书籍。学生通过阅读相关书籍来学习社会科学研究方法，从而提高思维能力和学术修养。

五、总结

在学院师生的共同努力下，石牌研究会已形成较为成熟的运行模式，为学院"本—硕—博"三级学制的学生打造一个至臻学术的高水平社团。石牌研究会将继续以培养"开口能说，提笔能写，遇事能做"的公管人为核心目标，创新实践活动，让更多学生参与到读书与研学中。

就业指导卓有成效：就业工作成效说明书

冀馨怡　赵志清

一、前言

当前社会发展迅速，公共管理和应急管理领域面临着愈发复杂的挑战，如公共危机事件、环境风险、公共政策调控等，这对从业者的专业素养和应对能力提出了更高的要求。高校作为人才培养的主要阵地，在这一背景下承担了为社会培养理论知识与实践技能并存的应用型人才的重任。暨南大学公共管理学院/应急管理学院，凭借其深厚的学术基础和前沿的教学理念，致力于为公共部门、应急领域以及企业界培养合格的管理型、服务型和创新型人才。学院通过优化课程体系、推动实践教学、创新培养模式等多种手段，为社会输送了大批具有优良素质的专业人才。

本说明书旨在系统介绍暨南大学公共管理学院/应急管理学院的人才培养模式及未来展望，展示学院在培养具有扎实专业知识、良好实践能力的高素质人才方面的努力与成就。说明书详细解读学院的人才培养条件及支撑体系建设、就业指导与就业服务工作开展情况、人才培养成效、优秀校友等多方面内容。

二、暨南大学公共管理学院/应急管理学院简介

暨南大学公共管理学院于 2011 年 11 月 16 日成立，与 2009 年 4 月成立的应急管理学院实行"一套人马、两块牌子"的运作模式。2025 年学院有专任教师 50 人，其中教授 21 人、副教授 20 人、讲师 9 人，博士生导师 13 人，硕士生导师 41 人，形成了一支老中青相结合以中青年为主、结构合理、富有生

机和活力的师资队伍。学院下设行政管理系和应急管理系，拥有公共管理学一级学科博士学位、硕士学位授权点，以及 MPA 专业硕士学位授权点，负责"生物信息与医药安全管理"专业学位博士方向的建设与博士培养，设有行政管理、应急管理两个本科专业，建立了完整的"本科—硕士—博士"人才培养体系。

三、人才培养模式

暨南大学公共管理学院/应急管理学院的人才培养模式秉持"知识与能力并重、理论与实践统一"的"二元融合"理念，致力于培养既具备精准理论基础，又具有丰富实务的技能复合型人才。学院坚持以思政教育为引领，通过综合管理知识与专业技术并重的教育路径，提升学生综合素质，确保学生知识与实践能力的同步提升。学院基于"做精两头、做强中间"的人才培养思路的战略布局，在学生入学之初，注重夯实学生的思想道德和基本素养基础；在学习阶段，通过系统的课程和多层次的实践教学强化学生的专业能力和综合素质；在毕业前期，进一步深化学生的思想品德和基本素养。同时，学院人才培养得到了政府、社会以及高校三方的良好支持，通过政策支持、社会资源整合、学院教学实施，共同推动人才质量培养的持续提升。

（一）人才培养条件及支撑体系建设

暨南大学公共管理学院/应急管理学院在人才培养条件与支撑体系建设方面持续发力，通过多层次、多元化的资源和平台建设，不断提升人才培养质量。学院始终坚持推动教师教育意识和教学方法的创新，鼓励教师在课堂教学中采用案例分析、互动讨论、实践模拟等多样化的教学方法，激发学生的学习兴趣和创新思维。同时，学院积极支持教师申报各类科研项目，参与教学体系建设，使教师的学术成果能够迅速转化为教学资源，并融入教学实践，确保课程内容紧跟学科前沿。

在精品教学体系和教材体系建设方面，学院取得了显著成果。精品教学体系覆盖了核心课程、选修课程、实践课程等多层次的课程内容，通过精心设计的教学方案和优质的课程资源，使课程更具吸引力和实用性，有效提升了学生的综合能力。学院重视教材体系的更新与优化，蔡立辉教授主编的《公共管理学》《政府绩效评估》入选"十一五""十二五"普通高等教育本科国家级规划教材。学院还积极引进优质外部资源，确保教学材料与行业需求和学科发展同步，为学生提供权威、实用的学习工具。

在教学资源平台的建设上，学院投入了大量资源。学院建设了多个实验室和案例讨论室，以支持学生在课堂之外开展研究和讨论，提升其实务操作能力和批判性思维能力。学院还建立了丰富的案例库和数据库，涵盖了公共管理与应急管理的各类典型案例和数据资源，为学生提供真实、翔实的学习材料，便于理论与实践的深入结合。同时，学院搭建了信息化教学与管理平台，实现了线上线下资源的共享和管理，通过数字化手段提升了教学管理效率和资源获取便捷度。

此外，学院还建立了多个校内外教学实习实践基地，与政府部门、企事业单位和社会组织建立了紧密的合作关系，搭建起校内学习与校外实践相结合的桥梁。通过这些实习实践基地，学生能够在真实的工作环境中得到锻炼，将课堂所学知识与实际操作相结合，从而更加深入理解和掌握学科内容，培养应对复杂社会情境的综合素质和专业技能。

（二）就业指导与就业服务工作开展情况

1. 就业指导体系的建设

（1）制订年度访企拓岗促就业方案。深入落实就业工作"一把手"工程，切实强化院长、书记全面领导，院系领导班子、导师、班主任、辅导员全员参与的主体责任，带动院内各单位深度参与做好毕业生就业工作，全面深化校企合作、供需对接，广泛走访拓岗，发挥发掘教学、校友资源，多方式、多渠道服务学生高质量就业。

（2）明确学院就业工作站章程。由学院党委领导，学院学生代表团具体负责，学院学工办进行日常业务指导。整合利用学校、学院就业资源，为学院学生提供就业培训、就业指导、就业机会，提升学院学生就业能力，增加学院学生就业机会，提升学院学生就业质量，帮助学院培养适应习近平新时代中国特色社会主义建设需要的复合型、创新型公共管理人才。

（3）构建科学、系统的分阶段指导模式。针对不同年级的学生，学院实施层次化的就业教育与指导服务，形成了完整的职业发展链条。低年级阶段侧重职业认知教育，帮助学生了解公共管理与应急管理领域的行业概况和职业需求；中年级阶段提供求职技能培训，包括简历撰写、面试技巧和职场礼仪，增强学生的求职竞争力；毕业年级阶段则聚焦于实习实践和职业规划，为学生进

239

入职场做好充分准备。学院通过分阶段、分层次的就业指导，切实提升了学生的职业素养和职场适应能力。

（4）建立全院全员促进就业工作体系。为实现就业工作全方位覆盖和责任落实，学院本科论文倡导"一岗双责"制度，将就业工作指导纳入毕业论文导师的职责范围，要求导师在学术指导的同时考虑学生的就业需求，及时提供就业方向的指导和支持，增强了个性化就业辅导的效果。此外，学院还实行学院领导联系班集体、重点帮扶就业困难学生制度，推动就业指导深入到班。集体学院领导通过定期与班级沟通、召开座谈会等形式，直接了解学生就业需求、困难与想法，针对就业有特殊需求或遇到困难的学生群体提供精准帮扶和资源支持。通过领导与班集体的直接联系，学院能快速响应学生的就业需求，集中优势资源为学生排忧解难，切实提高了就业工作的实效。

（5）建立全阶段就业指导和毕业生就业去向跟踪反馈机制。对毕业生就业去向进行全面、持续的监测与反馈。就业岗位类型、岗位匹配度等统计指标，通过系统的数据收集与分析，学院能够动态掌握就业岗位和职业发展趋势。通过定期的问卷调查和访谈，详细了解大学生在职场中的就业、职业满意度、成长困惑等方面情况，将反馈信息用于优化在校生的就业指导和课程设置。收集用人单位的反馈，尤其是对大学生专业素质和岗位胜任力的评价，总结行业对人才的实际需求和技能要求。根据大学生和用人单位的反馈，学院对课程内容、实践教学、职业规划指导等进行调整，不断完善人才培养模式。此外，学院鼓励优秀校友回校分享工作经验和成长心得，为在校生提供真实的职场参考，帮助他们提前认知职业动态、明确求职方向。学院通过毕业生去向跟踪和反馈机制实现了就业指导与人才培养的良性循环，确保我院学生在求职和职业发展中具备更强的竞争力与适应力。

2. 就业指导课程与讲座

暨南大学公共管理学院/应急管理学院注重通过多样化的就业指导课程与讲座，全面提升学生的就业竞争力与职业规划能力。院领导高度重视，学院结合毕业生的实际需求，设计了一系列具有针对性的就业类活动与课程，帮助学生逐步实现高质量就业。

（1）院领导主持毕业生就业动员会。在学生即将踏入社会之前，组织全体毕业生参加就业动员会，会议内容涵盖求职关键技巧、就业形势分析、行业前景探讨等。学院教师对不同年级学生的疑问一一解答、出谋划策，在求职、面试、职业生涯规划等方面提出建议，鼓励学生敢于有梦想，勇于追逐梦想，砥砺奋进。全院上下团结一致、务实奋进，发挥各方资源，拓展就业渠道，为毕业生顺利就业保驾护航。

（2）搭建实习实践平台。学院与政府、企业及社会组织建立了广泛的合作关系，定期为学生提供优质的实习机会。学院通过与用人单位的深度合作，搭建起实习生与招聘单位的桥梁，使学生能够通过实习体验，提升实践能力、了解行业发展动向、积累宝贵的职场经验，并在实习中获取正式就业机会。

（3）职业规划大赛"职"点迷津。为了帮助学生更好地探索未来职业生涯，学院积极举办职业规划大赛，为学生提供一个展现自我与规划未来的平台。大赛通过引导学生思考自身兴趣、特长和职业方向，帮助学生理清职业发展的目标与路径，进一步明确自己未来的职业定位。通过职业规划大赛，学院不仅提供了一个启发学生思考的机会，还邀请行业专家和资深职场人士担任评委，给学生提供专业的指导与反馈，帮助学生精准规划职业发展方向。

（4）联动杰出校友创业就业交流。发挥校友资源优势，邀请成功的校友回校分享他们的创业经历和职业发展路径。来自不同行业和岗位的校友的生动案例，帮助学生深入理解不同职业的核心要求和发展机遇。校友们不仅帮助学生树立正确的职业观，也为学生提供了宝贵的职场建议与创业启示，帮助学生树立更为积极的就业心态。

（5）探索专业内核筑牢择业就业观。为了让学生更加深入地理解专业与职业的内在联系，学院组织了系列讲座与沙龙，深入探索专业、职业内核，邀请校内外专家学者探讨公共管理、应急管理等领域的最新发展与趋势，以及不同岗位所需的知识与技能要求。学院为学生提供了更加广阔的视野，使他们能够理解所学专业知识与实际工作的对接，从而增强学生在职场中的适应力与竞争力。

（6）开展就业心理辅导与压力疏导课程。学院特别关注毕业生在就业过程中面临的压力与情绪问题，并提供了一系列有效的支持和疏导机制。学院深知，求职过程中，许多学生会因就业形势、竞争压力等因素产生焦虑情绪，甚至影响其整体表现和职业规划。学院开设了专门的就业心理辅导与压力疏导课程，通过一对一的心理咨询、情绪管理讲座以及压力释放活动，帮助学生缓解就业中的焦虑与压力。学院领导通过参与相关座谈会、走访宿舍等方式为学生提供个性化的建议，帮助他们调整心态，增强自信心，确保学生以积极的心态面对求职过程中的挑战。

（7）培养创业精神与创新思维。学院开设了创新创业课程，课程内容涵盖创业基础知识、商业模式设计、风险管理、资金筹集等，旨在指导学生如何

241

根据自己的兴趣和特长合理规划职业生涯，提供全方位的创业指导和支持。通过这些课程，学生不仅能提升自我认知，明确职业发展方向，还能够激发创新意识，拓展更多的职业选择路径，充分利用现有资源开展创业实践。学院还鼓励学生参加创新创业比赛和创业项目孵化，为有志于创业的学生提供更多的平台和机会，帮助他们实现职业梦想，拓宽就业渠道。

（三）人才培养成效

暨南大学公共管理学院/应急管理学院人才培养取得了显著成效，尤其体现在创新创业项目多次获得国家级奖项、高质量的就业率、学生良好的职业发展趋势以及优秀校友资源上，展示了学院在培养符合时代需求的公共管理与应急管理专业人才方面的突出成绩。

1. 大学生创新创业项目屡获佳绩

大学生创新创业获奖项目如表 1 所示。

表 1　大学生创新创业获奖项目

项目名称	负责人	指导老师	立项时间
借家政之东风，兴民生之事业——广州市家政服务从业人员职业认同与离职倾向研究	白淑洁	袁定欢	2023 年
老年友好社区背景下老年志愿活动参与与其抗逆力关系研究	张家玉	林文亿	2023 年
高校实验室之安全"防火墙"何以筑牢？——基于 J 校生化类实验室的安全整体性治理研究	廖泽舜	唐攀	2022 年
良策相携港岛梦——香港青年内地就业政策与国家认同研究	李馨雨	胡涤非	2022 年
公共政策执行的共识是如何构建的——来自广州市"就地过年"政策执行的证据	窦舒葶	陈贵梧	2021 年
在高校网络舆情预防机制下关于提升华侨学生国家认同感的研究——以广东省暨南大学为例	张帆远航	胡辉华	2021 年
广东省与河南省新冠疫情应急管理比较研究	郭思雨	卢文刚	2020 年
深圳机场大面积航班延误跨组织合作治理研究	吴欣茹	唐攀	2019 年
政企合作型与自主经营型民宿的比较——基于顾客满意度的视角分析	何钰妍	胡涤非	2019 年

（续上表）

项目名称	负责人	指导老师	立项时间
独狼式恐怖袭击应急体制创新	刘睿智	卢文刚	2018 年
全球恐怖主义背景下的海外撤侨应急管理	李翰莹	卢文刚	2017 年
珠三角高校突发性传染病预防及应急响应机制建设——基于 N 所高校的实证研究	王韵琪	白锐	2015 年
基于移动应用的微应急信息平台和系统建设	杜锦标	卢文刚	2015 年
基于 UML 建模与 J2EE 架构的应急安全地图 App 构建的研究与探讨	陈国飞	周缘园	2015 年
"暨众"创意众筹餐厅	廖文霞	李伟权	2015 年
广州市地铁恐怖事件应急管理研究——基于与伦敦地铁爆炸案的比较	蔡裕岚	卢文刚	2014 年
龙泓广告有限公司的快递单广告业务拓展	李友林	蒲华林	2014 年
政府职能转变背景下培育发展社会组织及相关政策研究——基于对广东省社会组织发展现状调查	杨志焜	庞素琳	2013 年
"Wall +"校园资讯平台互联网创业项目	李建华	张耀辉	2013 年

2. 高就业率与稳步发展

学院毕业生的就业率一直保持在较高水平。疫情前就业率达 95% 以上，在疫情影响下也能保持在 92% 左右，这反映了学院毕业生在就业市场中的竞争力和受欢迎程度。学院在职业规划、实习实践、就业指导等方面的多元支持，确保了学生即便在复杂的就业环境下也能顺利进入职场并实现稳定的职业发展。

学院毕业生的就业区域主要集中在珠三角地区，尤其是大湾区，其中近一半的学生选择留在大湾区就业。这一趋势体现了学院人才培养的区域优势和适配性。大湾区作为经济活跃和政策支持的区域，对高素质管理人才有着巨大需求，学院培养的学生能够紧密对接区域发展需求，为地方经济和社会的高质量发展作出积极贡献。

学院大力号召毕业生服务"一带一路"，宣讲"特岗计划""三支一扶""西部计划"等基层就业项目，吸引毕业生到中西部、艰苦边远地区和基层一线就业创业，包括成为公务员、事业编制人员或加入社会服务部门。超 80% 的毕业生在基层工作，在平凡岗位上捶打历练。30 人主动到中西部和边远山区就业，其中 10 人到艰苦地区就业，投身脱贫攻坚；6 人参军入伍，携笔从戎，把爱国之心化为报国之行。2019 届毕业生凯迪尔古丽·图如普服务于新疆喀什，其事迹被作为全国大学生基层就业人物事迹报道。谢冰梅以知识赋能乡村振兴，荣获全国基层就业卓越奖。中国香港籍毕业生李世荣任立法会议员，柯创盛、李嘉盈任区议员，长期服务基层社区，已成为爱国爱港的中坚力量。学院在培养中注重学生的公共服务意识和社会责任感，使得他们在基层岗位上能够发挥重要作用，为社会的稳定发展和治理效能提升贡献力量。

3. 职业适应性与可持续发展

学院毕业生进入职场后，凭借扎实的理论知识和丰富的实践能力，展现出较强的岗位适应力和持续发展的潜力。毕业生在求职过程中广受用人单位青睐，尤其在政府部门、公共管理机构和应急管理领域表现出色。用人单位普遍认可学院毕业生的专业素养、实操能力和责任意识。学院通过系统的课程设计、实习机会和校企合作，帮助学生在步入职场前获得充分的职业准备，使其能够在实际工作中迅速上手并稳定发展。许多毕业生在短时间内成长为单位中的核心力量，体现了学院培养模式对职业适应性和可持续发展能力的积极影响。学院以培养公共管理学的知识创新者、国家与社会治理的实践者为目标，打造了两个"四位一体"的学生成长平台，即"读书＋论坛＋竞赛＋论文"的学生学术创新创业平台和"创新创业基地＋实习实践基地＋志愿服务基地＋骨干培育基地"的学生综合能力提升平台，实现"三全育人"，就业创业能力和人才培养效果显著。学院的培养成果在用人市场上形成了良好的社会口碑，为未来学生的就业和学院的长远发展奠定了良好的基础。毕业生对学院的整体满意度评价较高，多年维持在90％以上。

4. 学院优秀校友（部分）

学院的部分优秀校友如表2所示。

表2　优秀校友（部分）

姓名	就职单位及职位	入学年份及专业
廖淑清	广东昌大昌商贸有限公司执行董事	1985 级行政管理
朱云	美茵集团董事局主席	1985 级行政管理
张中略	雅居乐集团控股有限公司副总裁	2002 级行政管理
李世荣	香港立法会议员	2002 级行政管理
卓伟杰	广东中鑫模块化建筑科技有限公司总经理	2003 级行政管理
邝甫祥	广东省足球协会副秘书长	2004 级行政管理
黄淑贤	广东中大管理咨询集团有限公司副总经理	2004 级行政管理

（续上表）

姓名	就职单位及职位	入学年份及专业
李享	广州亿航智能科技公司副总经理	2004 级行政管理
李雄波	北京德和衡（广州）律师事务所律师	2005 级行政管理
武臣	广州马典广告传媒有限公司创始人	2005 级行政管理
李剑斌	汇中保险公估股份有限公司副总经理	2007 级社会保障
陈伟成	浦发银行广州分行珠江新城支行副行长	2010 级应急管理
邓效才	广东德济环境发展有限公司副总经理	2010 级应急管理
王韵琪	广州小鹏汽车科技有限公司战略规划资深经理	2013 级行政管理

四、未来发展规划与创新举措

暨南大学公共管理学院／应急管理学院在未来的人才培养中将坚持质量导向、创新驱动，持续优化培养体系，以应对社会发展和公共管理领域不断变化的需求。学院将通过多维度的创新举措，不断提升学生的综合素养和专业竞争力，确保毕业生具备更高的职业适应性和发展潜力。

（1）深化产学研融合，拓展实践资源。学院计划进一步深化产学研合作，与政府部门、企事业单位、社会组织建立更加紧密的联系，构建校企共建的实习实践基地。同时，学院邀请行业专家和基层实务工作者为学生提供指导。学院通过丰富的实践资源和多元化的实习机会，进一步提升学生的实际操作能力，使他们在真实的工作场景中掌握专业技能、积累经验。

（2）推进课程体系创新，优化教学内容。针对公共管理和应急管理领域的新动态、新需求，学院将进一步优化课程体系，增加前沿性、实践性课程，推出模块化、个性化的选修课程。同时，学院将新技术、数据分析、智能管理等新知识纳入课程，增强学生的创新意识和技术运用能力，使学生在未来职业中具备更强的适应性和竞争力。

（3）强化跨学科协同培养，拓宽知识广度。学院推动跨学科、跨院系的协同培养，结合信息技术、数据科学、法律、经济等领域的知识，拓宽学生的学科视野。学院通过联合课程、项目式学习等形式，培养复合型、创新型公共管理人才，使学生在应对复杂社会问题和应急事件时能够综合运用多学科知识，提升问题解决能力。

（4）构建全流程职业发展支持体系。学院建立覆盖入学到毕业后的全流程职业发展支持体系，从职业规划课程到实习机会、就业指导，再到毕业后持续的校友支持，帮助学生在整个学习和职业发展过程中获得系统性的支持。同时，学院建立就业数据反馈系统，动态追踪毕业生的职业发展路径，以此优化教学和就业服务，形成高效的反馈与改进机制。

校友风采

赵志清

一、部分优秀校友简介

暨南大学公共管理学院/应急管理学院始终致力于培养高素质、复合型的公共管理和应急管理人才。学院的众多优秀校友在毕业后投身于国家建设、社会服务和行业发展，成为各领域的中坚力量，展现了学院人才培养的卓越成效。

（一）公共服务领域

李世荣（中国香港人，2002 级行政管理本科生，见图 1）：2021 年至今任香港特别行政区第七届立法会议员、民主建港协进联盟（民建联）执行委员，新界社团联会副理事长，新界青年联会智库召集人。曾任香港沙田区议会耀安选区议员（2012—2019 年）、沙田青年团体义连班会长、耀安邨业主立案法团顾问。2020 年获香港特区政府荣誉勋章。

柯创盛（中国香港人，2018 级行政管理硕士生，见图 2）：现任香港全职区议员，广州市第十四届政协委员、广州市

图 1　李世荣

图 2　柯创盛

图 3　谢冰梅

越秀区政协委员、民建联执行委员、民建联观塘支部主席、九龙社团联会永远名誉会长，获香港特区政府颁发荣誉勋章。

谢冰梅（2015 级行政管理硕士生，见图3）：广西贵港市桂平市金田镇大贤村党总支书记、村委会主任，以知识赋能乡村振兴。获评 2024 年全国高校毕业生基层就业卓越奖学金，获广西三八红旗手、贵港市级优秀党务工作者、贵港市最美基层妇联干部等称号，并当选镇、县、市、省（自治区）四级人大代表。其乡村建设经验获中央及地方各级党委和政府表扬，先进事迹被新华网、《中国青年报》、《中国改革报》等主流媒体报道。

凯迪尔古丽·图如普（塔吉克族人，2015 级行政管理本科生，见图4）：

图 4　凯迪尔古丽·图如普

就职于新疆喀什泽普县卫生健康委员会。2019 年成为西部计划志愿者在喀什市扶贫办工作，后考入喀什市水利局、泽普县卫健委，曾荣获全国高等学校学生信息咨询与就业指导中心主办的 2020 年第三届"闪亮的日子——青春该有的模样"大学生基层就业创业人物。

高媛［2013 级公共事业管理（应急管理方向）本科生］：就职于西藏自治区林芝市工布江达县加兴乡人民政府。2017 年毕业后成为大学生西部计划西藏专项志愿者，服务于西藏自治区林芝市鲁朗景区管理委员会；2020 年定向分配至西藏自治区林芝市工布江达县加兴乡人民政府党建办工作。

马文军（撒拉族人，2016级行政管理本科生，见图5）：就职于青海省海东市化隆县委组织部。在校期间曾担任院团委外联部副部长、循化县大学生志愿者联盟主席等职务。2020年12月，马文军经事业编制考录至青海省海东市化隆县委组织部，期间主要从事基层党建及干部人事工作；2023年7月，他被派驻至定点帮扶村，担任乡村振兴驻村工作队队员，服务期为两年，曾荣获当地"先进工作者"荣誉称号。

图5　马文军

郑铮［2014级公共事业管理（应急管理方向）本科生］：就职于中共广州市越秀区委宣传部。在校期间曾获得国家励志奖学金（两次）、优秀学生干部奖学金、毕业班优秀学生干部奖学金以及暨南大学"有作为、有贡献"优秀毕业生、5A卓越引领"自强之星"、优秀班长、优秀共青团员等荣誉称号。

陈轩毅［2017级公共事业管理（应急管理方向）本科生］：乡村振兴志愿者。陈轩毅本科毕业后参加山区计划，以一名乡村振兴志愿者的身份，在广东省肇庆市高要区金利镇扎根服务。如今的他隶属于帮镇扶村工作队，致力于因地制宜地推动各镇的发展，确保每个地方都能找到适合自身特点和需求的发展路径。

（二）企业与社会组织领域

图6　廖淑清

图7　张中略

廖淑清（1985 级行政管理大专生，见图6）：广东昌大昌商贸有限公司执行董事，兼肇庆市第十四届人大代表、暨南大学肇庆校友会荣誉会长、暨南大学公共管理学院/应急管理学院校友联谊会第一届理事会会长、暨南大学校友会第六届理事会副会长。昌大昌商贸有限公司 1996 年成立于深圳，总部设在广东，是大型连锁零售企业，2011 年 5 月 29 日被中央电视台专题介绍。

张中略（中国香港人，2002 级行政管理本科生，见图7）：2022 年至今任雅居乐集团控股有限公司副总裁，分管营销、文旅、商业板块；社会职务为广州市房地产协会常务副会长、广州市房协中山大学房地产总裁办导师、广州市房协品牌委主任。

卓伟杰（2003 级行政管理本科生，见图8）：广东中鑫模块化建筑科技有限公司总经理、暨南大学公共管理学院/应急管理学院校友联谊会常务副会长兼秘书长、暨南大学东莞校友会副会长。

李展城（2010 级公共管理硕士生，见图9）：广州绿色医药集团有限公司董事长、南粤高校 MPA 校友会联席会议主席、暨南大学公共管理学院／应急管理学院校友联谊会常务副会长。绿色医药集团专注于医药大健康，是集医疗器械及诊断试剂经营、医药供应链金融、医药咨询培训、医药新零售、医药连锁、医药研发于一体的一站式平台型企业。

图 8　卓伟杰

图 9　李展城

黄淑贤（2004 级行政管理本科生、2008 级行政管理硕士生，见图 10）：广东中大管理咨询集团股份有限公司副总经理、暨南大学公共管理学院／应急管理学院校友联谊会副秘书长。中大咨询集团始于 1993 年，是中国咨询行业的开拓者和领导者，提供领先的"咨询＋培训＋数字化"整体解决方案。30 年砥砺前行，已为 5000 多家优秀企业、政府机构提供专业服务。

姚健（2007 级公共管理硕士生，见图 11）：广州睿健足球俱乐部创始人、广州睿健体育产业有限公司董事长、暨南大学公共管理学院／应急管理学院校友联谊会

图 10　黄淑贤

图 11　姚健

副会长。广州睿健足球俱乐部目前正在为 22 所学校和 6 个训练基地的 2300 多名青少年提供足球培训服务，带领他们夺得了全国青少年足球邀请赛冠军、广州市三人足球赛冠军、天河区越秀区校园足球赛亚军等。

武臣（2005 级行政管理本科生，见图 12）：广州马典广告传媒有限公司创始人、暨南大学公共管理学院/应急管理学院校友联谊会副秘书长。马典广告传媒创立于 2015 年，是集策划、设计、制作、执行于一体的综合型传媒公司。

图 12　武臣

　　王喆［2014级公共事业管理（应急管理方向）本科生，见图13］：SGS（通标标准技术服务有限公司广州分公司）高级人才招募与发展顾问，专注于为企业甄选并培育顶尖人才。在过去四年的职业生涯中，累计审阅简历近10万份，参与面试1万余场，发出了1500多份offer，在人才规划与招募方面积累了丰富的实战经验。

图13　王喆

　　蓝欣（2013级行政管理本科生，见图14）：就职于中国人民银行深圳市中心支行，曾获得暨南大学第四届优秀学子奖励计划"进取之星"标兵奖、优秀学生干部一等奖学金、优秀学生二等奖学金等。

　　黄蕊（2014级行政管理本科生，见图15）：拼多多核心部门产品经理，在校期间曾获优秀共青团干部荣誉称号、新生训练营优秀团员荣誉称号、优秀学生干部一等奖学金、优秀学生三等奖

图14　蓝欣

253

学金。加入创行团队，代表暨南大学参加创行中国赛，在 88 所高校队伍中获得中国赛区冠军。

图 15　黄蕊

图 16　刘艺妍

刘艺妍［2014 级公共事业管理（应急管理方向）本科生，见图 16］：现任广州宝洁有限公司高级人力经理。在校期间曾获暨南大学优秀学生一等奖学金、黄乾亨基金奖学金、第一届优秀学生干部奉献奖奖学金、"优秀学子奖励计划"领袖之星提名奖，以及广东省优秀学生干部，暨南大学优秀本科毕业生、优秀学生、优秀团干部等荣誉。

（三） 学术与研究领域

叶倩恩（2020 级政治学博士生，见图 17）：现任职于广东行政职业学院。在校期间在《理论学刊》、《学术研究》、*Journal of Chinese Political Science* 发表过文章，参与多项国家级和市级课题，曾获得 2022—2023 学年暨南大学研究生国家奖学金。

郭沐蓉（2014 级社会保障硕士生，见图 18）：中国人民大学博士毕业。曾在 *Cities*、*Frontiers in Public Health*、*The Economic and Labour Relations Review*、《经济社会体制比较》、《经济体制改革》、《南方经济》、《中南财经政法大学学报》、《北京工商大学学报（社会科学版）》等国内外期刊发表论文多篇。主持广州市社科项目 1 项，参与国家课题 3 项、省部级课题 3 项，参编教材多本。主持 2017 年第十五届"挑战杯"全国大学生课外学术科技创新竞赛项目获全国赛一等奖。

黄扬（2017 级行政管理硕士生，见图 19）：中山大学博士毕业。硕士在读期间，曾在《公共管理学报》《电子政务》等 CSSCI 期刊上发文 10 余篇，参与国家社科基金项目、教育部人文社科项目等多项研究工作。获得 2018 年研究生国

图 17　叶倩恩

图 18　郭沐蓉

图 19　黄扬

图 20　杨郑媛

家奖学金、2019 年研究生国家奖学金、暨南大学研究生一等学业奖学金，以及挑战杯省赛一等奖等重要荣誉和奖项。硕士毕业后到中山大学继续攻读博士学位，现为华南农业大学公共管理学院副教授，硕士生导师。

杨郑媛（2019 级行政管理硕士生，见图 20）：攻读中国人民大学博士。在校期间，加入学院石牌研究会，并积极参加"互联网＋"大学生创新创业大赛、"挑战杯"等各类竞赛。参与国家社科基金项目及广州市社科规划项目等多个课题的研究；同时主持"挑战杯学术科技创新创业竞赛项目""优秀推免生科研创新计划项目"等校级科研项目 2项。至今已在《理论与改革》《甘肃行政学院学报》《中国社会科学》等发表论文 10 余篇。现为中国人民大学公共管理学院行政管理专业博士研究生。

林禹津（2020 级行政管理硕士生，见图 21）：攻读中山大学政治与公共事务管理学院博士。在校期间荣获第十七届"挑战杯"全国大学生课外学术科技作品竞赛二等奖。在《中国行政管理》《广东社会科学》《中国公共政策评论》《浙江社会科学》等学术刊物发表论文多篇。在研究生期间，参与国家社会科学基金重大项目、国家社会科学基金重点项目的研究工作，主持校级研究生科研创新培育计划面上项目，以汇报人身份参加 2021 年广东社会科学学术年会。

杨保清（2012 级行政管理本科生，见图 22）：北京大学政府管理学院公共政策专业硕博连读。曾参加"挑战杯"全国大学生课外学术科技作品竞赛，作品有《在穗新生代农民工参政权利调查研究》《广州市下班高峰期出租车拒载现象研究》等。

图 21　林禹津

图 22　杨保清

陈童［中国香港人，2015 级公共事业管理（应急管理方向）本科生、2019 级应急管理硕士生，见图 23］：攻读暨南大学政治学博士。曾任新生训练营新生志愿者，四海书院班长、助教，2015 级应急管理外招班长，第 32 届暨南大学学生社团联合会人力资源部部长，第 19 届第 2 任期暨南大学学生代表大会常务委员会委员（香港地区代表）。曾获教育部港澳及华侨学生特等奖、

图 23　陈童

图 24　梁靖愉

一等奖、二等奖学金，广东省"青春中国梦·2017 南粤大学生语言艺术节"二等奖，暨南大学"优秀班长"和"优秀学生干部"荣誉称号。毕业时获暨南大学"优秀毕业生"和"有作为，有贡献"毕业生荣誉称号，并作为毕业生代表在毕业典礼上发言。

梁靖愉（2013 级行政管理本科生，见图 24）：华东师范大学行政管理硕士生。曾获国家励志奖学金两次、校一等奖学金两次以及校优秀学生干部、校优秀团员、校新生训练营优秀营员、校优秀学子奖励计划"公益之星"提名奖等荣誉称号。主持以及参与 2015 年度、2016 年度大学生创新创业训练计划项目（国家级）各一项。攻读硕士生期间，先后荣获中国研究生公共管理案例大赛二等奖、2019 年第十六届"挑战杯"上海大学生课外学术科技作品竞赛特等奖、2019 年第十六届"挑战杯"全国大学生课外学术科技作品竞赛一等奖。

李子潘（2015 级行政管理本科生，见图 25）：英国爱丁堡大学硕士生。曾获暨南大学一等奖学金一次，三等奖学金一次及院学生会优秀学生干事称号。2017—2019 年担任学院首个学术社团南村读书社的学术顾问。参与 2018 年度大学生创新创业训练计划项目（国家级立项）。

图 25　李子潘

二、校友职业发展的多样性

暨南大学公共管理学院/应急管理学院毕业生在职业发展的多样性方面展现了广泛的适应能力和优秀表现。他们活跃在多个领域，从政府机关到企业单位，从社会服务到学术研究，体现了学院人才培养的开放性和综合性。

（一）扎根基层与服务社会

有大批毕业生选择进入政府部门、事业单位和应急管理系统等公共服务领域，为社会治理与公共政策的制定和实施贡献力量。他们投身基层工作，成为区域经济发展、公共服务提升的中坚力量。也有人在国家机关或重要部门任职，参与重大决策和政策实施。

（二）推动行业创新与社会变革

不少校友在毕业后进入企业、咨询行业以及非营利组织，成为推动行业发展和社会变革的重要力量。他们中既有在知名跨国公司担任高管、主导重要战略项目的管理者，也有致力于社会公益的创业者，通过创新实践服务社会。

（三）探索理论与实践的结合

学院毕业生中还有一部分选择继续深造，在国内外知名高校或研究机构从

259

事学术研究或教育工作。他们通过理论创新和政策研究，在公共管理和应急管理领域不断深耕。

学院毕业生不仅在公共管理和应急管理领域取得了卓越成就，还通过多样化的职业选择展现了职业发展的灵活性。部分校友在职业生涯中多次转型，从基层工作者逐步晋升为高层管理者，或从国内机构走向国际组织，展现了良好的职业成长和跨文化适应能力。毕业生的职业发展多样性，不仅展现了学院在多领域培养高素质人才的成功经验，也体现了毕业生对社会多层次需求的广泛适应力和贡献力。这种多样化的职业发展路径，为学院树立了良好的社会声誉，并为未来的人才培养提供了宝贵的参考和启示。

三、校友对母校的支持与联系

学院校友始终与母校保持紧密联系，通过多种方式积极回馈母校，为在校学生的成长与发展提供宝贵支持。

（一）校友回馈母校

1. 参与就业指导

校友通过就业分享会、职业规划讲座等活动，为在校学生提供行业趋势分析和求职技巧指导。他们以自身的职业发展经历为例，帮助学生明确职业目标、制订发展规划，助力学生顺利就业。

2. 讲座分享与经验交流

校友受邀回校参与专题讲座或座谈会，围绕公共管理、应急管理等专业领域的热点话题，与师生进行深入交流。通过分享一线实践经验，校友为学生打开了更广阔的视野，增强了学生对职业方向的理解。

3. 推荐实习与就业机会

众多校友利用自身的职业网络资源，为学院学生提供高质量的实习岗位和就业机会。部分校友担任实习指导老师或单位联系人，直接帮助学生完成从理论学习到实践转化的过渡。

（二）校友联络机制

学院建立了完善的校友联络机制，通过校友会、年会和线上校友平台等方式，将历届校友凝聚在一起，形成强大的校友网络，促进了校友之间的相互支持，为在校学生提供了宝贵资源。学院通过校友对接计划，组织校友与学生结对，为学生提供学术指导、职业发展建议和社会资源拓展支持。学院还定期收集校友的职业发展情况，通过校友动态追踪机制，将优秀校友的成功案例分享给学生，为学生树立榜样和职业发展标杆。

同时学院举办校友论坛、主题年会等活动，邀请校友回校分享经验、交流心得。学院通过学院官网、微信公众号设立"校友风采"专栏，展示校友的职业成就和社会贡献，为校友与在校师生搭建沟通桥梁。

暨南大学公共管理学院／应急管理学院的校友在各行各业展现了职业发展的多样性和卓越的社会影响力。从扎根基层服务社会，到在公共管理、应急管理、企业创新、学术研究等领域取得显著成就，校友用实际行动诠释了学院"厚德惟新，善治天下"的院训。校友的多样化发展轨迹和积极回馈母校的行动，也为在校学生树立了榜样，促进了校内外资源的高效整合，形成了学院人才培养与社会需求紧密结合的良性循环。学院通过与校友的互动和合作，进一步巩固了校友与母校的深厚纽带，推动了学院社会声誉和教育影响力的持续提升。

展望未来，校友将在各自的岗位上继续服务社会，创新突破，为社会治理和公共事务发展作出更大贡献。同时，校友也将以更加多样化的方式支持母校的发展，助力学院在教育质量、实践能力培养和社会服务等方面不断迈上新台阶。在学院和校友的共同努力下，公共管理和应急管理领域将迎来更多具有影响力的优秀人才。